KB165609

厚章言畫名畫不必願見妄見三四度而後見之始佳亦謂更不得見亦正佳○橅圖曰

雲林萬壑朝天圖餘頗虎頭萬年烟雨圖行佛郭河陽萬丈空流墨於剡溪又常同其

妾輕宕放舟錫山作萬壑爭流扇又見癡翁寫九峰雪霽作萬峰飛雪圖各有

樓臺萬林秋色萬松疊嶂圖樵者雷峯又總名曰十萬圖各有雷林自跋蓋為陶九

成作者今藏陽羨陳定生家侯方域作宕林十萬岳起○麈家自跋前人書畫俱未見真

作韓熙載夜讌讌差通畫之道而謂守宮在乎手者乃知世人妄說前人書畫省未見遒

刻畫細巧為造物忌者乃損壽以畫為寄以畫為樂者

○董華亭日畫幅嘖有夜氣細秀無點塵俗乃知石田文徵仲皆壽

李年

吳興止六十餘始開此門庭時人吳從先自別艷清四紀○開元嬪誌文黃景源

畫自黃公謹始

二十二日乙巳晴威陰○朝見

誤序宋德相誄銘○蘇長公識揚雄好為艱深之辭以文淺易之見極中其病而重入

者一定矯其以太玄擬易法擬論語有僭徑之罪此不足以服其心也夫聖人之言偶

成一朧垂之後世何妨為誦法者而祕左傳本之尚書四言本之三百後人之文因

者定誰夫辭有繁簡制有多歧則鍾事而漸增者耳卸如尊經築之嬪俗者又何以解乎故

前人規矩者何限若全擬春秋且以託始威烈為直接辭經之嫡統者又何以解乎故

宋崇陽而綱目一書以規上摹綱略先生韻開後世嫌託止澄觴朝雄則可罪之以

日不足以服其心也者

羽異日无愧於黃壤間也三上翼德將軍苑羁羁此帖有米南宮書呉中翰彬彬收得

之焉弱侯太史請摹刻正陽門關帝廟中翰秘不示人乃令鄧刺史文明以意臨之刻

諸石石知米南宮當日何處傳此文也却恐是廣○衛夫人見王右軍年十二嘉流涕

曰此子必蔽我名梅右軍初學衛書將謂不及此游處見張昶華岳碑歎曰妪宦水外

鵲鵒又之洛下見三體書又于從兄洛處見張昶華岳碑歎曰妪宦水衆

宦水字免貴我成古人成一藝亦必脚下行數千里目中見无限古人手跡乃悟名今

元章帖曰草不可妄學黃庭堅直集中有答儐書云米元章書公自鑒其如何不

日執筆便欲凌跨古人崖不自媿○元微之徐都巫山不是宦之句亦本右軍語○米

必同蘇翰元論也乃知二公畫素不相可以此見却揭篇形僅見此東漢書為校書

二十一日甲辰晴暑○金日碑毋苑詔曰畫甘泉宮婦人畫以勸學希東觀文士

東觀後還內黃令帝勅同像祖送作上東門觀畫處以勸學希東觀文士

之宦帖欲甘泉之殿舊籍中尚有敬見者如曹不興元女授黃帝兵特為宋炳獅子

儀復親今日右陳徐謝勅賜二宣平帝餘餘啓漢官發畫聖賢見此○樓園曰

古處晩不可見其名目載籍中有敢見者如曹不興元女授黃帝兵特為宋炳獅子

聲家馬張僧繇漢射蛇為衛帽穆天子宴瑤池周盼楊妃墮雲衣女記煩陸為燕

文貴之夕夜市為葉仁遇陽春市為王士元綠珠墜樓權為住才仲四更山此乃劉

宗道焰盂後兄為无名氏佳人裹食為趙子昂管夫人意菜為周通

일기로 본
조선

규장각 교양총서 8

일기로 본 조선

규장각한국학연구원 엮음
조계영 책임기획

글항아리

규장각 교양총서를 발간하며

규장각은 조선왕조 22대 국왕 정조가 1776년에 창립한 왕실도
서관이자 학술연구기관이며 국정자문기관의 역할을 해왔습니다.
정조는 18세기 조선의 정치·사회 변화에 능동적으로 대처하기 위
해 규장각의 기능을 크게 확대했습니다. 그런 가운데 옛 자취를
본받으면서도 새롭게 변통할 수 있는 '법고창신法古創新'의 정신을
가장 잘 구현할 기관으로 규장각을 키워냈습니다. 조선시대 규장
각 자료를 이어받아 보존·연구하고 있는 서울대학교 규장각한국
학연구원의 역할과 기능도 정조가 규장각을 세운 뜻에서 멀지 않
을 것입니다.

규장각을 품고 있는 서울대의 한국학은 처음에는 미약했으나
이제 세계 한국학의 중심을 표방할 단계에 다가가고 있습니다. 이
러한 성과를 이끌어내는 데 중심이 되었던 두 기관이 있었습니다.
하나는 옛 서울대 문리대로부터 이사해와서 중앙도서관 1층에 자
리잡았던 한국학 고문헌의 보고 '규장각'이었고, 다른 하나는
1969년 창립된 '한국문화연구소'였습니다. 한국문화연구소는 규
장각 자료들이 간직한 생명력을 불러내어 꽃피우고 열매 맺는 데

중심 역할을 해온 한국학 연구기관이었습니다. 규장각이 세워진 뒤 230년이 된 2006년 2월 초, 이 두 기관을 합친 '규장각한국학연구원'이 관악캠퍼스 앞자락 감나무골에서 새롭게 발을 내딛었습니다. 돌이켜보면 200여 년 전 정조와 각신閣臣들이 규장각 자료를 구축한 덕에 오늘의 한국학 연구가 궤도에 오를 수 있었던 것이기에 감회가 남다릅니다. 이를 되새겨 규장각한국학연구원은 앞으로 200년 뒤의 후손에게 물려줄 새로운 문화유산을 쌓는 데 온 힘을 다하려 합니다.

규장각한국학연구원은 한국을 넘어 세계 한국학 연구의 중심 기관으로 거듭나겠다는 포부와 기대를 모아, 지난 7년 동안 자료의 보존과 정리, 한국학 연구에 대한 체계적 지원, 국내외 한국학 연구자들의 교류 등 여러 측면에서 성과를 거두었습니다. 그리고 전문 연구자만의 한국학에 머무르지 않고 대중과 함께하며 소통하기 위한 프로그램들을 추진하고 있습니다. 매년 수만 명의 시민과 학생이 찾는 상설전시실의 해설을 활성화하고, 특정 주제에 따라 자료를 선별하고 역사적 의미를 찾는 특별전시회를 열고 있습니다. 2008년 9월부터는 한국학에 관한 여러 주제를 그 분야의 최고 전문가들이 직접 기획하고 대중의 눈높이에 맞춰 강연하는 '규장각 금요시민강좌'를 열고 있습니다. 이 강좌는 지적 욕구에 목마른 시민들의 뜨거운 호응에 힘입어 2012년 2학기까지 9학기에 걸쳐 이어졌고, 강의 주제도 조선시대 각 계층의 생활상, 조선과 세상 사람의 여행 및 교류, 일기를 비롯한 풍부한 문헌을 통해 본 조선사회의 실상 등 매번 새로운 내용으로 진행되었습니다.

지역사회와 더욱 긴밀히 대화하고 호흡하기 위한 노력의 하나로 금요시민강좌는 2009년부터 관악구청의 지원을 받아 '서울대-관악구 학관협력사업'으로 꾸려지고 있습니다. 또 규장각 연구 인력의 최신 성과를 강좌에 적극 반영하기 위해 원내의 인문한국 Humanities Korea 사업단이 강좌의 주제와 내용을 기획하고 있습니다. 이 사업단은 '조선의 기록문화와 법고창신의 한국학'이라는 주제로 규장각의 방대한 기록을 연구해 전통의 삶과 문화를 되살려내고, 그것이 오늘날 우리에게 주는 가치와 의미를 성찰하고 있습니다. 금요시민강좌의 기획을 맡으면서는 과거의 유산과 현재의 삶 사이를 이어줄 뿐만 아니라, 연구자와 시민 사이의 간격을 좁혀주는 가교 역할도 하려 합니다.

강의가 거듭되면서 강사와 수강생이 마주보며 교감하는 현장성이라는 장점도 있는 한편, 여건상 한정된 인원만이 강좌를 들을 수밖에 없는 것이 늘 아쉬웠습니다. 이에 한 번의 현장 강좌로 매듭짓는 한계를 극복하고자 강의 내용을 옛 도판들과 함께 편집해 '규장각 교양총서' 시리즈로 발간하게 되었습니다. 이미 조선의 국왕·양반·여성·전문가의 일생을 조명한 책들과, 조선과 세상 사람의 여행을 다룬 책을 펴내 널리 독자의 호평을 얻고 있습니다. 앞으로도 매학기의 강의 내용을 흥미로우면서도 유익한 책으로 엮어내려 합니다.

교양총서에 담긴 내용은 일차적으로 규장각 소장 기록물과 학자들의 연구 성과에서 나온 것이지만, 수강생들과 독자 여러분의 관심과 기대를 최대한 반영하려 합니다. 정조의 규장각이 옛 문헌을 되살려 수많은 새로운 책을 펴냈듯이 우리 연구원은 앞으로 다양한 출판 기획을 통해 대중에게 다가갈 것입니다. 이 시리즈가

우리 시대 규장각이 남긴 대표적 문화사업의 하나로 후세에 기억
될 수 있도록, 여러분의 많은 관심과 성원 바랍니다.

서울대학교 규장각한국학연구원장

김인걸

인생의 궤적軌跡, 일상의 기록-조선시대 일기와 소통하다

증자가 말했다. '나는 하루에 세 가지로 나 자신을 반성한다. 남을 위해 일을 꾀함에 충실히 하지 않았는가? 친구와 사귀는 데 신의가 없지 않았는가? 스승에게 배운 것을 열심히 익히지 않았는가?曾子曰 吾日三省吾身 爲人謀而不忠乎 與朋友交而不信乎 傳不習乎' 오늘 하루를 어떻게 살았나 되돌아보며 증자의 말을 생각한다. 오늘은 어제와 다른 날인가, 나는 어제보다 나아진 모습인가.

일기를 쓴다는 것은 바람에 흩어지는 구름처럼 소소한 일상을 선명하게 바라보고 소중히 간직하는 일이다. 우리 모두는 한번쯤은 일기를 씀으로써 속내를 털어놓고 새로운 세상으로 첫발을 내디뎠던 경험이 있다. 어느 하루도 나와 똑같은 삶을 사는 이는 없으니 나의 일상은 유일무이한 것이다. 그러니 삶의 조각을 어딘가에 남기는 행위는 그것 자체로 의미가 있다.

어린 시절 참으로 난감했던 기억이 떠오른다. 어느 날 우연히 오빠의 일기장을 보게 되었는데 거기엔 '오늘 동생의 일기를 보았다'고 쓰여 있었다. 일기의 주인공들은 언젠가 누군가에게 읽힐 것을

의식하였을까. 누군가가 읽어주길 고대하면서 삶의 조각들을 남겼을까. 타인의 시선을 의식했든 전혀 예상치 않았든 문자로 기록되는 순간 일기는 소통되기 마련이다.

일기가 빛을 발하는 때는 대중과 소통하는 순간이다. 일상의 기록이 사회적 소통의 주인공이 되려면 시간이라는 인내가 필요하다. 역사의 수레바퀴 속에서 몸과 마음으로 쓴 일기는 우리에게 다양한 정보를 제공할 뿐 아니라 삶과 인간에 대한 새로운 질문을 던진다. 어느 면에서 일기에 기록된 사실보다 더 중요한 것은 그 사실을 바라본 당시 사람들의 마음이며, 이를 다시 기록으로 남긴 옛사람들의 뜻이다. 그래서 지금 우리에게 중요한 것은 그 마음을 있는 그대로 느껴보는 일이다.

이 책에서 다룬 열두 편의 일기는 세 편을 제외하고는 개인의 일상생활 전반을 기록한 생활일기다. 일기를 쓴 기간은 짧게는 1년여부터 68년에 이르고, 일기가 시작될 때의 연령은 10세부터 80여 세까지 각기 다르다. 우리는 열두 편의 일기가 지닌 독특한 맛과 향을 풀어내어 옛사람들과 소통하고자 한다.

예나 지금이나 질병과 죽음은 인생에서 피해갈 수 없는 운명이다. 치병일기는 조선 사람들의 병을 치료하기 위한 다양한 방법과 노고의 흔적을 우리에게 전해준다. 『정청일기』는 내의원 어의들이 고위 관료로 재직 중인 노수신을 치료한 일기이고, 『가대인시탕시일기』에는 왕진을 거절당하자 노모에게 단지혈斷指血을 드린 효자하진태의 절절함이 배어 있다. 생의 끝에 선 이들의 모습을 담은 일기에서 질병의 고통과 이를 지켜보는 아픔은 마찬가지였으리라.

소현세자는 정묘호란이 일어나자 분조分朝를 이끌며 국정을 처리했고, 병자호란 때는 심양에 볼모로 끌려가 갖은 고초를 겪었다. 소현세자는 강학講學에서 배운 내용을 100번 이상 읽어 통달하도록 공부했다. 『소현동궁일기』에는 풀리지 않는 의문의 죽음과 비운의 생애를 살다 간 소현세자의 삶과 서연書筵활동이 기록되었다.

병자호란이 일어나자 63세의 나이로 피란길에 오른 남평 조씨는 1년에 서른 번이 넘는 제사를 주관하고 농사를 경영하면서 심양에서 돌아올 남편을 기다렸다. 그녀는 내면 깊숙이 자리하고 있는 죽은 두 아들과 며느리들에 대한 그리움을 『병자일기』에 한글로 섬세하게 표현했다.

노상추는 혼인하던 해인 17세 때 아버지의 명을 받아 일기를 쓰기 시작해 68년간 지속했다. 그의 아버지는 장남이 사망하자 세상일에 흥미를 잃고 일기 쓰기를 노상추에게 맡긴 것이다. 그런 의미에서 『노상추일기』는 집안의 대표로서 쓴 일기였기에 주인공 노상추를 비롯해 그의 부모, 자식, 손자에 이르는 4대 가족의 생과 사를 입증할 수 있는 유일한 기록이 되었다.

조선의 관료제, 행정체제, 경제체제에 편입되어 있었던 인물의 일기는 조선 사회의 구조와 실상을 꾸밈없이 구체적으로 보여준다는 점에서 매우 귀중한 자료다. 조선의 17세기는 사림의 공론인 사론士論이 높은 권위와 영향력을 행사하던 시기인데, 김영의 『계암일록』에서는 이 시기 중앙 정계의 동향과 지방 유생들의 활동에 대해 살펴볼 수 있다. 김영이 살던 시대는 성리학적 의리를 실천하는 사람들의 상소인 유소儒疏, 사림의 이름으로 행해지는 처벌인 유벌儒罰이 주요 활동으로 자리잡았다.

황사우는 경상감사의 수석보좌관 격인 도사都事로서 지낸 1년의 시간을 『재영남일기』에 상세하게 담았다. 도사는 감사 유고시에 감사의 직임을 대행하기 때문에 아감사亞監司로 불렸다. 감사는 도내 군현을 순력巡歷하면서 향교의 훈도와 유생에 대한 평가, 관리들의 근무 평정, 민원 해결 등을 처리했다. 당시는 감영監營에서 업무를 관할하는 유영留營 체제가 아닌 순력를 통한 행영行營 체제였기 때문에 지방 관료의 고단한 생활을 엿볼 수 있다.

정조가 명한 『오경백편』 선사 프로젝트에 참여한 경상감영의 영리 권계만은 규장각 출장에서의 견문을 『내각선사일록』으로 남겼다. 이 일기는 1797년 경상감영 선사영리들의 규장각 출장 배경과 감회, 『오경백편』의 선사 과정과 시상 등을 담고 있다. 『오경백편』을 목판으로 간인할 때 사자관寫字官이 아닌 영남서리의 글씨를 선택한 정조의 확고한 신념을 이 일기는 말해준다.

지규식은 궁중에 필요한 그릇을 만들어 사용원에 조달하는 공인貢人이었기에 『하재일기』에는 그릇의 납품과 매매, 공가貢價의 수취 등에 관한 내용이 있다. 공인활동은 대동법 시행 이후 각 지역에서 중앙에 납부한 쌀이 공물을 상납한 공인에게 공가로 지급되는 체계에서 이루어진 것이다. 또한 이 일기에는 19세기 말에서 20세기 초의 사용원 분원 운영의 변화와 서울의 금융 거래에 대한 정보도 자세하다. 『하재일기』는 양반이 아닌 미천한 신분의 보통 사람이 남긴 일기로서 희소가치가 있다.

같은 시기 외교와 정치에서 중요한 역할을 한 김윤식을 세상에서는 '진개화眞開化'로 불렸는데, 그가 당시의 관습과 체면에 구애받지 않고 파격적인 행동을 한 내력은 『음청사』에서 찾아볼 수 있다. 1881년 학도들을 이끌고 무기제조법을 배우기 위해 중국을 찾은 영선사領選使로서의 경험이나 제주도로 유배되어 이재수의 난을 목격한 사건들은 소중한 자료가 된다. 특히 이재수의 난은 소설과 영화로 이어져 과거와 현재를 소통할 수 있게 했다는 점에서 의의를 지닌다.

윤치호는 일본, 중국, 미국의 11년 유학생활에서 견문을 넓히고 세계사의 흐름인 제국주의의 약육강식 논리를 체득했다. 1895년 귀국한 윤치호는 한말 개화·자강운동의 핵심 인물로 독립협회, 만민공동회, 대한자강회를 이끌었다. 조선 최초의 근대적 지식인, 개화·자강운동의 대명사, 일제강점기 조선 기독교의 원로, 일제강점기 말 친일파의 대부로 살았던 그는 60년간의 영문 일기에 자신의 속내와 시대의 모습을 다각도로 기록했다.

18세기 조선의 학술과 문화 지형을 보여주듯 오직 자신의 학문적 열정과 예술 애호를 갈망하며 평생을 추구한 이들이 있었다. 『이재난고』를 남긴 황윤석은 십대 후반부터 천문역산학을 비롯한 과학기술과 관련된 서학서를 열람하기 위해 부단히 노력했다. 『이재난고』는 서학에서 천주교와 과학기술을 구분해 선택적으로 수용했던 황윤석의 세계관과 18세기 후반 서학서의 유통 현황을 보여준다.

자식이 없던 유만주에게 분신과도 같았던 『흠영』은 18세기 서울에 거주한 양반 가문의 예술 취향과 서화가들의 활동 등을 담고

있다. 서화애호가 유만주는 중국에서 유입된 서화에 관한 저서와
기록을 통해 역대 서화가와 그들 작품에 대한 지식을 탐색하면서
여러 경로로 서화를 축적해나갔다. 유만주는 『흠영』에서 '일기는
가까운 일을 상세하게 하고 멀어진 일은 잊지 않게 하는 자신의 역
사이니 소홀히 할 수 없다'며 일기 쓰는 이유를 밝히기도 했다.

　규장각 교양총서 여덟 번째로 발간되는 『일기로 본 조선』은 규장
각한국학연구원 인문한국사업단 전임 연구진들이 조선시대의 일
기를 풀어내 옛사람들과 소통하는 금요시민강좌를 기획한 데에서
비롯되었다. 이 책에서 다룬 열두 편의 일기가 전하는 맛과 향을
모든 독자가 내면 깊숙이 느낄 수 있기를 기원한다. 한마음으로
흔쾌히 강의를 수락하고 집필해주신 모든 분께 이 자리를 빌려 감
사드린다.

　일기의 대상은 우리 삶의 모든 이야기이고 일기의 도구는 종이
부터 카메라, 컴퓨터, 휴대폰까지 무엇이든 가능하다. 일기의 핵
심은 쓸 만한 가치가 있기 때문에 빛을 발하는 것이 아니라, 시간
이라는 인내 위에 기록했기 때문에 훗날 역사의 한 페이지가 될 수
있다는 사실이다. 그러니 과거를 살다 간 모든 사람이 영웅이고
역사의 주인공임을 아는 이는 무엇이든 기록으로 남겨야 하리라.

2013년 1월
저자들의 뜻을 모아
조계영 쓰다

1장

생의 끝자락에 선 이들의
모습을 담다

◉

조선의 치병治病 일기들

김호

유석진兪石珍은 조선 세종 때 고산현高山縣(현재 전라북도 완주) 사람으로 아버지가 몹쓸 병에 걸렸는데, 발작만 하면 기절을 하니 석진이 밤낮으로 옆에서 모시고 소리치며 울었다. 사람들이 산 사람의 뼈를 피에 타서 마시면 나을 수 있다고 말하므로 석진이 곧 왼손 무명지를 잘라 그 말대로 하였다. 그랬더니 과연 아버지 병이 나았다.

『오륜행실도』에 전하는 효자 석진의 단지斷指 이야기다.

자식이 손가락을 자르거나 허벅지를 베어 피나 뼈를 병환이 깊은 부모에게 드려 완치했다는 효자 이야기는 행실도의 단골 주제다. 부모에 대한 효를 가장 중요한 덕목으로 삼았던 조선시대에는 신분의 높고 낮음을 막론하고 중병에 걸린 부모나 조부모를 위해 치병과 시탕을 게을리 하지 않았던 효자 이야기가 많다. 실제 이들이 남긴 치병일지가 많지는 않지만 조금씩 전하고 있으며, 이들 치병일지는 조선 사람들의 병을 치료하기 위한 다양한 방법과 노고의 흔적을 우리에게 전하고 있다. 이 글에서 소개할 두 편의 대조적인 치병일지에는 내의원 의원들이 대거 참여한 고위 관료의

「오륜행실도」, 전 김홍도 밑그림, 정조명편, 22.0×15.0cm, 1797, 삼성미술관 리움.
효자 석진이 아버지의 병을 치료하고자 손가락을 끊는 이야기가 실려 있다.

치병 과정과 단지斷指도 서슴지 않는 효
자의 마음 씀이 잘 나타나 있다.

『정청일기』, 개인.

고위 관료의 치병일지를 쓰다

조선시대 대표적인 치병일기 가운데
하나는 75세의 연로한 대신 노수신을
봉양하면서 적은 『정청일기政廳日記』다.
이 일기는 16세기 후반 선조대에 영의
정을 지냈으며 경상북도 상주가 고향이
기는 하지만 오랫동안 호남에서 귀양생활을 한 관계로 대표적인
호남 사림으로 알려진 소재蘇齋 노수신盧守愼(1515~1590)의 치병
일지다.

일기는 노수신이 영의정 및 영중추부사領中樞府事로 재직하고 있
을 때인 1588년(선조 21)부터 시작해 1590년(선조 23) 3월 11일까지
기록되어 있다. 일기에는 노년의 병색이 깊은 노수신의 건강 상태
와 음식 그리고 시약侍藥 상황이 자세히 기록되어 있는데, 취침 상
태와 아침·점심·저녁에 먹은 각종 음식 그리고 노수신을 병문안
차 다녀간 의원들과 방문객의 이름이 빼곡하다. 특히 노수신이 고
위 관료로 근무하던 중이었으므로 허준과 같은 당대 최고의 내의
원 어의들이 방문하여 건강을 살피고 있다.

『정청일기』의 저자가 누구인지는 확실치 않다. 다만 노수신의
측근으로 일거수일투족을 시측할 만한 가까운 지친 정도로 추측

할 뿐이다. 일기는 시간의 흐름에 따라 저간의 사정을 기술하는 방식인데, 노수신의 잠자리가 평안했는지의 여부를 시작으로 조석 및 점심 식사의 내용 그리고 간식을 구체적으로 음식의 이름과 양을 따져 기록했으며, 오후 혹은 저녁이나 아침에 방문객이 있으면 이름과 행적을 기록했다. 이외에 새벽녘에 제사를 지내는 등 특별한 행사가 있으면 그때마다 적어놓았다. 마지막으로 3경 내지 4경 무렵이면 거의 매일 약물을 바쳤는데 이때도 빠짐없이 약물의 이름과 양을 기록했다.

가령 1588년 9월 22일자 일기를 보자. 새벽부터 아침 그리고 날이 밝기 전, 오후, 저녁 등의 순서에 맞추어 그날의 일을 기록했다.

새벽에 제례를 행하였는데 이준 등 3인이 참여하였다
曉頭行祭 李浚等三人參之 可悲.
아침진지를 조금 올렸다 朝進旨少許.
날이 밝기 전 면을 조금 올렸다 未明 進糆少許.
강복성(노수신의 제자)이 왔다 가다 康復誠來去.
저녁에 진지를 이전과 같이 올렸다 夕進旨一樣.

• 노인을 위한 음식

『정청일기』의 기록 대부분은 노환老患인 노수신의 건강을 관리하기 위한 양로 음식을 적어놓은 것이다. 노수신이 70대의 노인인데다 병환이 있었으므로 일기에 나오는 음식은 노수신의 평상식이라기보다는 병환이나 노인을 위한 환자식으로 보는 편이 적절하다.

「기영회도」, 98.8×51.7cm, 보물 향토유형문화재 제219호, 조선시대, 노응구 기탁, 상주박물관.
기로소에서 고위 관료들이 가진 모임을 그린 것인데, 참석자 중 한 명이 노수신으로 그의 모습이 그려져 있다.

노수신이 매일 먹은 음식은 밥, 탕국, 구이 및 음료, 과일에 이르기까지 종류가 다양했다. 먼저 식사는 밥 위주로 했다. 아침과 저녁은 대개 밥이나 죽 등으로 식사를 했는데, 밥은 난반爛飯이라 하여 푹 익어 부드러워진 밥을 비롯해 물에 말아 먹는 경우(수반水飯)와 잡곡밥雜飯이 위주였다. 밥과 함께 채소生菜와 육류(닭고기, 생선탕 등) 역시 여러 가지가 진상되었다. 이밖에 면류나 수제비是齊飛 등을 먹을 때도 있었다(1588년 9월 24일). 오후에는 떡 종류가 많았다. 빈대떡彬煮餠, 쑥떡艾餠, 화전병花煎餠 등 상대적으로 가벼운 음식을 먹었던 것으로 보인다. 물론 오후에 물에 말은 밥水飯을 먹기도 했으므로 밥을 전혀 먹지 않았다고 보기는 어렵다.

한편 탕국 종류로는 숭어탕秀魚湯, 생대구탕生大口湯, 굴탕石花湯, 굴국石花羹, 시래기탕乾菜湯, 송이국松茸羹, 가자미탕加佐味湯, 쏘가리탕天子魚湯, 자라탕王八湯, 족탕足湯 등 역시 다양하다. 쏘가리탕은 효자탕으로도 알려져 있을 정도로 노인의 비위를 보하는 대표적인 음식이다. 빙허각 이씨(1759~1824)가 지은 『규합총서閨閤叢書』에는 쏘가리가 허약함을 도와주고 위를 보한다고 설명되어 있다.

노인이자 환자였던 노수신은 죽과 미음 종류를 많이 먹었다. 주로 곡류를 이용한 죽이 많았는데 팥죽赤豆粥, 들깨죽水荏粥, 흰죽白粥, 원미죽元米粥, 율무죽薏苡粥, 청량미음靑粱米飮, 청량미죽靑粱米粥, 콩죽豆粥 등이다. 물론 붕어죽鮒魚粥이라든가 우유죽酪粥 등 동물성 죽류 음식도 섭취했다. 조선시대에 왕실을 비롯해 환자의 보양식으로 늘 활용되던 것이 붕어죽인데 노수신 역시 식치食治 음식으로 애용했다. 『동의보감』「탕액편」의 즉어鯽魚 항목을 보면,

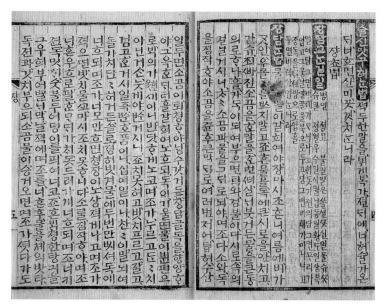

『규합총서』, 빙허각 이씨, 35.5×22.0cm, 1809, 국립중앙도서관.

'향명으로 붕어다. 여러 어류 가운데 먹기에 가장 좋다'라고 설명하고 있다.

　이밖에 구이나 찜 음식으로는 소의 위장 구이烹膓, 두부와 굴꼬치 구이豆腐石花交貫炙, 자라구이鼈星炙, 꿩구이生雉炙, 고기구이肉炙, 오소리고기猯肉炙, 갈비구이乫非烹, 낙지구이絡蹄炙, 조기구이石首魚炙, 굴구이蠣炙 등과 붕어찜鮒魚蒸, 닭찜蒸鷄 등이 있었다. 그리고 밥과 함께 올려진 채소로는 줄김치莊沉菜, 김치沉菜, 파蔥菜, 숙채熟菜, 미나리水芹菜 등이 있다. 특히 오소리 고기에 대해『동의보감』에는, 조선 사람들이 이를 '흙돼지土猪'라고도 부르는데 복수가 차오르면서 몸이 마르고 허약해지는 사람이 장복하면 효과가 있다는 내용이 실려 있다. 이처럼 노환으로 몸이 쇠약해진 노수신에게 다

『동의보감』, 허준, 33.0×22.0cm, 조선 후기, 가천박물관.

양한 보양 음식이 제공되었다.

떡 종류로는 쑥백설기艾雪糕, 백설기白雪糕, 구운 떡炙引餠이나 빈대떡彬子煎 등이 보이고, 이외에 밀가루 음식으로 여겨지는 수제비手齊飛, 칼국수刀齊飛, 만두饅頭, 수제비의 일종인 운두병雲頭餠 등이 기록되어 있다. 이외에도 간식 종류로 보이는 두과병豆裏餠이나 병실과餠實果 등을 먹기도 했으며 귤柑子을 하사받은 기록이 보인다.

노수신은 술을 사양하지 않았다. 과음하지 않고 조금씩 먹었던 모양으로 약간의 음주를 양생養生의 좋은 방도로 여기고 있었기 때문이다. 일기에는 이화주梨花酒를 비롯해 모주母酒, 예주醴酒 등의 술 이름이 나열되어 있다. 그리고 음료로 식혜食醯를 먹거나, 번열煩熱이 많을 때는 냉차冷茶를 마시고 혹 얼음을 잘게 부수어 먹는 등 여러 종류의 음료와 차를 즐겼다.

노수신은 술을 사양치 않았다. 이희주 막자 그가 마셨던 술 가운데 하나다.

• 진찰 및 병문안

『정청일기』에는 다양한 사람이 병중의 노수신을 찾아와 밤새 시숙侍宿한 모습이 기록되어 있다. 이들은 서녀庶女 사위인 허징許澂처럼 친인척 관계에 있는 사람들이거나 노수신의 제자들 혹은 내의원에서 파견된 의사들이었다.

노수신은 본처인 광릉 이씨와의 사이에 소생이 없었다. 그런 까닭에 훗날 동생 노극신의 둘째 아들 대해大海를 양자로 들여 대를 이었다. 측실로부터는 3남1녀를 얻었으며 딸 한 명은 훗날 파주목사를 지낸 허징과 혼인했다(『소재집蘇齋集』「소재선생행장蘇齋先生行狀」). 흥미롭게도 노수신의 서녀 사위였던 허징은 『동의보감』의 저자인 허준의 동생이었다. 허징 역시 허준과 마찬가지로 양천 허씨 허논의 서자였는데, 허통된 뒤 이문학관吏文學官을 거쳐 문과에 합격함으로써 봉상시 첨정, 승문원 교검·교리 등 내직을 두루 지내고 영월·파주 등지의 지방관을 역임해 내외직을 두루 거친 관료로 출세했다.

허준이 노수신을 찾아뵈었던 것은 어의御醫로서의 공적인 임무도 있었지만 인척 관계 또한 무시할 수 없었을 것이다. 사실 허준과 노수신은 좀더 깊은 인연을 맺고 있었던 듯하다. 노수신은 귀양처였던 전라남도에서 많은 학자 및 제자와 교류하여 호남 사림의 한 사람으로 불렀다. 따라서 전라도 장성에서 태어나 광주와 부안 등지에서 성장한 것으로 보이는 허준은 전라도에서 귀양살이를 했던 노수신과 일찍부터 교류했을 가능성이 높다.

허준은 『정청일기』에 자주 등장하는 의원 중 한 명이다. 그는 1588년 1월 12일 노수신을 방문해 삼령백출산參苓白朮散을 복용할

간이약장, 높이 17.8cm, 폭 11.0×16.2cm, 조선 후기, 가천박물관.

것을 권했고, 노수신이 이를 따른 기록이 있다. 당시 영중추부사

였던 노수신에게는 중추부약방中樞府藥房 소속의 노돈盧墩이 왕진

하기도 했다. 중추부 의원이었던 노돈은 직접 보중치습탕補中治濕

湯을 지어오기도 했다(1588년 4월 15일). 이밖에 수많은 내의원 의

원이 노수신을 찾아왔는데 허준과 함께 『동의보감』 편찬에 큰 공

로를 세운 이공기李公沂, 남응명南應明 등이 그들이다. 당대 최고의

명의로 알려진 양예수楊禮壽의 동생이며 역시 유명한 의원이었던

양지수楊智壽도 노수신을 문안했다. 그는 훗날 임진왜란이 일어났

을 때 왜적의 포로가 되자 강에 투신하여 자살했다. 조영준趙英璿

은 노수신을 가장 자주 문안하고 시숙한 의원으로 보이는데, 특히

노수신의 병세가 갑자기 악화되면서 자주 불려와 진찰하였다

(1588년 12월 6일).

고위 관료였던 노수신의 병환을 치료하기 위해 당시 최고 의원으로 알려진 내의원 의사들이 왕진하고 시숙했다. 이러한 모습은 1589년 8월 말 노수신의 병세가 악화되자 의정부의 중의衆意를 모아 내의원 의원 유민柳珉을 파견한 뒤 노수신의 곁을 지키며 시측侍側하면서 건강 상태를 서계書啓하도록 명령한 데서도 잘 드러난다 (1589년 8월 21일).

『정청일기』를 읽다보면 한 가지 흥미로운 점을 발견하게 된다. 일기 후반부로 갈수록 허준의 방문은 줄어들고 안덕수와 의약을 의논하는 빈도가 잦아진다는 사실이다. 8월 14일에 노수신의 눈 부위가 붓고 건강 상태가 나빠지자 정탁鄭琢의 요청으로 양지수, 남응명 등 두 명의 내의가 노수신을 방문한 후 '폐열肺熱이 심하고 기운이 울체氣濇하다'는 진단을 내리고 안덕수에게 처방을 묻는 기사가 보인다(1589년 8월 14일). 그 뒤 8월 27일 안덕수는 직접 노수신을 방문하여 문진했다. 안덕수는 이른바 양예수-허준으로 이어지는 강하고 효과 빠른 약물을 선호하는 준한峻寒 의학에 반대하여 온보溫補의 의학을 강조하던 인물이었다.

유몽인의 『어우야담』에는 이러한 두 학파 사이의 갈등이 잘 묘사되어 있다. "양예수의 투약 방법은 패도覇道와 같아서 집중적인 투약으로 효과를 빨리 보는 반면 사람을 상하게 하는 일이 많지만, 안덕수의 방법은 왕도王道와 같아서 효력이 느리지만 사람을 상하게 하는 일이 없다. 이에 세론世論은 모두 안덕수를 두둔하였다"는 것이다(『어우야담於于野談』「의약醫藥」). 허준의 방법은 매우 신속하면서 효과적이지만 몸을 상하게 하는 반면 안덕수의 처방은 비록 효과는 느리지만 몸을 보하는 방법이었던 것이다.

애초에 노쇠한 노수신에게는 비교적 강하고 효과 빠른 허준의 처방 대신, 효과가 느리지만 몸을 상하게 하지 않는 안덕수의 약물이 적합했던 것으로 보인다. 일기의 짧은 구절 속에서 당시 쌍벽을 이루던 허준과 안덕수 두 사람의 보이지 않는 대결을 간취할 수 있다. 약물은 주로 3경과 4경 등 새벽 시간에 진상되었다. 간혹 복통이 심하면 번철燔鐵을 달구어 배를 문지를 때도 있었다. 1588년 6월 12일 노수신은 흉복통胸腹痛이 심하자 철鐵을 따뜻하게 덥혀 통증을 덜어보려고 시도했다. 이렇게 도자기나 철 등을 데워 복통을 멈추게 하는 일종의 물리치료 방법은 고려시대 이래 조선시대에 널리 활용된 치료법 가운데 하나였다.

• 노수신의 양생론養生論

『정청일기』의 주인공 노수신은 수십 년 귀양살이를 할 때 좌선에 심취하거나 육왕학에 빠지기도 했다. 이 때문에 정통 주자학자인 퇴계 이황의 비판을 받기도 했다. 해배되어 재상에 복직한 뒤에도 노수신은 정치적인 일보다는 수양을 빌미로 술과 농담을 일삼아 학문과 태도에서 순정한 주자학자가 배울 바가 아니라는 비판을 받곤 했다. 이는 달리 생각하면 노수신의 학문이 주자학 일변도가 아니라 양명학이나 불교, 도가 등 다양한 영역을 포괄하고 있었다는 반증이다. 그만큼 노수신은 양생법과 의학에도 매우 밝았다. 이는 그의 부친인 노홍이 활인서별제活人署別提를 지냈던 사실과 무관하지 않은데, 가학家學의 전통이라 할 수 있다.

『정청일기』가 노수신의 치병기라면 노수신의 평소 건강법을 알려주는 기록으로 문집에 수록되어 있는 양생방養生方이 흥미롭다.

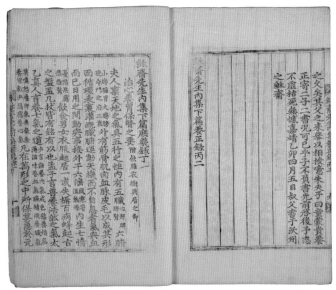

『소재집』「치심양위보신지요治心養胃保腎之要」, 규장각한국학연구원.

노수신은 정精·기氣·신神으로 인체의 구조와 기능을 설명했다.

사람은 천지의 기운을 받아 오행五行의 성性을 갖추었으니 안으로는
오장육부가 있고 밖으로는 근골과 기육 등이 있어 신체를 형성한다
[精]. 특히 기혈은 신체의 움직임과 정신활동을 가능케 하는데[氣] 하
루도 쉬지 않고 움직여 사물에 접하니 밖으로 육음六淫에 관계하고
안으로 칠정七情을 낳는다[神]. 그런데 한 번이라도 조섭에 실패하면
백 가지 병이 여기서 비롯된다. (…) 한 몸과 만 가지 일에서 제일 중요
한 것은 심心이니 심이 오장육부 가운데 군주君主의 기관이기 때문이
다. 다음은 비위脾胃로 장부에 영양을 주어 혈기血氣의 근원이 된다. 다
음은 신장腎臟으로 정精을 보존하고 뼈를 주관하니 한 몸의 근본이라

할 만하다. 고로 치심治心, 위양胃養, 보신保腎의 중요성을 순서대로 말하고자 한다. (『소재집蘇齋集』「치심양위보신지요治心養胃保腎之要」)

인체의 형성과 심신 작용에서 정·기·신의 세 가지 요소가 가장 중요하다는 노수신의 주장은 허준의 『동의보감』과 다를 바 없다. 허준이 정精을 가장 중히 여겨 정으로부터 출발하여 심心으로 설명해가는 방식이었다면, 노수신은 심에서 시작해 정의 보존을 설명하는 차이가 있을 뿐이다. 허준이 의학자였다면 노수신은 유학자였기에 인체의 중요한 장기를 서로 다르게 자리매김한 것이다. 이렇듯 노수신의 양생론은 '치심治心' '양위養胃' '보신保腎'의 세 부분으로 구성되어 있다.

보신의 요체는 허준이 강조한 정精 개념과 깊은 관련이 있다. 정은 정액의 의미를 포함하고 있다. 노수신 역시 심의 감동으로 심화火가 동하여 신수腎水가 누설된다면 정기가 소진되어 허로虛勞의 질병이 야기된다고 보고, 정을 맑고 조용하게 사용하며 도道에 맞추어 제어함으로써 성인이 될 수 있다고 주장했다.

노수신은 정이야말로 음식의 고갱이로 비록 마음心이 일신一身을 주재하지만 정을 저장하고 제어하는 일은 신腎이므로 잘 먹고 보위補胃하는 일보다는 함부로 정을 사용하지 않는 보신補腎이 가장 중요하다고 생각했다. 이러한 보신과 양정養精의 철학은 함부로 자신의 성욕을 발산하지 않도록 하는 양생의 사회적 기제로 확장되었다.

욕망의 억제는 의식주 전반을 포함하는 생활 속의 양생으로 확산됨으로써 일상생활의 규범으로 작동했다. 노수신은 신·기·정

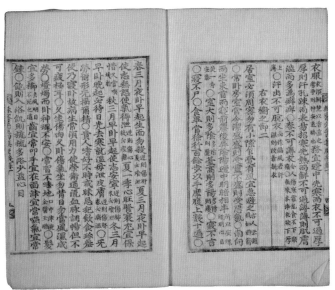

『소재집』 「음선지절飮膳之節」

을 말한 후 의식주의 구체적인 생활 양생법을 나열하였는바, 가장 먼저 적절한 식생활이 중요하다(이하 음식은 『소재집』 「음선지절飮膳之節」 참조).

첫째, 노수신은 음식을 절도 있게 먹는 일을 중시했다節飮食. 그는 과식하는 일, 때가 아닌데 먹는 일을 금했을 뿐 아니라不多食·不時飮食, 배가 고프거나 목이 마를 때만 먹고 마시도록 하며 당연히 과욕은 금해야 한다고 강조했다. 욕망의 억제는 음식을 대하는 태도에서도 일관되게 유지되었다. 유학자들에게 식욕은 색욕과 더불어 조절하기 가장 어려운 인간의 욕망으로 여겨졌다. 그러므로 음식을 먹을 때도 천천히 조금씩 먹음으로써 음식에 대한 지나친 욕망을 드러내서는 안 되었다. 가급적이면 자주 조금씩 먹어야 하며 자주 많이 먹는 일은 피해야 한다. 급하게 먹어서는 안 되며 조금씩 삼키며 천천히 씹어서 넘겨야 한다.

셋째, 음식의 종류는 고량膏粱을 피해야 하는데 고량진미는 위장의 조화를 망쳐 백병의 원인이 되기 때문이다. 배가 부르도록 고기를 먹어서는 안 되며 날것, 지나치게 찬 것, 딱딱한 것, 태운 것, 끈적한 것, 미끌한 음식 등은 피해야 한다. 특히 노수신은 생선회 등 날것을 좋아하는 당시의 풍습을 비판했다. 회를 먹으면 벌레蟲에 감염된다고 지적한 것으로 보아 조선시대 어회魚膾로 인한 기생충 감염이 심각했음을 추측할 수 있다. 유희춘의 『미암일기』 등 16세기 중·후반의 자료를 보면 어회魚膾를 즐기던 당시의 식생활 풍속이 묘사되어 있곤 하다. 이에 대한 노수신의 비판은 당시의 식습관을 정확히 반영하는 것으로 여겨진다.

한편 노수신은 지나친 음주가 가장 문제임을 지적하고 술은 단지 혈맥을 소통할 정도이거나, 정신과 기운을 북돋울 때 그리고 풍한風寒을 피해 몸을 덥힐 정도, 약을 복용할 때 약 기운을 돕는 정도라면 허용할 수 있다고 보았다. 그렇지 않고 과음하면 풍風을 불러들여 신장과 위장을 손상시키기 때문이다. 음주 후에는 절대로 단 음식과 면류를 먹어서는 안 되고 과음 후 물을 마셔도 안 된다고 보았다.

노수신은 음식을 먹고 난 후 자기 전에 반드시 산보를 하여 소화를 돕도록 강조했다. 100보 이상을 산책하며 또 배를 손으로 수십 차례 문질러주도록 했다.

의복과 관련하여 노수신은 계절에 적당한 옷을 권장했다(이하 『소재집』 「의대지절衣襨之節」 참조). 추위를 느낀 뒤에야 옷을 입되 아

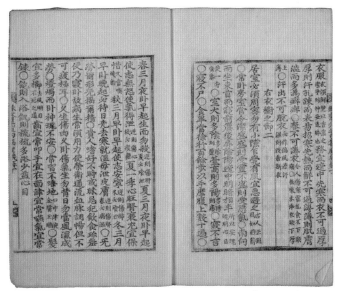

『소재집』「의대지절衣襨之節」.

주 두껍게 입어서는 안 된다. 지나치게 두껍게 입으면 땀구멍이 열려 피부로 풍한이 쉽게 들어오기 때문이다. 반대로 더워진 뒤에 옷을 벗어야 하는데 지나치게 얇게 입어서는 안 된다. 얇게 입으면 피부가 들뜨기 쉬워 벽비癖痺가 올 수 있다는 것이다. 봄철 아직 추위가 완전히 가시지 않았을 때 하의는 두껍게 상의는 얇게 입도록 권했다.

노수신은 주거에서도 상풍傷風에 가장 큰 주의를 기울였다(이하 『소재집』「흥거지절興居之節」 참조). 거실은 반드시 두루 막혀 있어야 하는데, 바람이 조금이라도 들어오는 것 같으면 틈새를 막아야 한다고 했다. 또한 방 안을 정결히 하여 신령神靈한 기운과 접할 수 있도록 했다. 반드시 남쪽을 향해 앉아야 하며 잘 때는 동쪽으로

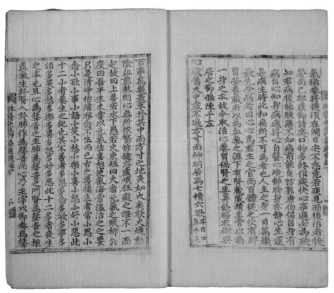

『소재집』「흥거지절興居之節」.

머리를 두도록 권했다. 방 안에도 문 쪽에는 발을, 뒤에는 병풍을
쳐서 바람을 차단하도록 했으며 방 안의 어두움을 적당히 조절하
도록 했다.

　이밖에도 노수신은 지나치게 오랫동안 앉아 있거나 누워 있으
면 기운이 손상되므로 주의하라고 권하였다. 그는 빗질을 불사不
死의 방법으로 강조하기도 했다. 자주 빗질을 해주면 풍을 제거하
고 눈을 맑게 한다는 것이다. 요컨대 노수신에게 양생의 지름길은
소식小食과 절제, 그리고 병들기 전 미리 주의하는 예방의 생활화
였다.

손가락을 두 번 자른 아들의 효심

노수신의 『정청일기』가 고위 관료의 치병기였다면 이번에 소개하는 가슴 저릿한 시탕일기는 효자 집안으로 알려진 진양 하씨가의 치병일지, 『가대인시탕시일기家大人侍湯時日記』다.

18세기 후반 55세의 효자 하진태(1737~1800)는 어머니 신씨가 위독하자 손가락을 잘라 피를 먹이는 등 정성을 다해 간병하였고, 그의 아들 하익범(1767~1813)은 이를 치병 일기로 기록했다. 일지는 어머니 신씨가 병환이 들던 1791년 10월 13일에서 11월 26일까지 약 한 달 보름 정도의 상황을 서술하고 있다. 일기에는 모든 효자가 그러하듯이 어머니를 위해 단지斷指하고, 의원과 약물을 찾아 먼 길을 마다않고 수소문하는 일은 물론이거니와 어머니 대신 자신의 목숨을 거두어달라고 북두칠성에 기도하는 아들의 효심이 고스란히 담겨 있다. 진정한 효심이 무엇인지 잘 보여주는 치병 일지다.

• 노모의 병환

손자 하익범은 이미 병약하여 노쇠해진 조모를 다음과 같이 묘사하고 있다.

우리 할머니께서는 80여 세의 늙으신 몸으로 살이 빠지고 기운이 약해져 이미 말로 할 수 없을 정도였다. 새벽부터 저녁까지 잠자리를 살피고 문안하며 세 끼니를 올리는 진찬進饌에 아버지께서는 늘 곁에서 모셨는데, 갑자기 10월 13일 아침 할머니께서 치통을 크게 앓아 입술

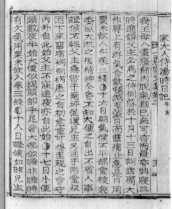

『가대인시탕시일기家大人侍湯時日記』, 하익범, 목활자, 30.0×20.3cm, 1940, 한국학중앙연구원.

에 부기가 있고, 잡숫던 음식량이 대번 줄어들었다. 15일에는 치통이 그쳤다. 이날 인삼 3돈을 넣은 속미음粟米飮을 복용하셨다.

인삼속미음은 인삼과 속미粟米를 기본으로 한 환자식으로 왕실에서 병중 음식이나 병후 회복식으로 활용하던 음식이었다. 조선 후기에 이르러 왕실의 처방들 가운데 상당수가 민간에 널리 전파되었다. 어의로 활약하던 사람들이 개인적으로 의원을 개업하면서 알려지기도 하고 왕이 특별히 왕실의 내의원 처방들을 일반에 공개하면서 왕실의 처방들이 민간에 흘러들었다.

가령 정조는 왕실의 처방들 가운데 민간에서 활용하기 쉬운 사례들을 의서에 수록하여 공간公刊하기로 마음먹었는데, 1799년 어의 강명길의 『제중신편濟衆新編』 편찬으로 결실을 맺을 수 있었다. 하진태 역시 민간에 알려진 인삼속미음 처방을 활용하여 어머니를 위한 죽을 준비했다.

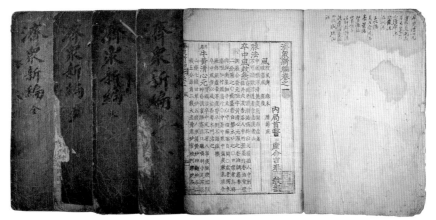

『제중신편』, 34.2×22.0cm, 1799, 가천박물관.

　　조선 후기에는 환자 가족들이 말이나 가마 등 탈것을 준비하여
의원들의 왕진을 부탁했다. 의사는 환자를 진료한 뒤 처방을 써주
고 환자 가족들은 이것을 가지고 약국에 가서 약을 제조하거나 혹
은 집안에 보관해둔 약재를 이용해 직접 약을 지어 먹기도 했다.
당시 하씨 집안에서 방문한 의원 강사백은 이미 환자 신씨가 고령
인 데다 병세가 깊어 회복이 어렵다고 판단하여 왕진은커녕 약방
문도 제대로 주지 않았다.

19일 안인安仁의 숙부님이 의원 강사백에게 가서 문의하였는데, '이와
같은 병세에 의원이 무슨 도움이 되겠으며 약이 무슨 소용이 있겠소?
찾아가서 치료한들 아무 소용이 없소'라고 말하고, 또 약방문을 구하
자 '딱 들어맞는 약이 없는데 어찌 약을 조제하겠소?'라고 말하였다.
왕진을 청했지만 오지 않고 약방문을 간절히 청하여 와서 밤에 할머
니께 육미회양탕六味回陽湯 1첩을 드시게 하였다.

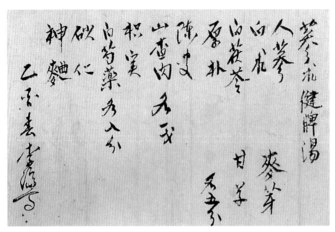

조선 말기 약처방문, 가천박물관. 이쩨마가 버린 처방문이다.

왕진은 고사하고 겨우 육미회양탕 처방을 받아와 1첩을 복용
할 수 있었을 뿐이었다. 육미회양탕은 음양의 모든 기운이 소진
되어 기력을 잃어버린 환자에게 처방하는 일종의 보신제다. 그런
데 인삼과 부자 같은 상당히 강렬한 약효를 내는 약재가 첨가되
어 있어 사실상 노인들에게는 마지막 시도나 다름없었다. 약방문
을 주지 않을 수 없자 의원 강사백은 일종의 비상책을 써주었던
것이다.

하씨 집안의 의원 초빙은 앞서 내의원 어의들이 빈번하게 왕진
하던 노수신의 상황과는 사뭇 다르다. 조선 후기에는 상당수의 개
인 의원과 약국이 서울을 비롯해 지방에서 활동하고 있었지만 양
반을 포함하여 일반인이 이들을 불러 왕진을 부탁하기는 매우 어
려웠다.

동시대를 살았던 다산 정약용은 조선 후기 의원들의 콧대 높은

『마과회통』, 정약용, 조선 후기, 국립중앙도서관.

행태를 비판한 적이 있다. 병가病家에 왕진 간 의원들이 목을 뻣뻣이 세우고 잘난 척하며 종이를 펴들고는 손 가는 대로 써내려가는데, 약재 이름을 한번 보고 휘갈겨 쓰고 한 글자도 고치지 않고는 약방문을 방바닥에 던진다는 것이었다. 이에 주인이 공손하게 주워 조심스럽게 보다가 한 가지를 지적하려 하면 의원은 성을 내며 '염려한다면 쓰지 말라. 나는 고치든 말든 모르겠다'고 소리친다는 것이었다.(『마과회통麻科會通』 권4 '속의俗醫')

어찌 의원들이 이렇게 고자세로 환자를 대할 수 있는가? 다산은 조선 후기 의원들의 불편한 진실을 신랄하게 비판했다. 양반을 포함하여 상민들은 의원과 약물의 도움 대신 천지신명께 빌거나 무당을 불러들일 수밖에 없었다.

약갈이, 높이 4.1cm, 구경 9.6cm(왼쪽)·높이 4.8cm, 구경 10.0cm, 조선 후기, 가천박물관.

• 피를 내어 드리다

마음이 급해진 아들 하진태는 노모가 위급한 상황에 처하자 손
가락을 베어 피를 내어드리기도 했다. 일기에는 변을 맛보는 것은
물론 연이어 손가락을 베어 그 피를 미음에 타드리는 지극한 효심
이 잘 나타나 있다. 아버지의 효행을 묵묵히 적는 아들의 심정 또
한 함께 기록되어 있다.

20일 병환의 증세가 어제에 비해 차츰 심해졌다. (…) 밤이 되자 병이
더욱 위독하여 머리에 경련이 일어나고 턱이 어긋나서 윗니와 아랫니
가 맞지 않는 상태이고, 두 뺨과 광대뼈 주위가 모두 차갑고 미음을 입
안으로 넘기지 못하셨다. 무릎부터 발끝까지 차가웠다. 매우 위독한
지경에 이르자 (…) 이날 밤 아버지께서는 자질과 부녀婦女, 계집종을
밖으로 나가게 하였다. 양동 숙부님만이 옆에 계셨는데 아버지께서
조용히 등을 돌아 앉아 왼손 네 번째 손가락을 자르자 피가 조금 나와
다시 손가락을 자르니, 마치 비단이 찢어지는 듯한 소리가 있었다. 오
른손으로 혈맥을 누르자 선혈이 솟아나와 반 그릇 정도를 담아 미음

「채씨의 효행도」, 허련, 종이에 엷은 색, 23×31.7cm, 김민영.
아버님이 위태로운 상황에 처하자 아들은 손가락을 잘라 피를 물려드리려 하고, 며느리는 곁에서 떠나지 않고 지극정성으로 간병을 하고 있다.

을 타서 한 그릇을 채웠다. 드디어 할머님의 입안으로 이를 부어 타드시게 하니, 즉시 효과가 있어 그날 저녁을 넘길 수가 있었다. 밤중에 대변을 보셨는데도 옆 사람들이 냄새를 맡을 수가 없었다고 한다.

21일 오후에 병세가 한층 더 위독해졌다. 두 뺨과 손발이 모두 차갑고 코와 입에서 나오는 숨이 차츰 차가워졌다. 또 거의 운명하실 정도로 위급한 지경에 이르자, 아버지께서는 곁에서 시중드는 계집종을 나가게 하고 당숙 어른께서 눈치채고 저지할까 걱정하여 몰래 오른손

네 번째 손가락을 잘랐는데 첫 번째 자를 때는 피가 나오지 않았고 두 번째 자를 때는 피가 조금밖에 나오지 않았다. 세 번째 자른 뒤에야 선혈이 나왔는데 세 곳에서 모두 피가 철철 흘러나왔다. 또 미음에 타서 그릇에 가득 채워 할머니 입안으로 남김없이 부어 드시게 하였다. 얼마 후에 몸에 온기溫氣가 차츰 돌아왔다. 이때 형님이 아랫방에서 쉬고 있다가 아버지가 할머니 입안으로 부어넣을 때에 병상 곁에 들어와서 처음에는 주사朱砂를 미음에 탄 것인 줄 생각하였다가 두 번째 이렇게 단지를 한 것임을 알고서 마음과 간담이 서늘해졌다. 어찌 이러한 일이 있었기 때문에 다시 있으리라고는 예상하지 못한 것이다. 아버지께서는 몇 해 동안 병을 앓았고 허약한 체력이었는데, 연일 계속하여 차마 할 수 없는 일을 하였다. 그날의 정경을 보는 사람마다 모두 눈물을 흘렸다. 아버님은 대변의 맛을 보니 마치 냄새가 전혀 나지 않는 썩은 기름 찌꺼기 같다고 하였다. 인삼 3돈을 넣은 속미음을 드시게 하였다. 양동 숙부님은 흐느껴 울면서 문밖에 나와 장례를 치를 채비를 하였으니, 그 경황이 없음을 예상할 수 있다.

단지의 순간은 비단 자락이 찢어지는 소리로 오늘날까지 생생하게 전해진다. 과연 효자의 혈죽血粥이 노모의 건강을 회복시키는 데 얼마나 도움이 되었겠는가? 그러나 손가락을 잘라서도 부모의 목숨을 붙들고 싶은 자식의 절절한 마음은 또 효자가 아니라면 어찌 이해할 수 있겠는가?

• 하늘에 빌다

인명재천이라 하였다. 어머니의 목숨이 약물의 힘으로는 어찌

할 수 없고 자식의 고통스런 선혈鮮血로도 회복되기 어렵자, 효자 하진태는 노모의 목숨을 구하기 위해 북두칠성에 빌기로 했다. 11월 2일부터 보름간 매일 하루도 빠뜨리지 않고 하진태는 목욕재계 후 하늘을 향해 제를 올렸다. 어머니의 목숨 대신 자신의 목숨을 거두어달라고 빈 것이다.

하진태는 아들 하익범에게 축문을 짓도록 했다. '어머님의 병환이 몹시 위태로워 의약이 효험이 없으니 인력人力으로는 도저히 어찌할 수 있는 바가 아니다. 내가 가묘家廟에 가서 목숨을 대신 바치기를 청하고 북두칠성에 머리를 조아려 축원하고자 하니, 축문이 없어서는 안 될 것이다. 하지만 내가 평소 문장을 짓는 공부에 소홀하고, 또 위급할 때를 당하여 결코 문자를 생각해낼 수가 없구나. 너는 나를 대신하여 축문을 지어라.' 아버지 하진태의 절박한 부탁이었다. 아들 하익범은 그러한 아버지의 효행을 담담하게 일기에 기록했다.

매일 한밤중 인적이 없을 때 아버님은 혼자 침실 뒤에 서서 사배四拜하면서 축원하였다. 이틀 밤 몹시 비가 내리는 가운데도 서서 축원하였다. (…) 대략 제수를 갖추었는데 밥, 국, 채소, 과일, 등燈, 술, 물을 1위位마다 각각 한 그릇씩 놓으니 칠칠 49수에 합치하였다. 버드나무 숟가락과 젓가락을 각기 하나씩 놓고, 분향한 후 사배하고, 축문을 읽고 난 후 사배하고, 1위마다 각각 한 장씩의 종이를 태운 뒤 각기 사배를 하고, 제사를 지내고 나서 신을 보내기까지 도합 40배를 하였다. 이날 밤 비가 초저녁부터 마구 내렸고, 또 할머니의 병환이 점차 위독해져 제사를 올릴 수 없을 정도였다. 한밤중이 되어서야 빗줄기가 조금 가

늘어졌는데, 병환은 그대로 계속되어 더 나아지지 않았다. 비를 무릅쓰고 제사를 올리는데 신발이 젖어 버선에 이르고 처마 끝의 작은 종에서 작은 소리가 났다. (⋯) 40배를 하는 동안 우러르기도 하고 굽어 축원하기도 했는데, 한 번 절하고 한 번 축원하는 그 사이가 무척 더디어 등잔 속에 물이 가득하였지만 불빛이 꺼지지 않고 물기를 먹은 종이 역시 모두 다 잘 타서 하늘로 올라갔다. 이는 옛날에도 없던 기이한 일이니 어찌 신神이 이른 징험이 아니겠는가.

정성이 하늘을 감동시켰던가? 노모 신씨의 병환이 조금씩 회복되는 듯했다. 11월 17일부터 병세가 조금씩 호전되는 기미가 있다고 일기는 전한다.

17일부터 여러 병세가 모두 조금씩 호전되는 기미가 있었으나 신관神觀의 모든 것과 음식 드시는 일은 없었다. 병든 노인을 소생시키기 어려운 것은 과연 고목枯木에 싹이 다시 나는 것과 같다. 지금은 일수가 이미 1개월이 넘었다. 처음 편찮으실 때부터 오늘에 이르기까지 다만 붕어, 미음, 닭즙鷄汁 같은 것을 사용하였는데 오늘 오후에 이르러 석화죽石花粥 한 그릇을 드셨다.

노모 신씨를 간병하는 한 달 동안 하진태는 붕어즙, 인삼속미음, 오랜 시간 고아낸 닭죽 등으로 어머니를 봉양했다. 그리고 마침내 신씨는 석화죽을 한 그릇 비울 수 있을 정도까지 기력을 되찾았다.

다양한 죽과 미음은 조선시대 대표적인 양로 음식이었다. 이미

丹洞村洞長手本

右手本事段本村居清原河生貞平日事親之誠悅親之喜不但一里之所感服

素是一鄉之稱歎矣壬年將六月十日庚中大夫人主年將八十至渴得難名之症自始痛之日病

勢蒼黃其生貞主年將六十兼境粥飲藥餌親自煎嘗晝夜血泣實及其二十日病勢无劑

將進屬續之慮則先所左手三裂鮮血湧出重灌病喉則因有生之氣实及翌日夜病勢又當

萬身當冷將至屬瀆諸具之際又所右手脂出血重唉則發時田主是乎不自病劇之後每

夜人靜時泣祝皇天北斗至於廿有五夜而其間二夜大雨永來盡濕而哉氷且素是

獨身救護侍病側達夜不寐者將至卅日而暫不解帶假寐每日飲泣罔非葉軺辭

其咮又水至月初二日而沐浴致齋製祝文奈七星之條圖真終夜大雨七燈嘉中而鮮如

汪洋盞燈油而滴滿乩而燈火不滅七星之位各燒一天紙而紙濕焉能盡燒上天此宣常漢非

感天裕神驗子且冬江鮒魚得為難得之物而重一月緣用此承雖人力所及也如此誠茶雖

不容舌是乎乃不惟一洞之歎服合上下如出口是乎不以緣田如是乎本

行下 向教是事

軌綱

主慶僉

辛亥十二月十九日洞長▢▢金▢

河生員▢▢▢▢▢▢

今觀訴辭尤▢

「단동촌동장수본丹洞村洞長手本」, 종이에 묵서, 50.5×42.0cm, 경상남도 유형문화재 제408호, 1791.
단동촌 동장이 사죽집강沙竹執綱에게 하진태의 효행을 서면으로 보고한 문서.

언급한 대로 정조대의 『제중신편』에는 당시 주로 활용되던 죽 수십 여 종이 소개되어 있다. 부모에 대한 '효'가 강조되면서 점차 민간의 저술에서도 노인 보양과 관련한 음식 정보가 자세해졌다. 18세기 후반 서유구는 『임원십육지』에서 '노인을 위한 식치食治 음식'을 세 세하게 수집 기록했다. 가짓수는 물론이거니와 증세에 따른 활용법 등 조선시대 노인을 위한 죽과 미음의 백과사전이라 할 만하다.

*

지금까지 두 편의 치병일기를 살펴보았다. 고관이었던 노수신의 치병 과정에는 내의원 어의를 비롯하여 당대 최고의 명의들이 왕진했다. 음식 또한 죽을 비롯해 탕과 고기 등 보양식이 다양하게 제공되었다. 반면 조선 후기 하씨 집안의 노모를 위한 치병기에는 왕진을 부탁했으나 거절당한 이야기와 약물을 대신하여 단지혈斷 指血을 내드리는 효자의 절절함이 배어 있다. 치병 과정에서 기력을 회복하기 위한 약물과 음식의 중요성을 무시할 수 없다. 그러나 하진태의 치병기를 보고 있자면 진정한 효자의 마음이야말로 치병의 제일 요소가 아닐까라는 생각이 든다.

서울과 지방, 고관대작의 여부 그리고 병세의 차이에도 불구하고 조선시대의 치병 일기에는 환자를 치유하려는 의원들의 노력과 시탕하는 이의 정성 및 환자의 일상 등이 고스란히 담겨 있다. 예나 지금이나 질병은 인생의 고비마다 찾아오는 달갑지 않은 손님이다. 내의원 어의의 왕진을 받았던 노수신이나, 아들의 선혈로 기력을 되찾은 신씨 모두에게 몸에 전해지는 질병의 고통은 같았

을 것이며, 지켜보는 이들이 느꼈을 마음의 아픔 또한 마찬가지였
으리라. 일기 두 편으로 조선 사람의 일상 전체를 알 수는 없지만
작은 편린 속에도 일상의 흔적들은 서려 있게 마련이다. 소식과
절욕의 양생으로부터 단지의 효심에 이르는 정성, 그것이야말로
조선 사람들의 '마음'이다.

2장

17세기 사림정치의 굴곡을 기록하다

⊙

김영의 『계암일록』

박현순

영남 제일가는 인물이 남긴 일기

계암溪巖 김영金坽(1577~1641)은 그리 널리 알려진 인물은 아니다. 그는 높은 벼슬을 하지도 않았으며, 학문적으로 특출난 저술을 남기지도 않았다. 또 특별히 많은 제자를 길러내지도 않았다. 조선시대를 살았던 많은 걸출한 인물들에 비춰보면 그의 일생은 오히려 평범했던 것처럼 보인다.

그런데 당대의 평가는 그렇지 않았다. 『인조실록』 기사를 보면 그는 여러 번 조정의 부름을 받고도 벼슬하지 않은 지조 있는 인물로 칭송되었고 '영남 제일인', 곧 영남에서 제일가는 인물이라고 일컬어지기도 했다. 지금은 수많은 인물 속에 묻혀 있지만 당대 사람들에게는 상당한 명망을 얻었던 것이다. 『인조실록』에는 다음과 같은 기사가 전한다.

사간 김영이 상소하여 체직을 청하니, 허락하였다. 김영은 예안 사람인데 성품이 차분하고 지조가 있었다. 여러 번 부름을 받았으나 사양하고 종신토록 영嶺을 넘지 않았다. 세칭 영남의 제일인이라 한다. 혹은 금상今上이 반정한 후로 벼슬한 적이 없다고도 한다.(『인조실록』 11년 1월 9일[신축])

김영은 지금은 안동시에 속하는 경상도 예안현 오천 출신이다. 예안현은 퇴계 이황의 고향으로 그가 많은 제자를 기른 곳이기도 하다. 김영의 부친 김부륜과 숙부인 김부필 등도 이황의 제자로 '오천 7군자'로 불리기도 했다.

조선시대 여느 인물이 그러하듯 김영의 어린 시절에 대해서도 기록으로 전하는 것은 별로 없다. 다만 그가 나고 자란 집안의 배경을 보면 다복한 가정에서 태어나 부친과 숙부들의 가르침을 받으며 아쉬울 것 없는 어린 시절을 보냈을 듯하다. 게다가 어려서부터 학문과 문장에 뛰어나 1591년 열다섯 살의 어린 나이에 도산서원 원생이 되었다. 도산서원 역사에서 최연소 원생이 된 것이다.

그러나 성인이 된 후의 삶은 평탄하지만은 않았다. 열여섯 살 때 임진왜란이 일어났으며, 전란의 후유증이 채 가시기도 전에 광해군대의 난정亂政과 인조반정, 이괄의 난, 정묘호란과 병자호란이 일어났다. 김영의 삶도 격변의 흐름에서 자유로울 수 없었다. 난세에 어떻게 사는 것이 선현의 가르침을 따르고 실천하는 것인지를 고민해야 했다.

김영이 언제부터 일기를 썼는지는 분명하지 않다. 현재는 스물일곱 살이던 1603년 7월 1일부터 세상을 떠나기 직전인 1641년 3월 12일까지의 일기가 남아 있다. 중간에 몇 달씩 빠지긴 했지만 근 39년에 이르는 기간이다.

「예안지도」, 『경상도읍지』, 규장각 한국학연구원.

김영의 고향인 예안은 퇴계 이황의 고향이자 그가 제자들을 양성한 곳으로 유명하다. 표시한 곳은 도산서원이다.

여느 일기가 그러하듯 김영의 『계암일록』에도 개인의 일상에서 부터 중앙 정계의 동향까지 다양한 내용이 기록되어 있다. 그 가운데 개인사나 가정사에 대한 기록은 상대적으로 적은 반면 고을에서 일어난 일이나 지방관에 대한 평가, 인근 사림사회의 동향, 중앙 정계의 동향에 대한 기록은 풍부하다. 특히 중앙 정계의 동향과 이와 관련된 지방 유생들의 활동에 대해서는 자신이 직접 관여한 일은 물론 조보朝報에서 읽었거나 지인들을 통해 들은 이야기도 소상히 기록했다. 이런 점에서 그의 일기는 여타의 생활일기와는 구별된다.

김영의 일기를 한마디로 말하자면 사림士林의 일기라고 할 수 있다. 사림이라는 말은 역사적으로 다양한 의미로 쓰였으나 원래는 성리학적 의리론에 기초해 공론公論을 형성하는 주체를 가리킨다. 김영이 살던 17세기에는 유생층이 사림으로 일컬어졌다. 유생들이 성리학적 의리론을 공부하고 실천하며, 국왕과 조정에 그 실천을 요구하는 존재들이었던 것이다. 김영의 일기는 어느 일기보다 이러한 유생층의 동향을 상세히 기록하고 있다. 그렇다면 사림들은 어떤 활동을 했을까? 그의 일기를 따라 17세기 사림의 활동을 쫓아가보자.

청년 사림, 유소儒疏를 올리다

김영이 처음 사회적인 활동에 참여한 것은 임진왜란 때였다. 임진왜란이 발발하자 인근 산속으로 피신했던 예안 사족들은 한 달여가 지나자 의병을 결성했다. 예안의 의병은 367명으로 조직되었는데, 김영은 열여섯의 어린 나이였으나 당당히 보병步兵으로 이름을 올렸다.

일기를 통해 볼 때 그가 처음 사림으로 활동한 것은 1604년 오현五賢, 곧 김굉필, 정여창, 조광조, 이언적, 이황을 문묘文廟에 종사하자고 청하는 유생 상소에 참여한 때였다. 문묘종사는 조선 성리학의 도통道統을 세우는 일로 조정 관료와 재야 유생들이 함께 추진해온 숙원사업이었다. 그러나 왕통王統과 도통의 문제를 함께 고려해야 했던 국왕 입장에서는 조심스럽게 대처해야 하는 사안이기도 했다. 1604년 성균관 유생들은 거듭 상소를 올려 문묘종사를 단행하고자 했는데, 국왕 선조는 이를 거부했다. 이에 논의를 확대시키고자 한 성균관 유생들은 영남 유생들에게도 동참하도록 요청했다.

영남에서는 이에 호응해 곧 상소를 올리기 위한 소회疏會를 열었다. 각 고을에서는 상소문의 초안을 작성하고 소회에 대표를 파견했다. 김영은 예안 대표로 여기에 참가했다. 소회는 1604년 5월 60여 개 읍의 대표 300여 명이 모인 가운데 선산에서 열렸다. 김영은 5월 14일 길을 떠나 16일 낮에 선산에 도착해 20일 상소를 받든 소행疏行이 상경할 때까지 함께했다. 일기에는 그동안의 경험을 다음과 같이 기록하고 있다.

낮에 선산에 도착하였다. 많은 사자士子가 아직 도착하지 않았는데도 벌써 150여 명이나 되었다. 회소會所는 객사客舍 주변의 넓은 터에 동서로 막幕을 설치하여 마주보고 자리를 배치하였는데, 정말 성대한

『계암일록』, 김영, 유교문화박물관.

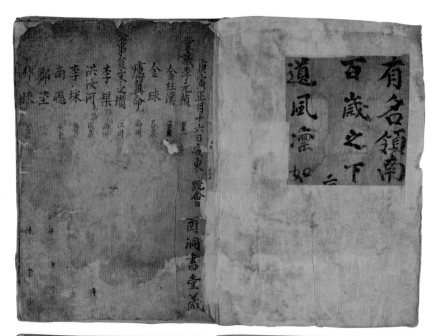

『소록疏錄』, 유직柳稷, 수목 전주 유씨 기탁, 유교문화박물관.

1650년 영남에서 이이와 성혼의 문묘 종사를 반대하는 상소를 올릴 때 소회에 참가한 유생들의 명단.

일이다. (『계암일록』 1604년 5월 16일)

밥을 먹은 후 회소會所에 들어갔다. 소두疏頭와 장의掌議가 상소문을 받들고 나와 각자의 이름 아래에 서명하게 하고 북쪽 벽에 설치한 상 위에 놓았다. 상소문을 다 읽자 두건과 의복을 갖추어 입고 사배四拜를 하였다. 오후에 상소를 받들고 대궐로 향하는 유생 60~70명이 길을 떠 났다. 여러 사람도 모두 흩어져 돌아갔다. (『계암일록』 1604년 5월 20일)

소회는 각 고을의 대표들이 모인 가운데 경건하게 치러졌다. 참 가자들은 먼저 상소의 대표자인 소두疏頭와 소회의 대표자인 장의 掌議, 상소문을 옮겨 쓰는 사소寫疏 등 각종 소임을 선발했다. 이어 이들을 중심으로 각 고을에서 준비해온 상소문의 초안을 검토해 최종적으로 국왕에게 바칠 상소문을 채택하고 문장을 가다듬었 다. 완성된 상소문에는 참석자들이 일일이 서명하고 사배를 올렸 다. 의식이 끝난 뒤 소두와 동행자인 배소인陪疏人 60여 명이 서울 을 향해 길을 떠났다. 소두는 안동의 진사 김윤안이었고, 상소문 은 성주의 진사 송원기가 초안한 것이었다.

소회에서 상소만 준비한 것은 아니었다. 소회에 참가한 이들 가 운데에는 오랜만에 만나는 지인도 있었고, 이름은 들었으나 미처 만나보지 못한 사람들도 있었으며, 처음 보는 이들도 있었다. 또 갓 스무 살이 된 청년도 있었고, 그 아버지뻘인 50대의 어른들도 있었다. 이들은 뜻을 함께하는 동지로서 금세 하나가 되었다. 이 들에게 소회는 성대한 축제와 같았으며, 교유의 장이자 동지애를 확인하는 장이기도 했다.

이 모임에서는 **나**이순으로 앉았다. **나**와 동갑인 20여 인이 뜻을 모아 이름과 자字, 생월生月, 거주지를 기록하여 훗날에 살펴볼 수 있도록 하였다. 다른 사람들이 이를 본받아 순식간에 규식規式이 되었다. 위로는 을묘(1555)·병진년(1556) 생부터 아래로는 갑신(1584)·을유년(1585) 생에 이르기까지 모두 이렇게 하고 다투어 갑회甲會를 열었다. 동갑 중에 본부 사람이 있으면 음식을 장만하여 자리를 마련하였는데, 우리**만** 모두 멀리서 온 객客이라 연회를 열지 못했으니 아쉬운 일이다.(『계암일록』1604년 5월 17일)

사람의 이름으로 유儒·벌罰을 시행하다

오현의 문묘종사는 조선 사림의 숙원사업이었다. 그러나 학맥이 다른 학파들이 있었던 까닭에 반대 의견을 피력하는 인사들도 있었다. 정인홍이 그런 인물이었다. 정인홍은 이황과 더불어 조선 성리학계의 양대 산맥을 이룬 남명 조식의 수제자로 이언적과 이황의 학문 및 행적에 대해 비판적인 견해를 보였고, 조식의 문집인 『남명집南冥集』을 간행하며 이를 피력했다.

1605년 이 일이 알려지자 성균관 유생들은 유생 명부인 청금록靑衿錄에서 정인홍의 이름을 지우고 전국에 통문을 돌려 정인홍을 공척攻斥했다. 이 일은 영남에서 다시 한번 유회儒會를 여는 계기가 되었다.

이때 마침 예안에서 문과 초시가 있었는데, 시험을 마친 유생들은 안동 남문 밖 강변에 모였다. 성균관에서 보낸 통문에 답서를

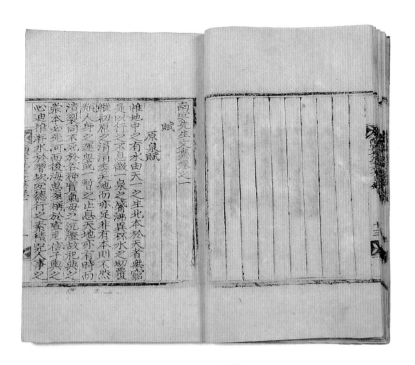

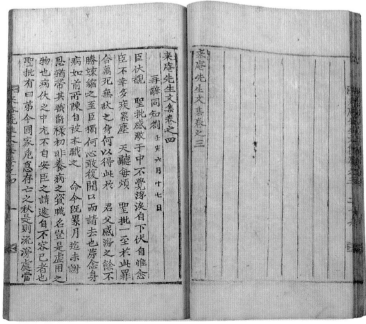

『남명선생문집』(위), 30.9cm×21.2cm, 조선 후기, 국립대구박물관.
『내암선생문집』, 30.1×20.6cm, 1911, 국립대구박물관.
남명 조식과 내암 정인홍의 문집이다. 남명은 퇴계 이황과 경상 좌도와 우도를 가르며 양대 산맥을 형성했고, 그의 제자들도 이에 따라 각자 입장을 달리했다.

보내기 위한 자리였다. 오현 종사를 올릴 때의 소회가 시종 화기애애했던 것과 달리 이 모임은 정인홍은 물론 정인홍에게 우호적인 인사들까지 성토하는 살벌한 분위기였다.

밥을 먹은 후에 모임에 갔다. 황도광(황중윤)이 가을에 성균관에 있을 때 정인홍을 비호하여 사람들의 입에 오르내렸는데 이때 이르러 이입, 김중청 등이 황중윤이 용수사龍壽寺를 지나가다가 선사先師(이황)를 향해 망령된 말을 많이 했다고 전하였다. 도유사都有司와 무리 중 서너 사람은 자세히 듣고 죄를 정하고자 하였으나 두 사람과 뭇 논의는 그렇지 않아 사림에서 삭적削迹하였다. (『계암일록』 1605년 9월 21일)

『유원록遊院錄』, 도산서원 기탁, 유교문화박물관. 사림의 유벌을 받으면 서원 원생록이나 향교 교생록에서도 이름을 지웠다. 도산서원의 원생 명부인 『유원록』에는 이름을 도려냈던 흔적이 남아 있다.

사림삭적士林削迹이란 사림에서 자취를 지운다는 의미다. 오늘날의 제명除名에 해당되는 이 처벌을 받은 사람은 사림의 자격을 박탈당했다. 명분과 의리를 중시하는 사림사회에서 배척받았다는 것은 크나큰 오점으로 남는 일이었다.

사림의 이름으로 행해지는 처벌은 법제화된 형벌과는 다른 사회적인 관행으로 유벌儒罰, 또는 사림유벌이라 불렸다. 유벌은 유생들이 사림으로 활동하기 시작하면서 의리와 도덕에 위배되는

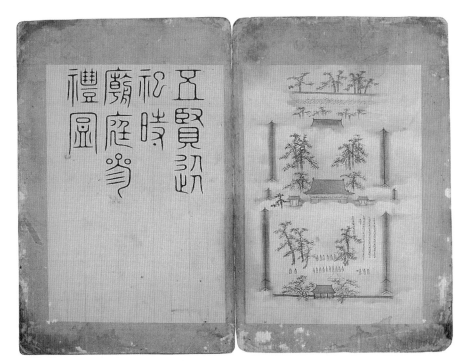

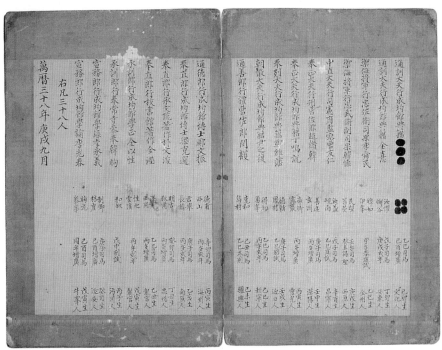

『성정계첩聖庭契帖』, 비단에 엷은 색, 28.0×41.5cm, 1610, 진주 정씨 우복종택 기탁, 한국학중앙연구원.
오현의 문묘종사는 사림의 숙원이었다. 위의 그림은 1610년 김굉필, 정여창, 조광조, 이언적, 이황 등 오현을 문묘에 종사할 때 집사로 참여한 인사들이 기념으로 제작한 계첩이다.

행위를 자율적으로 정화하기 위해 시행한 것이었다. 김영이 살던 시대는 사림의 활동이 점차 활발해지던 시점으로 유벌도 관행이 되어 유소와 더불어 사림의 주요한 활동으로 자리잡았다.

유벌에는 삭적 외에도 일정 기간 자격을 정지하는 손도損徒, 집을 부수고 고을에서 내쫓는 훼가출향毀家黜鄕 등이 있었다. 대개는 개인의 행실에 문제가 있을 때 시행했으나 때로는 한 고을 유생 전체가 유벌을 받기도 했다. 유벌을 받으면 향교나 서원의 일상적인 활동에 참여할 수 없을 뿐만 아니라 과거에도 응시할 수 없었다.

유벌은 이념적으로는 사림의 공론으로 시행하는 처벌로 보편적인 의리와 도덕을 시행 근거로 했다. 그러나 남인, 북인, 서인 사이에 대립의 골이 깊어지면서 정치적으로 자신들과 다른 입장을 취하는 이들에게 유벌을 가하는 일도 점점 늘어났다. 김영이 살던 곳은 퇴계 이황의 영향이 절대적인 곳이었던 만큼 이황을 폄훼하

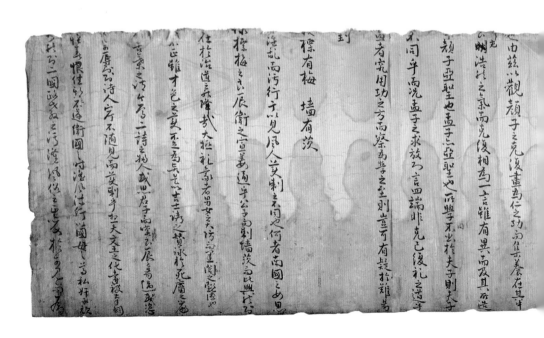

는 행위는 우선적으로 처벌 대상이 되었다.

짧은 관직생활, 긴 칩거

김영은 사림의 일원으로 이런저런 활동을 벌이는 한편 줄곧 관료로 진출하기를 꿈꾸며 과거에 응시했다. 그러나 문과에 급제하는 것은 소수의 사람만이 누릴 수 있는 특별한 영광이었다. 김영은 어려서부터 문장으로 이름이 나 있었으며 여러 차례 초시에 합격했지만 회시에서 번번이 고배를 마셨다. 긴 시간 합격에 대한 기대와 낙방으로 좌절은 되풀이되었다. 시험에 떨어지고 한강을 건널 때 그의 심정은 착잡하기 그지없었다.

마침내 1612년 8월 김영은 36세의 나이로 증광시 문과에 급제

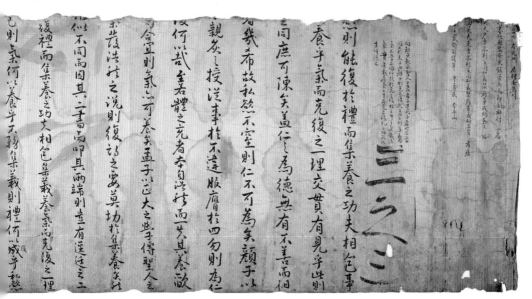

「시천」, 유교문화박물관. 김영이 27세 때 작성한 생원시 초시 답안지.

했다. 10여 년에 걸친 긴 수험생활이 끝나고 비로소 꿈을 펼칠 기회가 온 것이었다. 서울에서 한바탕 신참례를 행한 김영은 고향에 돌아와 여러 지역에 흩어진 선조들의 묘소를 일일이 돌아다니며 급제 인사를 올렸고, 주변 친지들은 그를 위해 연일 축하연을 베풀었다. 성균관에서 치른 신참례의 장난기 어린 모습은 다음과 같이 기록되어 있다.

반동泮洞(성균관이 있는 동네)에 가서 동쪽 반수泮水 가에 줄을 지어 앉았다. 성균관 관원 두 명이 서재청西齋廳 위에 앉아서 새로 급제한 신래新來는 문파, 무파를 막론하고 모두 들어오게 하여 얼굴을 검게 칠하고 까치걸음을 하게 하였다. 시간이 지나 또 동재 식당 앞에 들어오게 하고 나희儺戱를 하였다. (『계암일록』 1612년 9월 11일)

다시 상경한 김영은 1614년 2월 승문원 권지정자로 벼슬살이를 시작해 얼마 뒤 승정원 가주서가 되었다. 이제 관료로서의 꿈을 펼칠 시간이 된 것이다. 하지만 정국은 그의 기대와는 다르게 돌아갔다.

당시의 북인 정권은 광해군의 즉위를 도와 권력을 장악하긴 했으나 상대적으로 지지 기반이 취약했다. 이에 계축옥사를 일으켜 선조의 적장자인 영창대군을 귀양보내고 선조의 계비인 인목대비를 폐위시키자는 폐모론을 제기하며 정치적인 독주를 도모했다. 정치적 부담으로 남아 있던 영창대군을 제거하고 이를 빌미로 서인, 남인 세력을 축출하려 한 것이다. 폐모론을 반인륜적인 행위로 여기고 반대한 서인, 남인계 중신들 가운데 일부는 귀양을 가

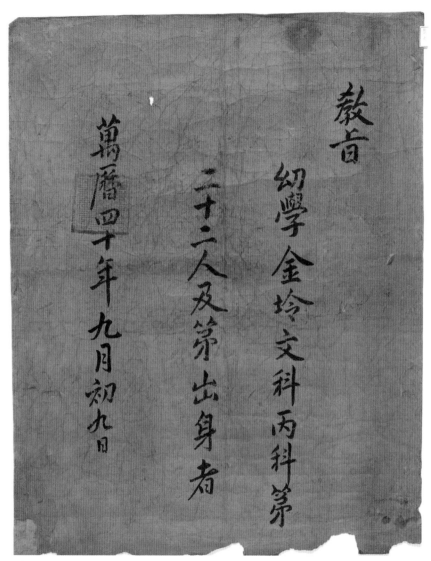

教旨

幼學金玲文科丙科第

二十二人及第出身者

萬曆四十年九月初九日

「홍패」, 유교문화박물관. 1612년 김영이 문과 병과 제22인으로 급제한 사실을 증명한 교지.

야 했고, 남아 있던 사람들도 조정에서 물러났다.

김영도 1616년 여름 짧은 관직생활을 마무리하고 낙향하고 만다. 그 사이 김영이 서울에 머물면서 벼슬살이를 한 것은 몇 달에 불과했다. 오랫동안 관료로서 세상을 경영하는 꿈을 꾸어왔건만 막상 과거에 급제한 뒤에는 시대가 그의 앞길을 막아선 것이다. 혹 그가 관직자로 남으려고 했다면 그럴 수도 있었다. 그러나 이황을 노선생老先生으로 받들며 그 가르침을 따르려고 했던 그로서는 그럴 수 없었다. 김영은 광해군대의 난세를 만나 칩거를 선택했다.

고향에 머무는 동안에도 북인 정권의 횡포에서 벗어날 수 없었다. 고향 예안에서도 북인 정권에 참여한 이들이 있었다. 그들은 권세를 등에 업고 향교와 도산서원을 장악하며 사람들을 위협하려고 했다. 김영과 그 주변 인물들은 이들로부터 향교와 서원을 지키는 데 혼신의 힘을 기울였다.

인조반정이 일어나다

1623년 인조반정이 일어나자 정국은 완전히 달라졌다. 북인 정권의 독주에 반대하다 귀양갔던 사람들이 풀려나고 폐모론에 반대하며 조정을 떠났던 이들도 속속 돌아왔다. 반면 북인 정권에 동참했던 인물들은 처형되거나 유배길을 떠났다.

지방에서도 북인 세력으로 활동하거나 북인 세력을 등에 업고 전횡을 부린 인사들에 대한 단죄가 시작되었다. 각지의 유생들은 유회를 열어 사림의 이름으로 북인 세력을 처벌했다. 예안과 이웃

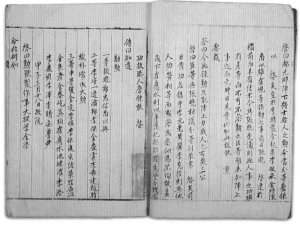

『정사진무양공신등록靖社振武兩功臣謄錄』, 40.8×32.6cm, 1626, 규장각한국학연구원.
인조 1년 윤10월 인조반정에 공을 세운 50인의 신하를 공신에 봉한 기록이다.

한 안동과 영천에서도 유회를 열어 유벌을 시행했다는 소식이 들려왔다. 김영이 사는 예안에서는 1623년 4월 3일 향교 근처 백사장에서 유회를 열었다.

밥을 먹은 후 여희·덕여 등과 함께 대사大寺 앞 백사장에 갔다. 봉사 금경·영천수령을 지낸 이영도 등 모인 사람이 100여 명이나 되었다. 흉당凶黨을 처벌하여 오윤은 영영삭적하고 (…) 이홍익·윤동로는 삭적하였다. 모인 사람들이 모두 온계에 가서 서긍의 집을 부수게 하였다. (…) 온계의 동구에 이르러 개울가에 앉아 있는데 서긍의 집에서는 몇 리 떨어져 있었다. 사자士子와 품관品官들이 군사들을 시켜 집을 부수게 하였는데 군사들이 부수기가 쉽지 않자 불을 놓아버렸다. 멀리서 보고 있다가 놀라서 힘써 말렸으나 불이 이미 번져서 꺼지지 않았다. 아름답지 못한 일이다.

유회에서 유벌을 당한 이들은 오랫동안 한 고을에 산 사람들이었다. 그 가운데에는 피를 나눈 친척도 있었고, 어릴 적부터 동고동락한 벗들도 있었다. 광해군 대의 정국은 이들을 정치적으로 갈라놓았다. 사림의 이름으로 제기된 공론 앞에서 개인적인 정을 베풀 여지는 없었다.

인조반정은 오랜 기간 칩거해온 김영에게 다시 관료의 꿈을 펼칠 기회를 주었다. 1623년 12월 김영은 사헌부 지평으로 조정의 부름을 받았다. 그런데 한겨울에 상경하다가 충청도 중원 나천에 이르러 말에서 떨어지는 사고를 당하고 말았다. 김영은 큰 부상을 입고 집으로 돌아왔다. 시간이 지나면서 통증은 온몸으로 퍼져갔다. 그리고 1년여가 지나서는 바깥출입도 할 수 없게 되었다. 이른바 앉은뱅이가 된 것이다. 나이 마흔아홉 때의 일이다.

오랫동안 병상에 있던 김영은 몸도 마음도 쇠했을 터다. 거동이 자유롭지 못했으니 그동안 이리저리 관여해온 사회활동에 참여하기도 어려웠을 것이다. 그러나 실제 생활은 크게 달라지지 않았다. 그가 집 밖으로 나가지는 못했으나 많은 사람이 그의 사랑방으로 몰려와 학문을 논하고 세상을 논하며 그의 가르침을 구했다. 같은 동네에 살고 있는 사촌형제와 조카들은 하루가 멀다 하고 그의 집을 드나들었다. 먼 곳에 있는 친구들은 편지로 소식을 주고받았다. 김영은 온종일 집 안에서 지냈지만 바깥세상과 끊임없이 소통하며 두어 칸 사랑방에서 사회활동을 이어갔다.

인조반정이 일어난 뒤 한동안은 불안한 정국이 계속되었다. 반정 후의 논공행상에 불만을 품은 평안병사 이괄이 1624년 난을 일으켰다. 이로부터 얼마 지나지 않은 1627년에는 여진족이 세운

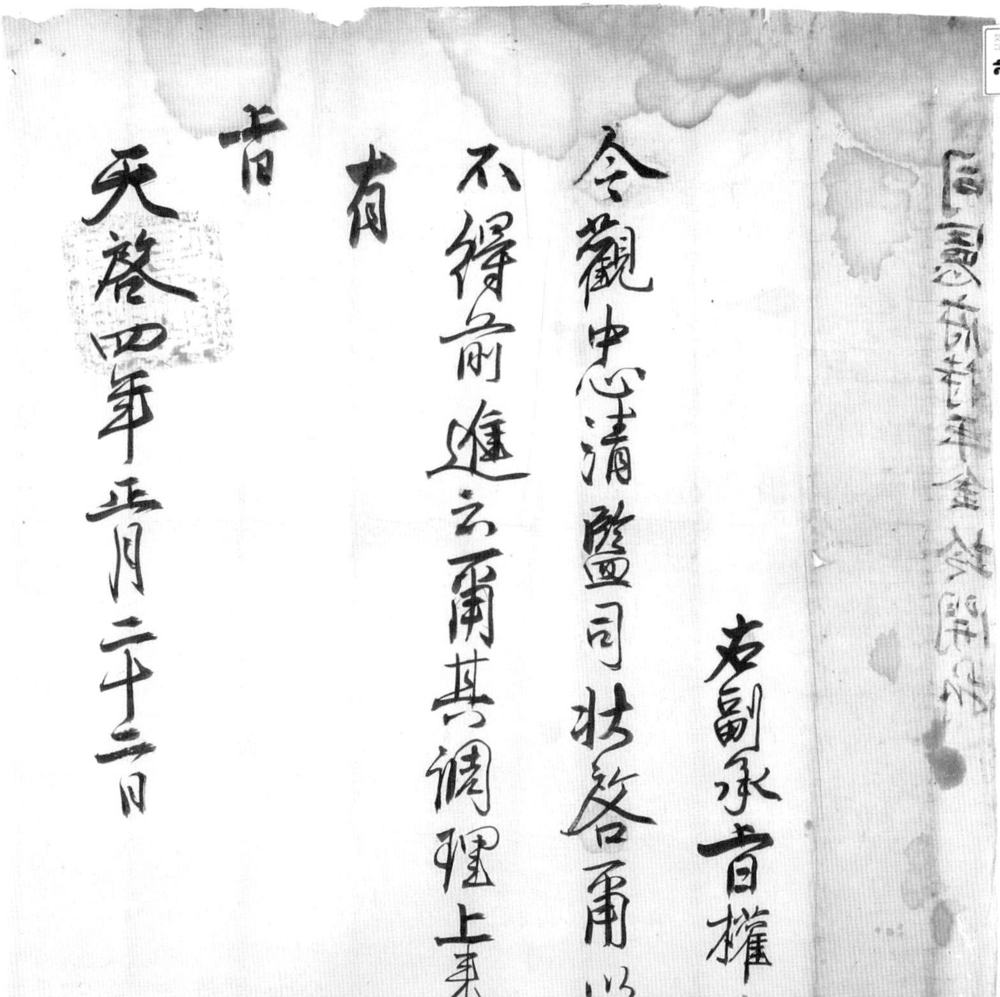

甲□流□□年金□開□

令觀忠清監司狀啓甫以屬

右副承旨權 [手決]

不得前進云爾其調理上來事

有

旨

天啓四年五月二十二日

「유지」, 유교문화박물관. 1624년 1월 김령이 상경 중에 다쳐서 귀향했다는 보고를 받고 조리한 후에 상경하도록 한 인조의 유지有旨.

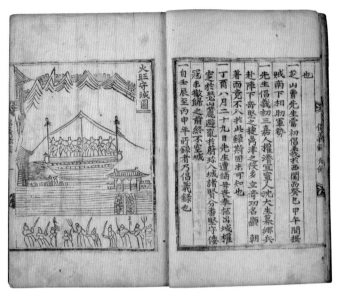

『창의록』, 영천 이씨 농암종택 기탁, 유교문화박물관.
임진왜란 당시 창녕 화왕산성 수비에 참가했던 예안 의병의 명단을 기록한 책이다.

후금이 조선을 침략했고, 1636년에는 청으로 이름을 바꾸어 재차 조선을 침략해왔다.

국가가 풍전등화의 어려움에 처하자 예안의 유생들은 빠르게 힘을 모아 조정을 도우려 했다. 소식을 듣자마자 향교에 모여 의병 조직을 결의했다. 명망 있는 인사를 의병장으로 추대해 부대를 조직하고 집집마다 군량을 내고 노비를 보내 의병에 참여했다. 곧이어 이웃 고을과 함께 연합부대를 결성했다. 예안과 인근의 의병은 미처 전선에 도착하기도 전에 전란이 끝난 터라 직접 전투에 참여하지는 못했다. 그렇더라도 변란이나 전란이 일어나면 언제든 의병을 이끌고 나갈 태세를 취하고 있었다. 현실에서는 일개 시골 유생일 수 있으나 그들은 늘 사림의 일원으로 국가를 구하는 것이 자신들의 의무라고 여겼다. 이 전통은 한말까지 이어졌다.

서인 정권 하에서 남인으로 살기

인조 정권은 서인이 중심이 되었으나 명망 있는 남인들을 폭넓게 등용해 국정을 운용하고자 했다. 반정 직후에 서인 김장생과 더불어 남인 장현광을 산림山林으로 초빙했다. 유성룡의 수제자인 정경세는 조정 안에서 남인을 대표하며 국왕 측근에서 국정을 도왔다.

김영도 인조반정 직후부터 지속적으로 조정의 부름을 받았다. 반정 후 종5품인 사헌부 지평에 제수되었는데 점점 벼슬이 높아져 나중에는 종3품의 사헌부 집의와 사간원 사간에 제수되었다. 그는 줄곧 언관言官에 제수되었지만 신병 때문에 나갈 수 없었다.

사람들은 그가 인조반정 후에 관직에 나오지 않았다는 것을 주시했다. 서인 입장에서 보면 상당히 의구심을 품을 만한 대목이었다. 후대에 이르러서는 이 일을 광해군에 대한 절의를 지키려 했기 때문이라고도 해석했다. 사실 김영 역시 서인 정권에 대해 경계심을 지니고 있었다. 그렇지만 그것은 광해군 때문이라기보다는 서인과 남인의 관계에서 비롯된 것이었다.

남인들은 조선 성리학의 종주인 이황의 학통을 이어받은 적통이라는 자부심을 지니고 있었다. 조정에서 남인들을 등용하려 한 것도 이 때문이었다. 이에 대해 서인들은 율곡 이이와 우곡 성혼의 학통을 이어받아 남인들과는 학문적 연원을 달리했다. 서인이

左副承旨金(署)
今以爾爲司諫院司諫爾其斯速上
來事有
旨
崇德二年八月十九日

「사간원 사간 유지」, 유교문화박물관. 1637년 8월 김영을 사간원 사간원으로 임명하고 상경을 명한 유지.

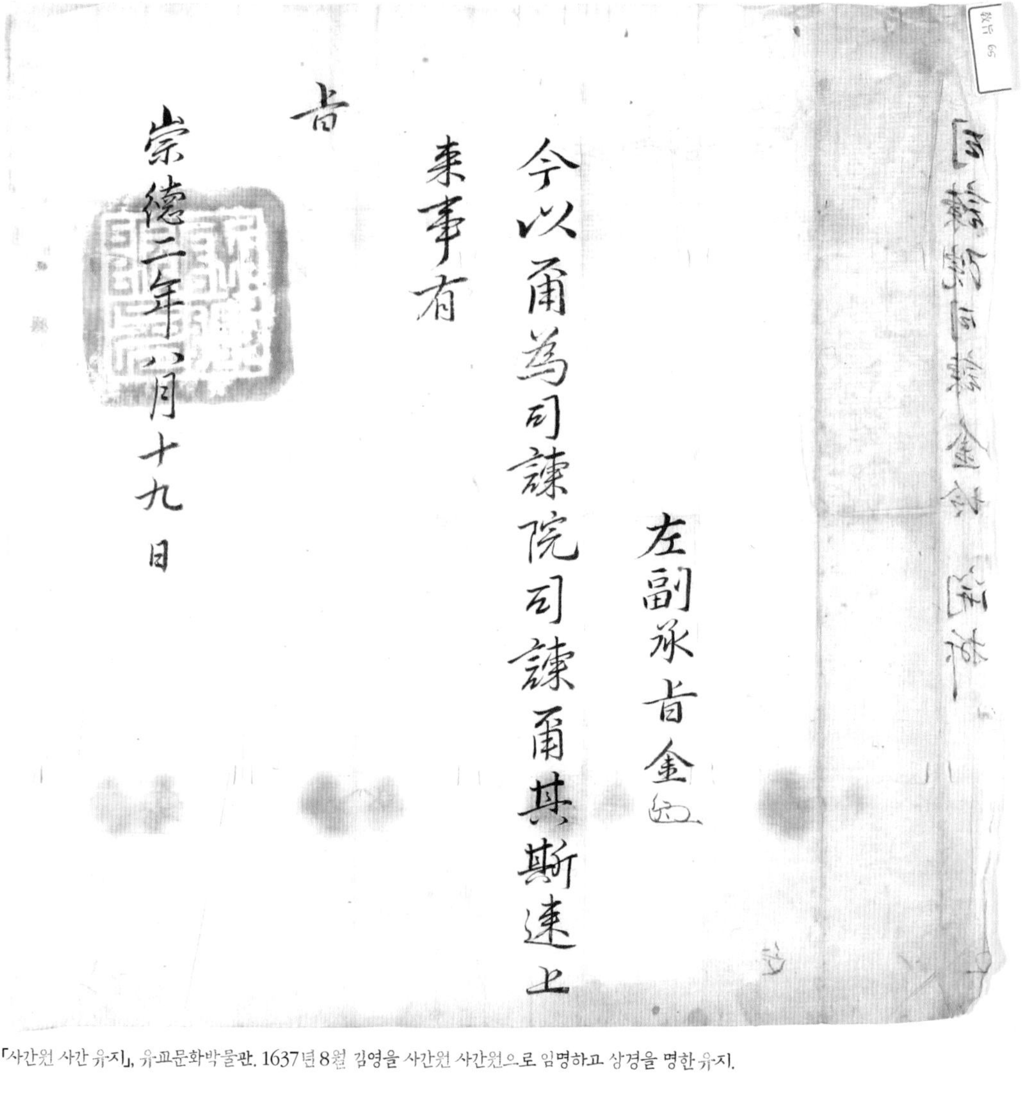

든 남인이든 모두 성리학적 의리를 실천하는 사람이었으나 그들이 기초한 학문이나 세계관은 달랐다.

남인과 서인의 차이는 인조 정권이 여러 붕당을 조제 보합하며 국정을 운영하는 가운데 큰 갈등으로 이어지지는 않았다. 하지만 1635년 성균관의 서인 유생들이 이이李珥와 성혼成渾의 문묘종사를 청하는 상소를 올리면서 갈등이 표면화되었다. 문묘종사는 조선 성리학의 도통에 관련된 문제로 이황의 도통이 누구에게로 전수되었느냐 하는 것과 관련이 있었다. 따라서 이황의 적통을 자부하는 영남의 남인들로서는 이이와 성혼의 문묘종사를 받아들이기 어려웠다.

성균관의 서인 유생들이 상소를 올리자 남인 유생들은 곧바로 반대 소를 올렸다. 그 과정에서 성균관 유생들 사이에 시비가 일어나 문제가 조정까지 확대되었다. 남인들은 이이와 성혼의 행적을 문제삼고, 서인들이 두 사람을 변호하는 과정에서는 이황의 행적이 문제가 되었다.

인조의 저지로 문묘종사 논의는 곧 사그라졌다. 하지만 영남에서는 이황의 행적을 문제삼은 것은 이황에 대한 모독을 넘어 없는 일을 날조하여 모함하려 한 것이라는 주장이 제기되었다. 이에 곧 의성에서 소회를 열어 변무소辨誣疏를 올리기로 결정했다. 한편에는 공식적으로 상소를 올릴 필요는 없다는 시각도 있었다. 이에 영남 안에서도 입장이 둘로 나뉘며 소회는 난항에 빠졌다.

김영은 반드시 변무소를 올려야 한다는 입장이었다. 그는 이것을 인간된 도리라고 여겼다. 그러나 그의 가장 가까이에 있는 자형과 조카들조차 이 문제에 소극적이었다.

「왕에게 상소하는 신하鄭李上疏
圖」, 김양기, 95.0×42.0cm, 19세
기 전반, 조선역사박물관. 왕에게
상소하는 신하의 모습을 그렸다.
김영 역시 사림으로 활동하는 첫
시작이 상소를 올리는 것이었다.

1636년 9월 26일 소회를 열기로 결정한 때부터 11월 19일 소행이 서울로 출발하기까지 두 달에 걸쳐 영남에서 갑론을박이 계속되었다. 상소에서 제일 중요한 소두는 선임과 사퇴를 되풀이했고, 상소문도 개작에 개작을 거듭했다. 상소에 소극적인 인사들에 대한 유벌도 남발되었다. 소회는 10월 21일부터 한 달간이나 지속되었다. 그만큼 논의가 모아지지 않았다는 뜻이다.

김영은 이를 납득할 수 없었다. 그가 보기에 이 일은 젊은 시절 정인홍이 이황을 모함했을 때와 같은 사안이었다. 그런데 당시 성균관과 영남이 하나가 되어 변무에 앞장섰던 것과 달리 이제는 모두 발뺌하고 있었다. 그는 상소에 반대하는 영남의 인사들이 관직을 바라고 서인의 눈치를 보는 것이라고 비난했다. 이에 대해 다른 입장에 서 있던 이들은 김영이 이 상소의 논의를 주도했다고 지목했다. 김영은 이를 강하게 부인했지만 그가 누구보다도 적극적으로 나서 독려한 것은 부인하기 어려웠다. 비록 거동이 불편해 집밖에 나서지는 못했지만 그는 가장 중요한 지지자였다.

김영은 서인 정권 아래서 조선 성리학의 전통이 왜곡되어간다고 생각했다. 이이와 성혼을 내세운 서인들의 모략을 고발하고 정도正道를 되찾는 것은 퇴계 학통을 이어받은 영남의 남인들이 담당해야 할 책무였다. 반면 서인들의 생각은 달랐다. 그들에게 이이와 성혼은 조선 성리학의 새로운 지평을 연 선현이었고, 도통의 계승자였다. 두 사람의 문묘종사를 실현시키는 것이야말로 후학들이 완수해야 할 책무였다.

인조 대의 문묘종사 논의는 금방 사그라들었지만 이 문제는 남인들이 완전히 실각하는 1694년 갑술환국 때까지 남인과 서인 사

而可堪當其答蔡振後等、端曰李珥等後祀之諸孫相繼猥屬六大我、王言寶萬世

不易之定論也、上心堅定、天批至嚴為此論者亦知其計之不可成潛伏十年不出一言及今日

先王之遺批乎臣等於此不勝悲感為設使二臣合於後祀之列亦如待公論之洽然、後方

可以後世無異辭而於二臣亦有先天今則、先王之聖批如其嚴公論之不洽如其眾而

諡上賢人乃無忌憚允人公論尚不可非、二聖遺旨其可背乎李珥渾有知此不敢偃然

於大聖之廟中俵藏等不獨得罪於公論而已嗚呼在宋紹聖年間章惇蔡景草以至

石配享孔子廟庭其污辱甚矣惜乎何無二介之士明斥其不可而任其自恣乎其無乃畏

章蔡之氣燄而不敢發乎臣等每讀史至此未嘗不為當時歎惜也嗚呼、聖人新作萬物

咸覩此正當重正學扶植道脈正士習淑人心以致樴之盛之會也後二臣為有何可崇之德

有何可靠之功有何發式乎多士者有何師表乎萬世為其後祀之成不成亦何照於斯文

之盛衰、聖化之隆習萬等首發此議以亂是非使人心淈喪而四方缺望乎李穎聖明

堅拒不得居其計而廣梅壹蕙與互相唱和甚至扵諱以公論已之發於造席之上親其

文義則如不目覩、殿下果能終抑之乎性等又有私自憂者天下之患莫大扵壅蔽而國

家之危亡已惘申抱是豈非可懼吉乎迹闆下四日抄間而直言上闆則憑

其不利扵時論故院終不捧八公壅蔽之患孰大扵此二臣後祀之可不可姑不足論而當旹

之長恐非國家之福也臣等俱以山野微踐凰恩旦駸長闆斶鋒敢陳危言非不知欲審

三至而不能已者一以痛公論之不伸扵明時一以懼、聖世之見議於後世而斯文重事亦不

可任他排擋其以臣等偏以為名論法孔子見此謀擧而終無一言則不養扵員而學乎

寧乎得罪扵當時不欲得罪扵萬世非敢與萬等爭是非辨曲直也伏頼

殿下念古今後祀之重察公論不俊之意無使後人輕議今日則國家幸甚斯文幸甚四

疏草

伏以臣等遠居頗未備聞館學儒生洪萬等詰問陳 疏請以故文成公臣李珥文
□臣成渾從祀于孔子廟庭云臣等敢聞之相與駭曰徒祀祀輕議云二臣等相與感泣
乃敢以此二臣爲請乎及讀 聖批則以爲莫重莫大之典似難輕議云二臣等相與感泣
曰吾 君之聖明如此雖有藏等百疏其亦如之何止將退縮而自休矣其論於此而兩
燒豈不爲斯文之幸哉繼而聞學儒李元相等又繼起上章云臣等又相與駭曰二臣從祀之
不可人孰不知藏之相等張皇辭說至於累 疏而曾無一人顯斥其不可者若此不已則
竊恐公論無由得伸而 聖明或不能無挑排彼說矣然則爲一國臣子者何敢以草
野而合默乎臣等兹敢觸時諱冒萬死仰陳於 閤下伏願 聖明留神爲嗚呼
二臣出處之可據學問之多挑 聖明固已洞燭之矣臣等不必更爲覼縷而至於從祀則
等期知其不可爲曰臣等謹按歷代從祀之典或以道德學問之醇或以繼往開來之功而死
出公論之洽一不容私意托其間故以其阿好而取人議議者有之強爲陞祀而後乃嚴然
者有之豈不爲嚴且重乎若二臣者李珥天資英過力學能文一時士類亦多推許不可謂
尊之次其道祀之以其血食於一方循或可也而藏等必欲從祀於聖廟不統者攻擊之衆
之俗士矢然而前有難洗之累後無可尚之功豈不爲乘祀先儒之說而其他
鄉山高尚其志早得時譽亦可謂一時之善士矢及其立朝之後處事行事多有不可知
野著文字多有可毀者則就不知其爲人乎至於成渾以名父之子隱於
己者擴斥之實割公論擬爲奸事拈明引類至花上章不亦褻且循乎慮聖廟從祀兩條甚
重而以於式多士師表萬世者也間或有非議者不可賀而成之有以末後世之議況今擧議峥

이에 가장 첨예한 대립을 낳는 의제로 남아 있었다. 퇴계학파의 정통론을 고수하려는 남인들과 율곡·우계학파 정통론을 세우려는 서인들 사이의 기나긴 싸움이었다.

도통의 문제에 대한 김영의 위기의식은 당시로서는 다소 과도한 것이었는지 모른다. 그러나 얼마 지나지 않아 이 문제는 현실이 되었고, 그의 후배 남인들은 이이와 성혼의 문묘종사를 온몸으로 저지하려 했다. 그것은 서인 정권 하에서 남인들이 자신들의 위상을 지켜나가려는 노력이기도 했다.

청년 시절의 김영도 노년의 김영도 자신이 사림의 일원이라고 인식했다. 그러나 그가 생각하는 사림의 범주는 영남 남인으로 축소되었다. 그 바깥에는 서인 사림이 별도로 자리하고 있었다. 학파는 달랐어도 하나였던 사림이 정치적인 굴곡을 거치며 분화되어간 것이다. 그 가운데 영남 남인의 위상도 달라졌다. 김영의 일기 『계암일록』은 그 과정에서 영남 남인들이 어떤 길을 갔는가를 때로는 격정적으로 때로는 상실감을 담아 기록하고 있다.

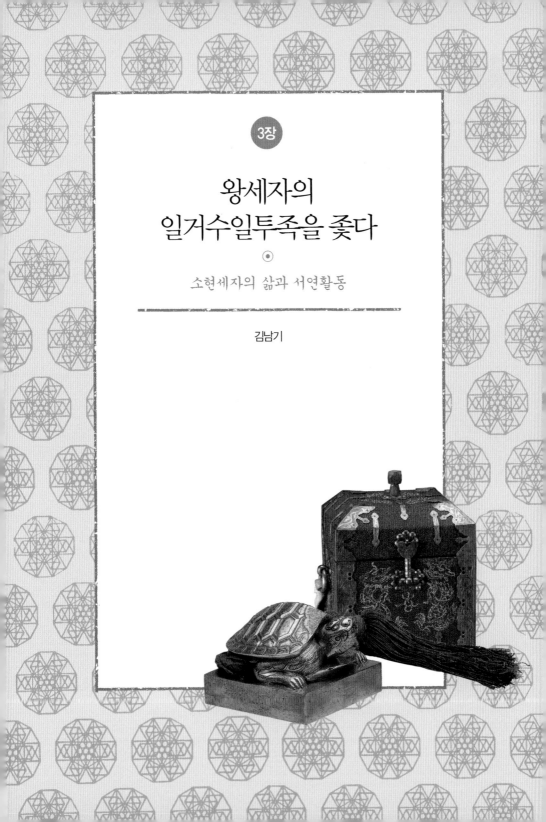

3장

왕세자의
일거수일투족을 좇다

◉

소현세자의 삶과 서연활동

김남기

30여 년의 삶을 일기로 전하다

현재 규장각한국학연구원에는 소현세자昭顯世子부터 순종純宗 연대까지를 기록한 동궁일기東宮日記 40종 566책이 소장되어 있다. 조선시대에는 왕자와 세자의 연령에 따라 보양청輔養廳·보덕청輔德廳·강학청講學廳·시강원侍講院 등을 설치해 당대 최고의 지식인 집단이 장차 왕위를 물려받을 왕세자에 대한 보양과 교육을 담당했고, 교육이 실제로 어떻게 이뤄졌는가와 더불어 세자의 동정을 기록으로 남겼다. 이들『동궁일기』에는 왕세자의 성장과 교육은 물론 궁중생활, 각종 의례, 당시의 정치적 사건 등이 남김없이 기록되어 있다.

동궁일기는 시강원 등의 관원이 왕세자 교육의 실상과 주요 업무를 한 치의 더하고 뺌도 없이 매일 기록하고, 해마다 1책으로 묶어 교육 진도를 확인할 뿐 아니라 교육 방식의 연속성을 확보하려던 목적에서 이뤄졌다. 더불어 과거의 기록을 살펴 당대에 필요한 교육 방식을 세우려는 의도도 있었다. 조선 초기에도 왕세자 교육

『소현분조일기』, 규장각한국학연구원.

과 관련된 동궁일기나 서연일기書筵日記가 있었지만 임진왜란으로 사라져 오늘날에는 전하지 않는다. 다만 개인 문집이나 실록 등에 관련 기록이 부분적으로 남아 있어 당시의 모습을 일부 확인할 수 있을 뿐이다. 그런 와중에 소현세자부터 순종까지는 대부분의 기록이 남아 전한다.

현재 규장각에 소장된 소현세자의 동궁일기는 여러 이본이 있으나 크게 1625년 1월 29일부터 1636년 12월 3일까지의 기사를 실은 『소현동궁일기昭顯東宮日記』(12책), 1627년 1월 21일부터 3월 26일까지의 분조分朝 활동을 적은 『소현분조일기昭顯分朝日記』(4책), 1637년 1월 30일부터 1644년 8월 18일까지의 심양 생활을 적은 『심양일기瀋陽日記』(8책과 10책), 1645년 2월 17일부터 윤6월 12일까지 소현세자의 귀국과 서거, 시강원 혁파까지를 기록한 『(을유)

동궁일기乙酉東宮日記』(1책)로 볼 수 있다. 낙장落張되거나 일실된 부분이 있긴 하나 소현세자의 교육과 주요 업무가 세세히 적혀 있다.

전쟁과 함께했던 파란만장한 일대기

풀리지 않는 의문의 죽음과 비운의 생애로 조선 왕조에서 가장 극적인 삶을 보여준 소현세자(1612~1645)는 1612년 1월 4일 인조仁祖와 인열왕후仁烈王后의 장남으로 태어났다. 14세이던 1625년 1월 21일 관례를 치르고, 1월 27일 세자 책봉이 이뤄지면서 그의 일생은 탄탄대로를 달리는 듯 보였다. 그해 10월 13일 입학례를 거행했다. 성균관 대성전에 있는 공자와 네 명의 성인의 신위에 잔을 올리고, 명륜당에서 스승에게 예를 행하고 가르침을 받는 의식이다. 역대 세자들에 비하면 다소 늦은 편이라 할 수 있는데, 이것은 아버지 인조가 1623년 반정으로 왕위에 올랐다는 특수한 환경 때문이었다. 세자로서의 평화롭던 시기는 단 2년 만에 끝나고 말았다. 1627년 1월 정묘호란이 일어나고 뛰어난 기동력을 발휘한 후금군後金軍이 안주安州·평산平山·평양을 거쳐 삽시간에 황주黃州까지 점령하자 세자는 전주로 분조를 이끌고 나갔다. 인조 이하 조신朝臣들은 강화도로 피한 사실상의 피란이었다. 그해 3월 명나라의 연호를 쓰지 말 것을 비롯한 굴욕적인 내용으로 화약을 맺고 왕자 대신 종실인 원창군原昌君을 인질로 보낸 뒤 난이 마무리되자 5월에 환궁한 소현세자는 12월 강석기의 딸 민회빈愍懷嬪과 가례嘉禮를 올렸다. 앞으로 세자와 함께 파란만장한 생을 함께 걸어

『소현세자가례도감의궤』, 44.5×35.5cm, 1628, 규장각한국학연구원.

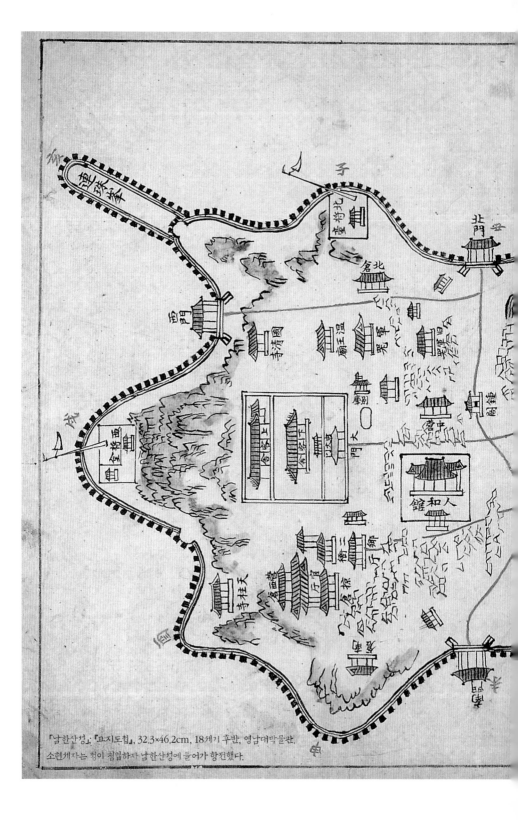

「남한산성」, 「고지도첩」, 32.3×46.2cm, 18세기 후반, 영남대박물관.
소현세자는 청이 침입하자 남한산성에 들어가 항전했다.

갈 강인한 여인 강빈姜嬪이다. 하지만 9년 뒤 25세 되던 1636년 12월 청 태종清太宗 홍타이지가 침입하자 남한산성으로 들어가 항전했으나 이듬해 1월 30일 인조가 삼전도에서 항복한 뒤 볼모로 심양에 끌려가 억류되었다. 이후 1644년까지 심양에 머물며 전장에 나가는 등 갖은 고초를 겪다가 1645년 고국으로 돌아왔으나 이해 4월 26일 창덕궁昌德宮 환경당歡慶堂에서 급서急逝했다.

비운의 세자, 미완의 개혁 군주

소현세자의 동궁일기에 실린 기록을 중심으로 생애와 주요 동정을 살펴보자. 1625년 2월 19일 경현당景賢堂에서 부傅 윤방尹昉 등과 상견례를 하고, 10월 13일 성균관에서 입학례를 거행했으며, 1626년 1월 14일 계운궁啓運宮(인조의 생모이자 원종의 비 인헌왕후)이 서거해 거상했다. 1627년 청병이 침입하자 1월 21일 분조를 결정하고 24일 도성을 떠나 2월 6일 전주부에 도착해 분조활동을 한 뒤 5월 5일 궁궐로 돌아왔다. 소현세자는 분조 시기 강화도에 있는 임금과 연락을 취하는 한편 각종 정무를 처결했다. 12월 27일 태평관에 나가 친영례親迎禮를 거행하고 28일 빈궁이 양전兩殿과 대비전大妃殿께 조현례朝見禮를 행했다. 1628년 6월 14일 사師 신흠申欽 등과 상견례를 행하고, 1629년 6월 23일 강화도에 있는 시강원 서적 이송을 주청해 윤허를 받았다. 1630년 1월 7일 역적 양경홍梁景鴻을 처형한 뒤 진하례를 행하고, 12월 17일 좌빈객 이귀李貴 등과 상견례를 행했다. 1632년 3월 18일 성균관 문무과 시험에 행차하고, 5월 2일 인헌왕후仁獻王后의 추숭 책보를 진상했고, 6월 28일 인목대비仁穆大妃가 서거했다. 1633년 2월 11일 부 김유金瑬와 상견례를 행하고, 6월 24일 좌부빈객 정경세가 17일에 갑자기 돌아가자 거애擧哀했고, 9월 하순부터 10월 상순까지 임금이 침을 맞아 서연을 중지했다. 1634년 6월 20일 책봉조사 노유령盧惟寧을 영접하러 가는 어가를 따라 모화관에 갔다가 돌아왔고, 12월 18일 부 오윤겸이 훈계사訓戒辭를 올렸다. 1635년 3월 9일 원종대왕을 태묘에 부묘祔廟하고, 9월 4일 성균관 문무과 시험에 임금을 따라 갔고, 12월 9일 어머니 인열왕후가 승하했다. 1636년 3월 25일 원손이 탄생했고, 6월 21일 부 홍서봉洪瑞鳳 등과 상견례를 행했다. 12월에 청병이 쳐들어오자 13일에 세자비와 원손, 봉림대군 등은 강화도로 갔고, 14일에 소현세자는 인조를 모시고 도성을 떠나 남한산성으로 가서 청군과 대치하여 싸웠다.

1637년 1월 30일 인조를 따라 남한산성에서 나와 삼전도에서 항복한 뒤 2월 8일 도성을 떠나 볼모로 심양으로 향해 4월 10일 심양에 도착했다. 1638년 2월 17일 사은사 신경진申景禛 등이 들어왔고, 8일 4일 청 태종이 서정西征에 참여하라 했으나 세자는 병으로 출정하지 않고 봉림대군이 출전했다가 11월 28일에 돌아왔다. 1639년 9월 14일 사은사 신경진 등이 들어와 인조가 미령靡寧(어른이 병으로 편하지 못함)하다고 아뢰어 이듬해 인조의 병문안 귀국을 허락받은 뒤 2월 13일 심양을 출발해 3월 7일 서울에 이르러 간병하고, 4월 2일 서울을 다시 떠나 5월 3일 심양으로 돌아왔다. 12월 26일 김상헌金尙憲 등이 심양으로 들어와 억류되고, 12월 28일 사은 겸 정조사 신경진 등이 들어왔다. 1641년 8월 15일부

「성경성궐도」, 120.7×123.4cm, 청대, 북경중국제일역사당안관. 성경(심양)의 궁궐도.

터 금주위錦州衛 전투에 나갔다가 9월 18일에 심양으로 돌아왔고, 10월 13일부터 17일까지 청나라 황제의 사냥에 따라 갔으며, 10월 21일 성절 겸 세폐상사 원두표元斗杓 등이 들어왔다. 1642년 6월 22일 인평대군麟坪大君과 진하부사 변삼근卞三近 등이 들어왔고, 10월 6일부터 11월 22일까지 봉황성鳳凰城에 갔다가 심양으로 돌아왔다. 1643년 6월 22일 빈궁嬪宮의 부친 강석기姜碩期의 부음을 듣고 거애擧哀했고, 8월 10일 청 태종이 갑자기 죽고 8월 26일 새 황제(청 세조淸世祖)가 즉위했다. 12월 11일 등극사登極使 김자점金自點 등이 들어와 인조의 미령 소식을 듣고 12월 15일에 심양을 출발해 1644년 1월 20일 서울에 이르러 간병했고 다시 출발해 3월 24일 심양에 되돌아왔다. 4월 9일 북경 전투에 참여하기 위해 심양을 떠났는데, 4월 15일 이자성李自成이 3월에 북경을 함락했다는 소식을 들었다. 4월 23일 산해관이 무너지고 5월 2일 북경에 입성해 머물다가 5월 24일 길을 떠나 6월 18일 심양에 되돌아왔다. 8월 18일 청 태종의 무덤에 가서 북경 천도를 고하고 북경으로 가서 머물다가 그곳을 떠나 1645년 2월 17일 서울로 돌아왔다. 그러나 병환이 위독해져 치료를 받다가 4월 26일 오시 정각에 창경궁 환경당에서 임종했다. 5월 16일 시호를 소현昭顯으로 결정했고, 장례를 치른 뒤 6월 27일 졸곡제卒哭祭를 지내고, 윤6월 13일 시강원을 혁파했다.

왕세자의 중요한 일과는 강학講學과 시선視膳이었지만 소현세자는 이외에도 여러 임무를 수행했다. 특히 소현세자는 정묘호란이 일어나자 분조를 이끌며 국정을 처결했고, 병자호란 때는 심양에 볼모로 끌려가 갖은 고초를 겪고 전투에 참여하기도 했는데, 이러

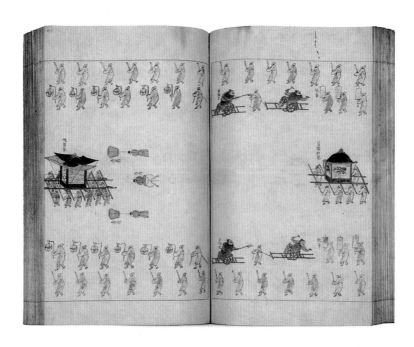

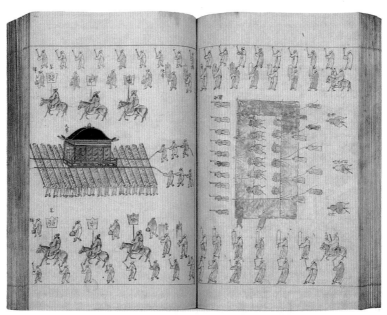

『소현세자예장도감의궤』, 46.0×32.1cm, 1645, 2011년 환수, 국립중앙박물관.

한 것은 어느 왕세자들이 경험하지 못했던 것이다. 현재 소현세자의 시문은 거의 남아 있지 않지만 다행히 심양에 억류되어 있던 1640년 초에 지은 시 1수가 남아 있어 당시 세자의 심회를 읽을 수 있다.

이 몸은 이역에서 돌아가지 못하는데	身爲異域未歸人
우리 집은 서울의 한강 가에 있다네.	家在長安漢水濱
달이 밝은 뜰에는 이슬 맺힌 꽃이 지고	月白庭心花露泣
바람 맑은 못가에는 버들가지 새롭겠지.	風淸池面柳絲新
꾀꼬리가 요서로 가는 꿈을 깨우고	鶯兒喚起遼西夢
제비가 북방으로 봄날에 찾아왔네.	鷰子來尋塞北春
지난날 누대에서 가무하던 땅으로	昔日樓臺歌舞地
머리 돌리니 눈물이 수건 적심을 못 견디겠네.	不堪回首淚霑巾

첫째와 둘째 구에서는 청나라 심양에 볼모로 끌려와 여러 해가 지났건만 임금님이 계시는 서울로 돌아갈 수 없는 자신의 신세를 한탄했다. 셋째와 넷째 구에서는 심양에서 봄이 온 도성의 모습을 상상했다. 아마도 지금쯤 서울에서는 달빛이 밝게 비치는 뜰에 봄꽃이 지고, 시원한 바람이 부는 연못가에는 봄을 맞아 버들가지가 푸르게 물들었으리라고 생각했다. 다섯째와 여섯째 구에서는 낯설고 먼 북쪽 땅인 이곳 심양에도 봄이 와서 제비가 찾아와 한편으로 기쁘지만 꿈속에서라도 임금님을 뵈러 가려고 하나 무정한 꾀꼬리가 울어 잠을 깨운다며 야속한 심사를 드러냈다. 일곱째와 여덟째 구에서는 심양에서 서울 땅을 바라보니 자신도 모르게

눈물이 흥건하게 흐르는 처지를 표현했다. 이처럼 이 한 편의 시를 통해 이역에 볼모로 붙잡혀 고향으로 갈 수 없었던 안타까운 심정을 절절하게 느낄 수 있다.

책을 백 번 읽어 익히다

소현세자는 1625년부터 1645년까지 『통감절요通鑑節要』 『소학집주小學集註』 『대학大學』 「경재잠敬齋箴」 「숙흥야매잠夙興夜寐箴」 『논어論語』 『십구사략十九史略』 『맹자孟子』 『서명西銘』 『효경대의孝經大義』 『중용中庸』 『주자서절요朱子書節要』 『시전詩傳』 『서전書傳』 『근사록近思錄』 등을 배웠다. 강학한 도서 가운데 전책을 초수初受·숙독熟讀한 것도 있지만 일부분만 배우기도 했다.

연도별로 강학한 내용을 정리하면 이렇다. 1625년 2월부터 9월까지 『통감절요』, 5월부터 12월까지 『소학집주』, 9월부터 12월까지 『대학』을 학습했다. 『통감절요』를 배우다 그만두고 9월부터 『대학』을 배운 것은 10월의 입학례 때문이었다. 그리고 4월에 「경재잠」 「숙흥야매잠」 『독서록요어讀書錄要語』의 조심操心 1조목을 배우기도 했다. 1626년에는 4월부터 9월까지 『소학집주』, 3월·6월·윤6월·12월에 『대학』, 9월부터 12월까지 『통감절요』를 학습했다. 1월부터 3월까지 강의가 없었던 것은 할머니 계운궁啓運宮의 죽음과 장례 때문이었다. 1627년에는 1월부터 9월까지 『통감절요』, 9월·10월에 『대학』, 10월부터 12월까지 『논어』를 강학했다. 2월과 3월 전주에 분조했을 때에도 서연은 계속되었다. 『대학』은

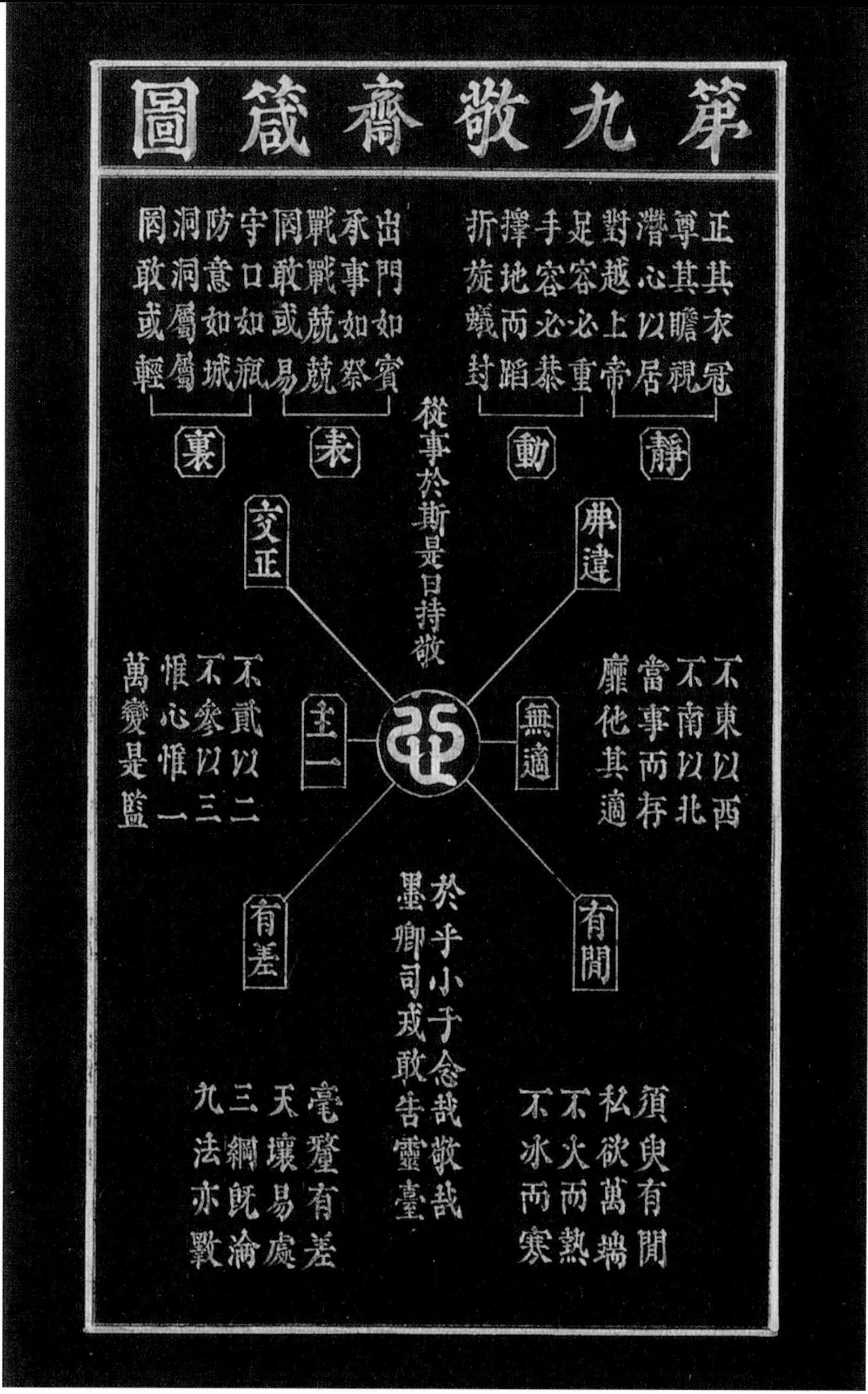

圖箴齋敬九第

（第九 敬齋箴圖）

靜
正其衣冠　尊其瞻視　潛心以居　對越上帝

動
足容必重　手容必恭　擇地而蹈　折旋蟻封

表
出門如賓　承事如祭　戰戰兢兢　罔敢或易

裏
守口如瓶　防意如城　洞洞屬屬　罔敢或輕

從事於斯是曰持敬

弗違
無適
不東以西　不南以北　當事而存　靡他其適

有間
須臾有間　私欲萬端　不火而熱　不冰而寒

交正
不貳以二　不參以三　惟心惟一　萬變是監

主一

有差
毫釐有差　天壤易處　三綱既淪　九法亦斁

於乎小子念哉敬哉　墨卿司戒敢告靈臺

「경재잠도敬齋箴圖」, 『성학십도』 제9도, 이황, 국립중앙박물관. 주희가 「주일잠」을 바탕으로 「경재잠」을 완성시켰는데, 경재잠이란 마음을 경건하게 감독하여 잠시도 놓지 않는 방법에 대한 이야기다. 소현세자의 강학 자료 중 하나였다.

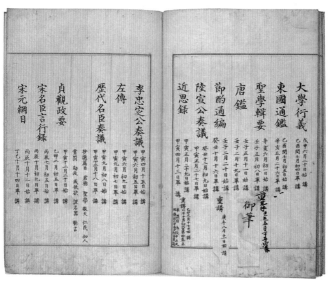

『열성진강책목록』, 35.5×24.0cm, 1765, 한국학중앙연구원 장서각.
영조 41년 무렵 숙종·경종·영조의 진강 때 사용한 책자 목록을 기록한 책으로, 조선시대 진강 제도의 일단을 파악할 수 있다.

9월과 10월 초에 재수再受를 마치고 중순에 재숙독再熟讀했으며, 『대학』이 끝나자 10월부터 『논어』를 진강했다. 1628년에는 1월부터 12월까지 『논어』, 2월·3월·5월·6월·10월·11월에 『십구사략』을 강학했다. 1629년에는 1월부터 7월까지 『논어』, 8월부터 12월까지 『맹자』, 1~4월, 9월·11월·12월에 『십구사략』을 강학했다. 1630년에는 1월부터 12월까지 『맹자』, 1월·9월·11월에 『십구사략』, 1월, 8~10월에 「숙흥야매잠」, 12월에 「서명」을 강학했다.

1631년에는 1월부터 12월까지 『맹자』, 3월·7월·10월·11월에 「서명」, 윤11월에 「효경대의」, 12월에 『중용』을 진강했다. 1632년에는 1월부터 5월까지 『중용』, 2월·3월·5월·11월에 「효경대의」,

5월·6월·10~12월에 『통감절요』를 진강했다. 1633년에는 1월부터 12월까지 『통감절요』, 3월·4월·10월에 『효경대의』, 11월에 『주자서절요』의 서문을 진강했다. 1634년에는 1월부터 3월까지 『통감절요』, 4월부터 12월까지 『시전』, 윤8월에 『효경대의』, 10월 21일에 『서전』의 무일편無逸篇을 진강했다. 1635년에는 1월부터 12월까지 『시전』, 2월·8~11월에 『효경대의』를 진강했다. 1636년에는 5월부터 11월까지 『서전』, 7월부터 10월까지 『효경대의』를 진강했다. 5월 중순까지 강의가 없었던 것은 전해 12월 9일 어머니 인열왕후가 승하했기 때문이다. 그리고 『시전』은 권13 '북산北山'을 숙강하던 중이라 좀더 강학해야 했지만 상중에 있는 세자가 시를 배우는 것은 미안한 일이라는 사부빈객의 배려 때문에 그쳤다.

1636년 12월 청군이 침입하고 이듬해 심양으로 끌려간 뒤에도 서연은 계속되었지만 처음 2~3년을 제하고는 서연이 제대로 이뤄지지 않았다. 심양 억류 기간 동안 1641년 11월 5일의 『근사록』 서문과 도체道體 제1조를 진강한 것 말고는 『서전』밖에 강학하지 않았다. 『서전』은 1637년 4~12월, 1638년 1월·7~9월·12월, 1639년 3월·5월·6월·8월, 1640년 윤1월, 1641년 4월·5월·7월·8월, 1642년 8월, 1643년 4월에 진강했다.

『소현동궁일기』의 경우 세자의 진강은 참여 관원의 범주로 볼 때 크게 서연(주강·소대·야대 포함), 조강례朝講禮, 회강례會講禮로 나눌 수 있다. 먼저 주강과 소대·야대 때는 상번과 하번 각 1인이 참석한다. 상번은 보덕, 겸보덕(3품), 필선, 겸필선(4품), 문학, 겸문학(5품) 등 6명, 하번은 사서, 겸사서(6품), 설서, 겸설서(7품)

「서연회강식현판」, 나무, 40.5×84.1cm, 조선시대, 국립고궁박물관.
서연에 걸었던 현판으로, 왕세자가 한 달에 두 차례 신하들과 강론하는 회강會講에 관해 규칙을 적어놓은 글이다. 조선시대 서연의 일면을 살필 수 있다.

등 4명이다. 그리고 회강례 때는 사·부·이사·좌빈객·우빈객·좌부빈객·우부빈객 이하 상하번, 양사兩司의 관원 2명 등이 참석하고, 조강례 때는 빈객 이하 상하번, 양사의 관원 2명 등이 참여해 차등을 두었다. 양사의 관원 중 사헌부의 집의·장령·지평, 사간원의 사간·헌납·정언이 조강례와 회강례 때 참석했다. 소현세자에게는 회강례 6회와 조강례 35회 등 총 41차례 실시되었는데, 효종부터 진종까지의 예와 비교할 때 결코 적지 않은 편이다.

강의는 보통 책 단위로 한 번 배운 뒤 이를 숙독하고 나서(초수와 숙독), 그다음 부분을 학습하는 과정으로 진행되었다. 그러나 『통감절요』는 1625년 「주기周紀」를 숙강한 것을 제외하고는 숙강하지 않은 채 초수初受로 끝내고 그다음 진도를 나가기도 했다.

『시강원지』, 규장각한국학연구원.
세자 교육을 담당하던 시강원의 편제와 역대 사적을 기록한 책이다. 시강원의 위치와 연혁, 원내 관직의 유래와 역할, 가의 종류뿐 아니라 원자 교육을 담당하는 보양청과 강학청에 관한 내용도 기록되어 있다.

세자의 교육과 관련해 중요한 것 중 하나는 진강 도서의 결정 및 준비 과정이다. 서연을 하기에 앞서 다음의 진강 책자를 정하고, 거기에 현토하여 내입內入하는 것은 중요한 일이었다. 진강 책자를 결정하고 진강에 앞서 시강원 관원이 종종 모여서 이를 교정하는 한편 다음에 진강할 책자에 현토를 하고, 서사書寫는 해당 분량만큼 토를 달아 들여보내 강학을 도왔다. 평상시의 서연에는 세자와 상하번이 볼 3본에 현토해 내입했으나 조강례와 회강례 때는 10~20본 정도에 현토해 내입했다.

그렇다면 소현세자는 자신이 학습한 내용을 몇 번 되풀이하여 읽었을까? 1628년 10월 2일 조강례에서 좌빈객 김상용은 세자가 강학한 책을 30번 읽는다고 답하자 반드시 100번 넘게 읽은 뒤라야 글 뜻에 통달하게 될 것이라고 권했다. 또한 1629년 1월 20일 조강례에서 우부빈객 장유張維도 세자가 새로 배운 것은 30여 차례 읽고 전에 배운 것은 20여 차례 읽는다고 답하자 횟수를 배로 더할 것을 진언했다. 1629년 윤4월 2일 회강례에서 김류는 "민간의 선비들은 하루에 읽는 횟수가 대개 100회에 이르며 적어도 70회 아래로 내려가지 않습니다"라고 했고, 오윤겸 역시 "지금부터는 공부를 배로 늘려서 새로 배우는 것은 60번 읽고 전에 배운 것은 40번 읽으십시오"라고 했다. 이처럼 세자의 강학에서는 배운 내용을 100번 읽는 것이 당시의 공부 방법이었다.

그렇다면 세자가 학습한 내용에 대해서는 어떻게 평가했을까? 동궁일기에는 세자의 성적 평가에 대한 기록이 거의 없으나 1634년 5월 19일 시강원의 계사啓辭는 매우 흥미롭다. 일반적으로 학습 평가는 순純·통通·약略·조粗·불不의 다섯 등급으로 매긴다. 오늘날의 수우미양가, 또는 ABCDF와 같다. 그런데 시강원 관원이 세자에게 혹시라도 '불不'이라는 등급을 매기게 될까봐 몹시 편치 않고 또 세자의 나이가 어렸던 점을 감안해 순純과 불不을 빼고 세 등급으로 평가했다. 그러자 위의 기사에서는 통·약·조세 등급은 정식이 아니니 다섯 등급으로 바꾸자고 건의했고 이에 세자는 임금을 번거롭게 해드릴 듯하니 아뢰지 않고 현재의 방식대로 하자고 했다.

입학례와 상견례를 치르다

동궁일기에는 관례冠禮, 책봉례冊封禮, 입학례, 상견례, 가례, 조현례朝見禮, 망궐례望闕禮, 상례喪禮, 제례祭禮, 진하례陳賀禮, 영초직례迎詔勅禮, 배표례拜表禮, 거애례擧哀禮, 문무과文武科의 설행, 능원과 종묘 등에의 전알展謁, 대신의 접견 등 다양한 의례와 행사가 실려 있다. 물론 이들 의례의 상당수는 의식의 준비 과정 및 절차 등이 간략하게 적힌 것도 많다. 『소현동궁일기』에는 이러한 제반 의례와 행사가 실려 있지만 관례와 책봉례는 제1책의 앞부분이 낙장되어서 그 실상을 알 수 없다. 여기서는 다양한 의례 가운데 소현세자의 입학례와 상견례를 살펴본다.

먼저 입학례의 준비 과정과 절차 등을 고찰한다. 1625년 9월 12일에 입학례를 거행할 때 『대학』을 진강해야 하기 때문에 주강에서 『대학』을 진강했다. 10월 2일 보덕 정종명이 입학례의 첫 번째 습례習禮에 참석했고, 10월 6일 임금에게 아뢰어 입학례 때 『대학』 경經 1장의 대문大文의 음과 해석만 하기로 결정했다. 10월 7일 세자에게 『대학』 경 1장의 숙독을 청하고, 10월 11일 소대에서 보덕 정종명과 사서 이경증이 입시해 『대학』 경 1장을 강했다. 10월 13일 입학례를 거행했는데, 실제 준비는 12일 밤부터 시작되었다. 왕세자와 배종관의 복식, 왕세자가 성균관에 갈 때 경유하는 길과 여輿와 연輦을 타고 내리는 절차, 대성전에서의 작헌례 절차, 입학례의 절차와 박사인 대제학 김류와의 상견례 절차, 환궁과 문안 등이 상세히 적혀 있다. 인조는 세자의 입학례를 무사히 마치자 10월 17일 윤방·신흠·김류 등의 참석 관원에게 선온宣醞하

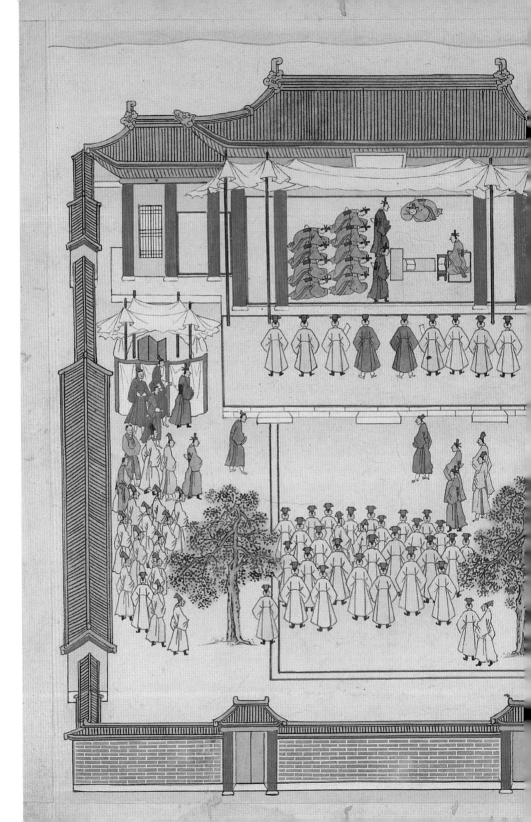

「입학의도入學儀圖」, 『왕세자입학도』, 종이에 채색, 33.8×45.2cm, 1817, 국립문화재연구소.
효명세자의 입학례를 그린 것으로, 조선시대에 왕세자가 성균관에서 입학례를 거행한 장면을 보여준다.

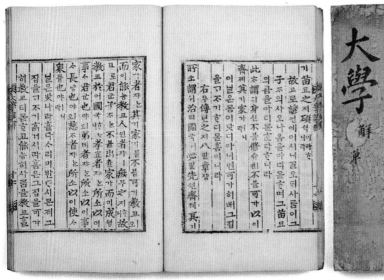

『대학』, 35.0×25.0cm. 소헌세자 입학례 때 진강했다.

고, 10월 19일에 비망기備忘記를 내리면서 세자 작헌례 및 입학례
에 참여한 관원에게 물품을 하사해 융숭하게 대우했다.

　세자와 사부빈객의 상견례는 여러 차례 이루어졌다. 그런데 대
부분의 기사는 '언제 누구와 어디에서 상견례를 행했다'는 정도만
기록해 상견례의 구체적인 모습을 알기 어렵다. 다만 1625년 5월
25일 이정구·김류·이귀, 1633년 4월 4일 좌빈객 홍서봉洪瑞鳳과
의 상견례 기사는 비교적 자세히 나와 있어 상견례 절차를 어느 정
도 짐작할 수 있는 중요한 자료다. 이들 기사에는 상견례 시각, 입
시한 관원, 사부빈객과 세자의 위치, 의식 절차, 사부빈객의 전송,
의례의 마침과 세자의 환궁 등이 기록되어 있다.

시강원 도서를 확충하다

현재 규장각에는 시강원侍講院·춘방春坊 장서인藏書印이 찍힌 도서가 다수 소장되어 있는데, 대부분은 숙종·영조·정조 이후부터 이어져온 도서로 추정된다. 시강원 도서는 임진왜란 때 모두 잃어버렸고, 이후 수습한 도서도 1624년 이괄의 난 때 시강원 화재로 소실되었다. 이후 정묘호란과 병자호란 등을 거치면서 상당수가 또 사라져버렸다. 시강원에서 어떤 도서를 어떤 경로로 소장하게 되었는지를 살피는 것은 시강원의 장서藏書 내역과 변천 상황을 알 수 있게 해주고, 나아가 책의 편찬 및 간행 등을 살피는 데에 큰 도움을 준다. 여기서는 『소현동궁일기』를 중심으로 왕세자 내입본과 시강원 도서가 언제 어떤 경로로 들어왔는지를 살펴본다.

1625년 2월 14일에 시강원 중수 뒤 이괄의 난으로 소실된 서적이 있으니 홍문관의 중복 도서 이관을 요청해 2월 21일에 『맹자』 『논어』 『대학연의』 『예기』 『강목』 『해편심경海篇心鏡』을 이관했다. 3월 3일 이윤우李潤雨가 「숙흥야매잠」과 「경재잠」을 써서 들였고, 4월 8일에 김육金堉이 설선薛瑄의 『독서록요어讀書錄要語』를 써서 들였으며, 4월 22일 승정원에서 『대학』 5건, 『속삼강행실續三綱行實』 2건, 『논어』 7건, 『원삼강原三綱』 2건을 이관했다. 5월 14일에 본원에는 『통감』이 7건밖에 없는데, 지금 경상도에서 간행하여 진상한 『통감』 48건 중 12건을 시강원으로 이관해줄 것을 주청했고, 15일 승정원에서 『통감』 12건을 받았다.

1626년 윤6월 5일 본원의 서적은 왜란 중에 모두 잃었고, 그 전해 사은사와 동지사가 본원의 계사에 따라 약간의 서책을 사왔지만 그 서책이 모두 물에 휩쓸려갔으니 이번의 동지사와 성절사 사행 때 책을 사올 것을 아뢰자 이를 허락했다. 1627년 6월 13일 필선 김지수가 서장관으로 가서 『역대군감歷代君鑑』을 얻어와 세자에게 올렸고, 9월 17일 김육이 『고경중마방古鏡重磨方』을 진상했다. 1629년 6월 23일 정묘호란 때에 강화江華로 가져간 시강원의 서책을 가져오도록 했다. 1630년 8월 2일 『역대군감』과 『내훈內訓』을 현토해 올렸고, 8월 26일에 신익성이 선친 신흠의 『상촌집象村集』을 진상했다.

1632년 8월 15일 안동에서 새로 간행한 옥당玉堂 소장 『통감』 10건과 홍문관 소장 『주역』 5~6건을 이관해줄 것을 아뢰자 임금

『강목』, 조선시대, 서울역사박물관. 시강원 도서 중 하나였다.

이 윤허했다. 그리고 12월 1일 『호전춘추胡傳春秋』가 간행되려 하니 본관에 보내달라고 아뢰었다. 1633년 3월 23일 『주자서절요』 1건, 10월 15일 『주자서절요』와 『주서기의朱書記疑』 각 1건씩 내입했다. 1634년 3월 10일 『시전』 진강을 윤허받았지만 본원에 2건밖에 없으니 옥당의 책을 잠시 옮겨 진강하도록 주청하고, 회강 때에는 18건이 필요한데 마침 전라도에서 새긴 판본이 있다고 하니 서둘러 인쇄하여 진상토록 주청했다.

1635년 5월 17일에 시강원의 『예기』는 권질이 맞지 않으니 홍문관의 『예기』 1질을 본원으로 이송하도록 하령했고, 1636년 8월 1일 양주에서 『좌전』을 개간한다는데 본원에는 1건도 없으니

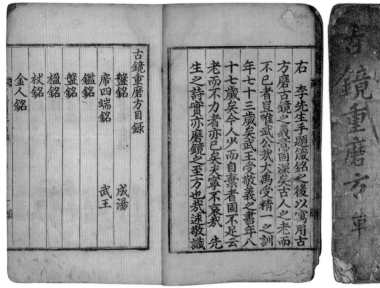

『고경중마방』, 이황 편, 33.1×21.2cm, 1744, 국립중앙박물관.

2건 간행의 종이를 마련해 인쇄하도록 아뢰었고, 9월 7일 『시전』
『서전』『예기』를 홍문관과 본원에서 출급하도록 전교했으나 본원
에 『예기』가 없고 『서전』은 수건밖에 없으며 『시전』은 조금 남은
것이 있으니 『시전』 1건을 출급해주기를 청하자 윤허했다.

　위의 내용은 1625년부터 1636년까지 『소현동궁일기』에 기록된
시강원 도서의 확충 내역이다. 위의 기사에서 살펴보았듯이 임진
왜란과 이괄의 난으로 시강원 장서는 매우 초라했고, 장서를 확충
하는 일이 매우 절실했음을 알 수 있다. 실제로는 중앙 및 지방에
서 편찬·간행된 도서가 훨씬 많이 시강원으로 진상·이관되었을
것이나 현재로서는 그 내역을 자세히 알기 어렵다. 그런 와중에
『심양일기』의 1640년 3월 20일자 기사는 당시 시강원 도서를 살

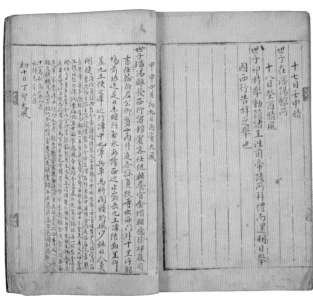

『소현동궁일기』(위)와『심양일기』, 규장각 한국학연구원.

피는 데 하나의 시사점을 줄 수 있다.

"책방冊房에서 난리 후의 치부책置簿冊을 열람해보니 『서대문書大文』 2책, 『운부군옥韻府群玉』 9책, 『좌전左傳』 1책, 『의례주소儀禮奏疏』 5책, 『예기대문禮記大文』 5책, 『제자품절諸子品節』 4책, 『동파東坡』 12책, 『왕형공집王荊公集』 13책, 『오학록吾學錄』 24책, 『학림옥로鶴林玉露』 4책, 『이아爾雅』 3책, 『가어家語』 3책, 『강목綱目』 4책, 『당유함唐類函』 21책, 『산당사고山堂肆考』 6책, 『심경心鏡』 2책, 『회재집晦齋集』 2책, 『가정집稼亭集』 3책, 『대전大典』 3책, 『속록續錄』 1책, 『역옹패설櫟翁稗說』 1책, 『역대군감歷代君鑑』 10책, 『여문정선儷文程選』 5책, 『예설禮說』 5책, 『예부운禮部韻』 1책, 『고사촬요故事撮要』 1책, 『대보잠大寶箴』 1책, 『서명西銘』 1책, 『숙흥야매잠夙興夜寐箴』 1책, 『일기日記』 1책이 분실되었다"라는 기록이 있어 당시 시강원 도서 중에서 분실된 목록을 살필 수 있다.

이상에서 소현세자 당시의 시강원 도서의 확충 과정을 살펴보았다. 중앙과 지방에서 간행한 서책의 내입, 사행에서의 도서 구입, 신하들의 진상 등 여러 경로로 도서를 확보했음을 알 수 있다. 이들 도서는 기본적으로 세자 서연의 교재 및 참고 자료로 쓰였다.

*

이상으로 소현세자 동궁일기의 편찬과 체제, 소현세자의 삶과 주요 업무, 공부 내용과 방법, 입학례와 상견례 등의 의례, 시강원 도서의 확충과 정비 과정 등을 살펴보았다. 소현세자는 1625년부

터 1645년까지 『통감절요』『소학집주』『대학』「경재잠」「숙흥야
매잠」『논어』『십구사략』『맹자』『서명』『효경대의』『중용』『주자
서절요』『시전』『서전』『근사록』 등을 학습했다. 『소현동궁일기』
에는 시강원 관제의 정비와 변천 양상, 진강 책자의 문의와 결정,
현토와 구두의 교정 및 서입書入, 진강進講 방식과 분량, 실제 진강
한 책자와 평가 방법, 조강례朝講禮와 회강례會講禮의 절차 및 진행
양상, 책걸이 의식과 시상 내역 등이 담겨 있어 17세기 전반 세자
교육의 실상을 파악할 수 있다.

　소현세자는 세자로서 여러 업무를 담당하는 한편 의례에 참여
하기도 했다. 소현세자의 분조활동을 기록한 『소현분조일기』는
분조의 역할과 실제 집행한 업무 등이 상세하게 적혀 있어 그 가치
가 매우 높고, 『소현동궁일기』에 기록된 입학례와 상견례 등은 당
시의 의례를 고찰하는 데 중요한 자료가 된다.

　그리고 임진왜란으로 시강원 도서가 많이 사라졌는데, 소현동
궁일기에는 홍문관·승정원 등의 관서에서 이관한 『맹자』『논어』
『대학연의』『예기』『강목』『해편심경』『대학』『속삼강행실』『원삼
강』『통감』『주역』『호전춘추』『주자서절요』『주서기의』『시전』
『예기』 등과, 신하들이 올린 「숙흥야매잠」「경재잠」「독서록요
어」『역대군감』『고경중마방』『상촌집』 등의 내입 사실이 적혀 있
어 전란 이후 시강원 도서가 어떻게 확충·정비되었는지를 살필
수 있다.

　『소현동궁일기』를 포함한 동궁일기에는 이외에도 당시의 정치·
경제·제도·사회·군사·문화적 요소와 관련된 다양한 기사가 실
려 있다. 왕세자의 병력病歷과 치료 방법, 각종 천문天文 현상, 천사

와 칙사 등과의 물품 수수授受 내역, 시강원 관원에게 내린 물목物目, 사부 등에게 내린 치제문致祭文 등도 기록되어 있다. 『승정원일기』의 경우 화재로 인해 빠진 부분이 많지만 동궁일기에는 결책缺冊 부분을 제외하면 1625년부터 1907년까지의 천문 현상이 적혀 있어 그 가치가 크다.

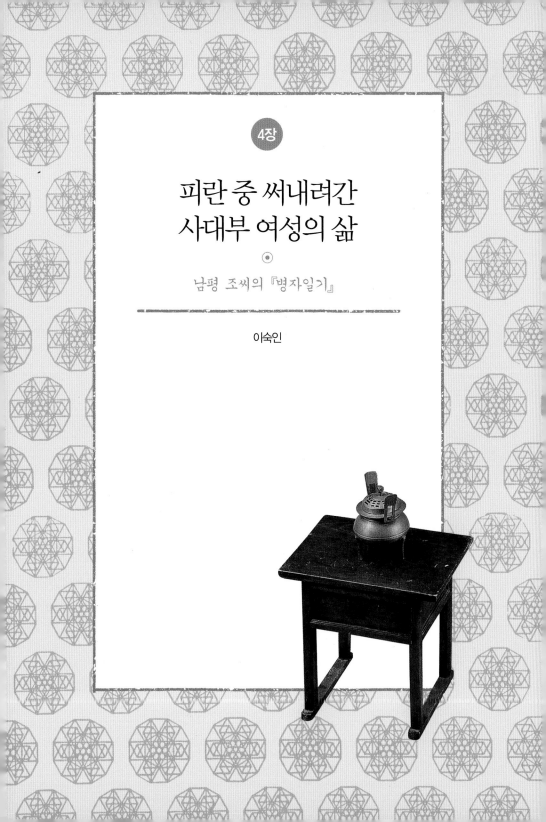

4장

피란 중 써내려간
사대부 여성의 삶

남평 조씨의 『병자일기』

이숙인

피란길에 오른 예순셋의 여성이 남긴 일기

　한양에 살던 양반가의 한 여성 남평 조씨南平曺氏는 1636년 12월 병자호란이 발발하자 63세의 나이로 피란길에 올랐다. 하도 급하게 빠져나오는 바람에 양식이나 옷가지를 챙길 겨를도 없이 쌀 궤하나만 달랑 메고 나섰다. 한 치 앞을 내다볼 수 없는 급박한 상황에서도 그녀는 눈으로 보고 살로 느낀 현장의 역사를 가슴으로 써내려갔다. 병자년 12월 초, 피란길에 오른 그녀가 미숫가루로 끼니를 때우는 장면으로 시작되는 『병자일기丙子日記』가 그것이다. 병자년 12월에 시작된 『병자일기』는 경진년(1640) 8월에 이르기까지의 3년 10개월여의 나날을 기록하고 있다.

　『병자일기』의 주인공 남평 조씨는 1574년(선조 7)에 태어나 1645년(인조 23)에 72세로 세상을 떠났다. 아버지는 현감을 지낸 조경남曺慶男이고 어머니는 예조정랑을 지낸 윤강원尹剛元의 딸이다. 그녀의 일기에는 친가 조씨 일족과 외가 윤씨 일족이 자주 등장한다. 특히 그녀의 외사촌은 연양부원군 이시백의 부인이었는

教旨

南以雄爲竭誠奮威振武功臣大

匡輔國崇祿大夫議政府左議政

兼領經筵事監春秋館事世子傅

春城府院君者

順治五年閏三月初二日

「교지敎旨」, 110.0×116.0cm, 1648, 남대헌. 1648년 윤3월 2일 남평 조씨의 남편 남이웅을 갈성분위진무공신 대광보국숭록대부 의정부좌의정 춘성부원군으로 봉하는 교지다.

데, 이시백이 그녀의 집에 자주 온 것에는 이 인연도 있었던 듯하다. 남평 조씨는 17세에 남이웅南以雄(1575~1648)과 혼인하여 56년을 함께 살았다. 그녀의 남편 남이웅은 호조참판 및 경상도 등의 관찰사를 지냈으며 병자년 호란 때는 인조 임금을 호종하여 남한산성에 들어갔다. 그리고 세자를 모시는 재신宰臣의 자격으로 심양에 갔다가 1년 반이 지난 1638년 6월에야 가까스로 귀국했다. 그동안 남평 조씨는 서산, 당진, 여산, 충주 등지를 전전하면서 고단하고 힘든 피란생활을 하게 된다. 남이웅은 남위南瑋의 6남1녀 가

峴狐

「파천창의도果川倡義圖」, 『제전서화첩』, 36.0×26.5cm, 풍산 김씨 문종. 병자호란이 발발하자 1636년 파천현감인 김염조가 죽음을 맹세하고 의병을 일으키는 장면이다. 남평 조씨의 『병자일기』는 이처럼 전란의 와중에 기록되었다.

果川倡義圖

운데 3남이고, 정묘호란 때 활약한 남이흥南以興 장군과 인조 때 대북의 영수 남이공南以恭과는 4촌간이다. 남평 조씨의 일기에는 6형제의 동서 그리고 시누이와 나눈 각별한 형제애가 곳곳에 녹아 있다.

『병자일기』는 남평 조씨 개인의 생활을 적은 것이지만 공식적인 기록이 말하지 못했던 또 하나의 진실을 전해주고 있다. 그것은 국가나 공인의 입장에서 서술된 역사가 아니라 개인의 경험으로 채워간 살아 있는 역사인 것이다. 1636년 12월 16일의 실록 기사에는 "상上이 남한산성에 있다"고 하였다. 이 시각 남평 조씨는 무엇을 했고, 왕을 모시고 있던 남편과는 어떤 대화를 나눴을까? 『병자일기』 1636년 12월 16일을 조씨는 이렇게 기록하고 있다. "판관댁 행차와 세 집이 일행이 되어 고족골 종의 집에 가니 시간이 신시申時쯤 되었다. (…) 저물녘에 일봉이가 남한산성으로부터 나오면서 영감의 편지를 갖고 왔다. 그 편지에 기별하시기를 '일이 급하게 되었으니 짐붙이는 생각지도 말며 밤낮을 가리지 말고 청풍으로 가라'고 하셨다." 1637년 2월 3일 호조의 보고에 의하면 경성의 백성 대부분이 죽었고, 남아 있는 10세 미만과 70세 이상의 사람들도 굶주리고 얼어서 거의 죽게 되었다. 이 시각 서해의 어느 무인도로 피신한 남평 조씨 일행은 새로운 생명을 맞이한다. "판관댁이 해산을 하셨다. 지금 섬 가운데서……."(『병자일기』 1637년 2월 2일) 전란으로 죽고 전란의 와중에 새 생명이 태어나는, 역사의 수레바퀴 속에서 노년의 양반 여성이 몸과 마음으로 쓴 『병자일기』는 우리에게 다양한 정보를 제공할 뿐 아니라 역사와 인간에 대한 새로운 질문을 던진다.

「남이웅초상」, 비단에 채색, 183.4×105.0cm, 개인. 남평 조씨의 남편 남이웅의 초상이다.

넉넉하고 따뜻한 사람 경영

조씨의 삶과 밀착해 있었던 이들은 대부분 6남1녀의 남편 형제와 그 자손들이다. 더 정확하게 말하면 남편 형제의 아내인 동서들과 조카의 아내인 질부들이다. 그들은 의주댁, 닭젓골댁, 삼등댁, 정랑댁, 진사댁, 판관댁, 감찰댁 등으로 불렸다. 조씨의 일기에 등장해 그녀와 교류하는 인물들은 주로 여성이다. 즉 시아주버니나 시동생, 조카들이 아니라 그들의 아내를 중심에 놓고 일기는 쓰인다.

피란길에 오른 조씨는 판관댁과 감찰댁으로 불리는 시가 조카들 가족과 일행이 되어 이동했다. 이들은 시동생 남이걸의 둘째 아들인 종2품 판관 두춘과 셋째 아들인 정6품 감찰 두화의 가족이다. 조씨는 호서지역을 옮겨다니다가 전북 여산에서 긴 기간을 체류했다. 그곳은 형님인 의주댁이 계신 곳이기 때문이다. 의주댁은 남이웅의 맏형 남이영南以英의 부인으로 조씨에게는 손위 큰동서다.

> 거기 종이 여럿 있으나 마을이 외롭고 동생님네도 멀리 있으니 답답하여 닭잣골 수명이의 집에 올라갔다. 동생님네 계신 곳이 연하여 있고 조카님네들이 매일 같은 곳에서 지내니 불행 중 다행하며 의주댁 형님도 한 마을에 계시니 마음 든든하다.(1637년 4월 19일)

호서지역은 남편 남이웅의 친속이 모여 사는 곳이다. 조씨는 손위 동서 의주댁과 닭잣골댁, 아래 동서 삼등댁과 정랑댁 등이 거

「여산부」, 『호남전도』, 종이에 채색, 19.0×15.8cm, 18세기 중반, 영남대박물관.
남평 조씨는 호서 이곳저곳을 다니다 전북 여산에서 긴 기간을 머물렀다.

의 매일 서로 방문하며 숙식을 함께하고 정을 나누었다.* 조씨의 넉넉하고 따뜻한 성품은 단순히 가진 자의 여유에서 나오는 것만은 아닌 듯하다.** 조씨는 경주부윤 목장흠의 부인인 시누이가 남원으로 떠난다는 소식을 접하고, 안부 편지를 쓴다. "모지라진 붓을 얻어 가까스로 편지를 써서 여산을 지날 적에 전하라고 하였다."(1637년 1월 6일) 관계라는 것이 본래 상호성의 원리로 이루어지듯 조씨를 향한 주변 사람들의 따뜻한 관심은 조씨의 적극적인 인간 경영과 무관하지 않을 것이다. 여산을 지나면서 조씨의 안부 편지를 받은 시누이는 1년 후 조씨를 방문했다.

남원 행차가 서울로 가시노라고 오시너 그 부인을 못 뵌 지가 20여 년이라. 만나 뵈오너 반가움이 그득하여 밤이 깊도록 이야기를 나누었다. 하도 젊으시며 단단하고 고운 얼굴이시너 걱정이 없어 그러하신가 싶다. 지금도 20세쯤으로 보였다. 내가 있는 곳으로 오시너 형님과 동생님들이 다 와보셨다.(1638년 1월 24일)

조선시대 여성들의 인간관계라는 것이 시집 중심의 문화 속에서 이루어지는 것이었지만, 그 속에서 여성들이 나누는 우정이나 형제애는 재해석될 필요가 있다. 반갑고 그리운 사람에 대해서는 그 정을 적극적으로 표현하고 서술했던 조씨에게도 남편의 첩에 대해

* 의주댁 형님과 진사댁(형님의 며느리)이 우리 집에서 주무신다.(1637년 윤4월 29일) 의주댁 형님이 오라고 하셔서 갔다.(1637년 5월 6~7일) 의주댁에 갔다가 오늘에야 집에 왔다.(1637년 6월 10일)
** 여산 종들 비부 합해서 아홉을 데리고 오다가 (…) 어디로 가나 난리 중이지마는 우리에게는 이상하게도 먹을 사람이나 오가는 사람들이 모여드니 신기한 일이다.(1638년 2월 3일)

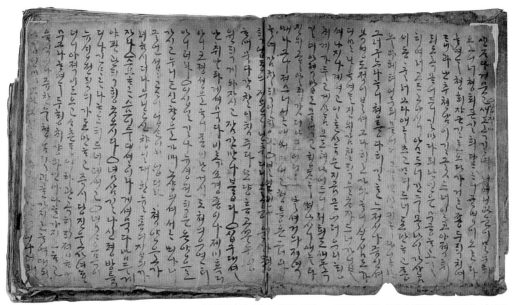

서는 절제와 냉정이 필요했던 것 같다. 피란지에서 남편의 첩 천남 어미는 출산을 했다. 63세의 남편이 아이를 얻은 것이다. 자기 자 식들을 모두 떠나보내 늘 외롭고 서글픈 64세의 조씨에게 이제 갓 태어난 남편의 자식은 어떤 존재일까?

천남어미 기별 듣고 넘어가너 벌써 유시酉時가 되었다.(1637년 4월 9일)
갓난아이를 보너 얼굴이 영감을 닮은 곳이 많다. 영감께서 쳐리로 가 서 적막한 때에 아이를 보너 측은한 생각이 든다.(1637년 4월 10일)

새로운 생명이 태어난 대단한 사건임에도 매우 간략하게 처리한 것은 사대부 집안 노부인의 품위 같은 것을 염두에 둔 듯하다.

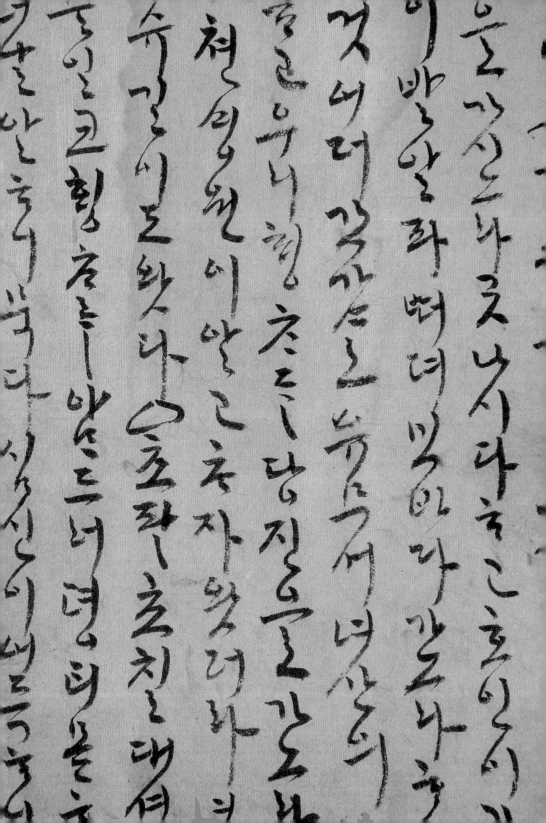

전쟁 중에 치른 제사
전국적 네트워크로 농사를 경영하다

조씨는 집안의 모든 일을 주관했다. 제사를 지내고 빈객을 접대하며, 장을 담그고 음식을 만들었을 뿐 아니라 농사를 경영하고 안팎의 비복들을 관리하는 등 칠순을 바라보는 조씨의 일과는 청춘이 따로 없다. 17세기의 조선사회를 유교적인 가부장제 문화의 정착 과정으로 이해할 때 조씨의 일과는 그런 통념과는 거리가 있다. 그것은 친정 부모에게 친손이 있었음에도 시집간 딸이 부모의 제사를 지내는 관행이라든가 윤회봉사, 매뉴얼대로라면 규문 안에서 집안 일만 해야 했던 부인이 전국적인 네트워크를 가지고 직간접적으로 농사를 경영하는 것 등이다. 우선 제사 설행과 농사 경영을 중심으로 살펴보자.

조씨는 친정어머니 청주 한씨의 제사를 자신이 직접 지냈다. 일기 속 '문밧모님'이 바로 조씨의 친정어머니인데, 제삿날은 1월 18일이었다. 무인도에서 대나무로 막을 만들어 의지하고 눈을 긁어모아 녹여 식수로 먹는 상황이었던 피란 시절의 1637년을 제외하면, 일기 속 조씨는 해마다 어머니 제사를 지냈다.

문밖 어머님(문밧모님)의 기제사였는데 조별좌가 오려고 했으나 비 때문에 못 오시는가 싶다. 친남이(두림斗臨)를 데리고 따를 띠우고 관을 씌워서 제사를 지내니 슬프고 설운 정이 그지없다. 외손자라도 있었으면 하고 생각하니 가슴 아프기 그지없다. 조카들도 하나도 못 오니 그런 섭섭함이 없다.(1638년 1월 18일)

어머님 기제사다. 영감께서 제사에 참례하시니 정령께서도 오죽 마음 든든하시랴. 내 마음도 그지없이 든든하다. (조)감찰도 제사에 참례하였다.(1639년 1월 18일)

문밖 어머님 기제사 지내는데 외손도 없이 감찰이 두림이 데리고 제사를 지내니 슬픔이 새롭기 그지없다. 비록 첩의 자식인들 어찌 아니 크랴. 제사 후에 감찰도 나가고 사직 상자도 새벽에 갔다.(1640년 1월 18일)

조씨의 친정아버지 제삿날인 9월 6일에는 "오늘은 나의 대기일, 끝없는 정만 자꾸 생각난다"(1637)고 하였고, "오늘이 나의 대기라, 참제를 못 하니 딸자식같이 쓸모없음이 어디 있으리"(1638)라고 하였다. 조씨 부친의 제사는 다른 형제 집에서 지낸 것으로 보인다. 선조의 제사를 아들 딸 구별 없이 형제들이 나누어 지냈던 것인데, 이것이 조씨의 친정에만 해당되는 특수한 예인지 아니면 17세기 양반가의 관행이었는지에 대해서는 좀더 연구가 필요하다.

한편 조씨의 시가에서는 자손들이 돌아가면서 제사를 주관하는 윤회봉사가 이루어졌다. 조씨의 시아버지 남위의 기제사는 1월 24일이었다. 남이웅은 남위의 셋째 아들이지만 아버지의 6촌 남대우南大佑의 양자가 되었다. 먼저 친시아버지의 제사를 보면 1637년과 1638년에는 제사에 대한 언급이 없다가 남이웅이 귀국하여 서울에 정착한 1639년에는 조씨댁에서 지냈고, 1640년에는 다른 집에서 지냈던 것 같다.

목어木魚, 31.0×5.5×6.0cm, 조선 후기, 유교문화박물관.
제사에 생선 대용으로 쓰였던 나무로 만든 숭어.

대기 지냈다. 목집의睦執義, 남도사南都事 형제, 남참봉 형제께서 제사
에 참례하시너 일곱 분이 제사를 지냈다. 난리 후에 여러 분이 모여
지너시게 되나 귀하며 또한 슬프다.(1639년 1월 24일)

제사 지너신 후 새벽에 버려오셨다.(1640년 1월 24일)

남이웅의 생모이자 조씨의 시어머니 청주 한씨의 기제사는
12월 29이다. 이 제사도 형제들이 돌아가며 지내는 윤회봉사 형식
으로 이루어졌다. 일기 속에는 세 차례의 제사가 있었는데, 조씨
집에서는 1638년에만 지냈다.

오늘은 대기일. 형님댁에서 제사를 지냈다. 새로이 슬프오며 영감께서

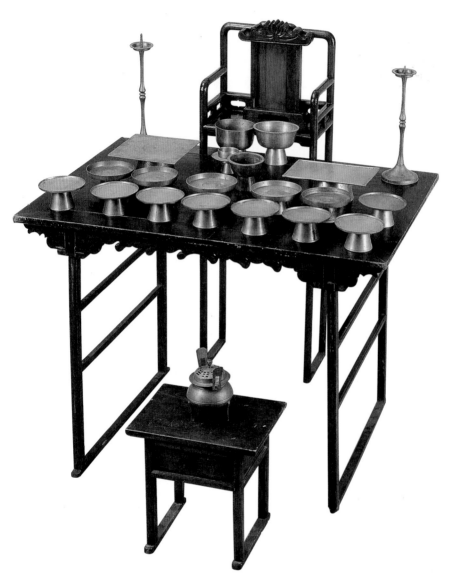

제기, 조선시대, 성균관대박물관.

는 져기 가 계시면서 얼마나 생각하시랴 하고 생각하니 마음이 그지없다.(1637년 12월 29일)

대기 지냈다. 조카님네들은 져녁 식사 후에 가셨다.(1638년 12월 29일)

사직골 대기에 졔물을 차려 보냈다. 닷잣골 차례지만 우리가 했다.(1639년 12월 27일)

대기라서 차려가서 지냈다. 영감을 두림이가 모시고 가서 지냈다.(1639년 12월 29일)

외조모님 기일이다. 정랑댁 차례라고 하여 두하斗夏가 와서 지냈다.(1637년 10월 22일)

남이웅의 친부모와 친외가의 선조 제사는 여섯 형제가 돌아가면서 지냈지만 양부모님의 제사는 조씨의 집에서만 지냈다. 서로의 정이 깊지 않았던 탓인지 제사에 대한 소감이 간략하다. 그들에 대해서는 정이나 그리움보다는 의무감이 더 커 보인다. 양부모님 기제사에 참례한 유씨는 양부모의 사위이거나 외손일 가능성이 크다. 『병자일기』에는 양부와 양모의 기제사 설행을 이렇게 적고 있다.

대기 지냈다. 심양에서 영감께서도 생각하시겠거니 하며 설워한다.(1640년 2월 9일)

대기 지냈다. 유-생원이 와서 제사에 참례하였다.(1639년 2월 9일)

대기 지냈다. 유-생원이 와서 참례하였다.(1640년 2월 9일)

양어머님 기제사 지냈다. 맏생원과 진사가 제사에 참례하니 마음 든든하나 졔관도 없으니 마음이 말할 수 없이 언짢다.(1637년 12월 1일)

대기 지냈다.(1638년 12월 1일)

대기 지냈다. 유석창이 와서 제사에 참례하였다.(1639년 12월 1일)

조씨는 서울에서는 물론 피란생활 중에도 농사 경영에 철저했다. 1년 6개월의 피란 시절 충주에서는 종들을 데리고 직접 농사를 짓기도 했다. 조씨의 농토는 경상도, 전라도, 강원도 등 전국에 걸쳐 있고 서울에도 동막논(마포 소재), 살고지밭(뚝섬 근처), 삼개(마포), 마전(종로구 와룡동 근처) 등에 흩어져 있었다. 그녀는 작업 일자, 농지 이름, 농사 내용, 동원된 사람과 물력, 소출 내용 등을 자세히 기록했다. 또한 종 축이, 충이 등을 각 도에 보내 공貢을 받아오게 했는데, 가계부의 수입란을 보는 듯하다. 내용을 잠깐 살펴보자.

충이는 금산으로, 축이는 임실로, 의봉이는 함양으로 갔다.(1637년 4월 10일)

종들을 풀어서 축이에게는 청풍과 충주의 곡식을 모으러 다녀오라고 하고, 충이는 춘천에 다녀오라고 했다.(1637년 9월 17일)

축이 전라도에서 공 받아왔다.(1638년 1월 22일)

축이 경상도에서 공 받아왔다.(1638년 2월 23일)

축이와 일봉이 청풍 가 두 바리에 메조 열여덟 말, 팥 열일곱 말……(1638년 3월 23일)

충이와 축이가 강릉 가서 벼 네 섬에 미역 백열일곱 동, 대구 서른여섯 마리 가져왔다.(1638년 5월 13일)

축이와 산희 전라도 공 받으러 갔다.(1638년 11월 26일)

공을 받으러 갔던 종들은 각 지역에 흩어져 있던 노비들과 그들의 상전인 조씨를 소통시키는 창구가 되기도 했다.

창원이가 수공도 할 겸 부안으로 갔다. 양남兩南에 사는 종들이 집에서 부리는 종들을 보고 모두 마중 나와 상전 소식을 묻고 난리를 무사히 지내신 것이 하늘 같다고 하면서 우리 노비들도 상전님 덕분에 하나도 죽은 사람 없이 다 살았노라고 하면서 모두 즐거워하더라고 한다.(1637년 11월 10일)

서울 집으로 귀환해서는 남편 남이웅의 빈객을 대접하고 전국에 흩어져 있는 농토를 관리하는 일을 주관했는데, 자신의 농토에 나가 직접 농사를 짓기도 했다.* 조씨의 살림에서 신경 써야 할 또 다른 중요한 일 가운데는 선물 수수가 있었다. 선물을 받고 선물을 주는 행위는 인정人情과 예禮의 이중적 차원에서 행해지는 것이기에 결코 소홀하게 취급할 수 없는 것이었다. 조씨의 4년여에 걸친 선물 수수 목록은 17세기 사회의 다양한 정보를 함축하고 있다.**

* "보리밭을 마저 갈고 씨 열여섯 말을 뿌렸다."(1940년 2월 9일)
** 할 뒤에 제시한 [표 1]은 조씨의 피난기의 선물 수수 목록이고, [표 2]는 환가還家 후의 선물 수수 목록이다. [표 3]은 남편 남이웅이 심양에 억류되어 있을 때 조씨가 보낸 물목이다.

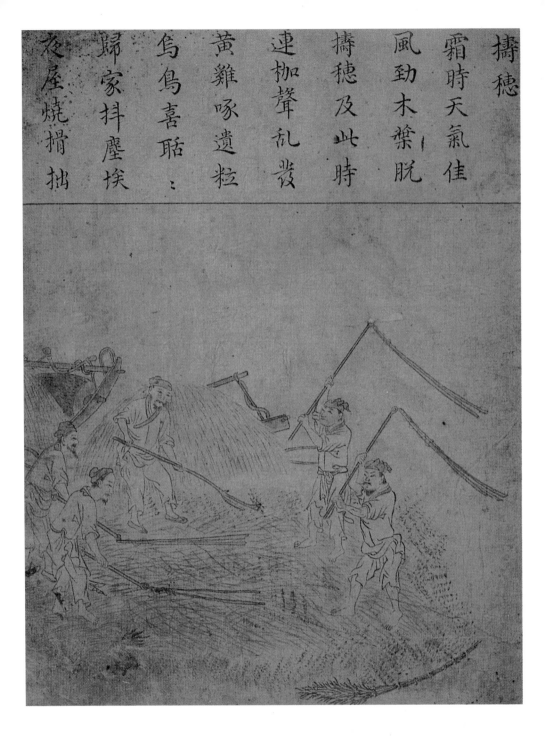

攟穗

霜時天氣佳
風勁木葉脫
攟穗及此時
連枷聲亂發
黃雞啄遺粒
烏烏喜眡眡
歸家抖塵埃
夜屋燒揟揳

「누숙경직도」, 작자미상, 종이에 엷은 색, 33.6×25.7cm, 18세기, 국립중앙박물관. 벼 베기, 벼 타작, 벼 키질, 볏짚 나르기 등 농사와 관계된 일련의 장면이 묘사되어 있다. 남평 조씨가 피란 생활 중에 가장 철저히 했던 것 중 하나가 바로 농사 경영이었다.

簸揚

臨風細揚簸

糠粃凌風前

傾瀉兩聲碎

把玩玉粒圓

短幕箕箒婦

收拾亦已專

豈徒較升斗

未敢忘凶年

두 자식과 며느리를 가슴에 품은 한

　늘 긍정적이고 담대한 성격의 노부인 조씨에게도 가슴속에는
주체할 수 없는 아픔이 있었다. 13세와 25세의 나이로 세상을 떠
난 두 아들과 두 며느리는 조씨의 고통이자 가슴속의 불이었다.
그녀는 죽은 아들 둘과 죽은 며느리 둘의 생일제와 기제사를 꼬박
꼬박 지냈다. 아들의 제사를 지내는 날, 조씨의 일기는 대개가 긴
문장으로 이루어졌다. 아들 두량斗亮(천계)과 두상斗相(별좌)의 생
일과 제사, 그날이 되면 조씨는 주체할 수 없는 슬픔에 젖는다.

　오늘 천계의 생일이다. 잔을 부어놓고 어찌 자식들이 저희가 버게 하
여야 할 일을 버가 저희에게 하게 하는가 하고 생각하니 슬픔이 그지
없다.(1638년 3월 5일)

　천계의 기일이라 제사를 지버고 나니 새삼스러이 마음이 그지없다.
버 자식들은 사람 일을 알 만하여 죽으니 더욱 싫다. 어려서 죽은 아이
들은 생각도 아니 한다고 하겠지만 두 아들은 13년씩, 25년씩 나를 빌
려 모자 되어 살뜰히 사랑하며 살다가 다 죽어지니 알지 못할 일이로
다. 무슨 죄 때문에 버가 이렇게 간장을 태우게 하시는가? 어느 날, 어
느 시에나 마음이 누그러져 풀릴까? 버가 인간 세상을 버린 후에야 잊
을까 한다.(1638년 4월 5일)

　오늘이 별좌(두상)의 생일이라 차례 지버고 조카님네와 진사가 다 술
을 여섯 잔씩 마셨다. 그러나 나의 마음이 더욱 어떠하랴. 슬픈 정과

「영위도靈位圖」, 60.0×95.0cm, 조선 후기, 유교문화박물관.

교의와 신주 대신 쓰이던 제례 용품이다. 남평 조씨가 일상적으로 가장 많이 치렀던 일 중 하나가 바로 먼저 간 가족들의 제사를 주관하는 것이었다.

서러운 마음이 풀어질 적이 없다.(1637년 11월 8일)

맑다. 별좌의 제사를 지내니 나의 설움이야 끝이 없다. 어찌 말로 다 할 수 있으랴. 제를 지낼 사람도 없어서 남진사와 조창하가 참제하였다. 신주를 보니 숨이 막히는 듯하고 정신이 아득하기만 하다. 세월이라 흘러가지만 어느 때 어느 날에나 잊을까? 어여쁘던 얼굴이 생생하고 그리운 일만 생각하면 간담이 쪼개지는 듯, 베이는 듯…… 아이고, 꿈에나 나타나 보이려무나. 경계하고 눈물을 흘리며 지내나 꿈에도 한 번 분명히 보이지를 않으니 제 잘못이로다. 저인들 정령이 있으면 늙은 어미를 생각하지 않으랴마는 유명幽明이 달라서 그런가 하여 더욱 설워한다. 장차 벌써 5년이 다 되어가니 흐르는 세월이 누구를 위하여 머무랴.(1637년 10월 3일)

꿈에 사직 어머님 뵙옵고 천계의 아이 때 얼굴도 보니 (…) 천계는 죽어서도 어머님을 모시고 가 있는가. (…) 집안에 제비 암수 여남은 마리가 새끼를 쳐서 나는 모양을 보는데, 새끼도 날고 안으며 먹이를 물어다 먹이는 것을 보니, 사람으로서도 저 짐승을 부러워하게 되어 어찌 아니 슬프며 아니 서러우랴.(1638년 4월 28일)

죽은 두 며느리의 제사와 생일다례를 꼬박꼬박 지냈다. 25세 때 죽은 조씨의 아들 두상은 전처와 후처를 두었는데, 모두 죽고 없다. 창골 며느리 이씨의 생일다례와 제사,* 여주 며느리 신씨의 생일다례와 제사**를 지내는 날 조씨는 회한의 늪으로 빠져든다. 두 아들과 두 며느리의 생일다례와 기제사를 지내는 날은 조씨의

『시북 노정기市北 路程記』, 남이웅, 28.7×25.4cm, 1626, 남대헌. 남이웅이 1626년 6월 18일 해로를 통해 사행을 다녀오면서 기록한 자료로 추정된다. 해로로 중국을 갈 때 거치는 조선의 섬들이 언급되어 있고, 중국에 도착한 후 거치게 된 도시들에 대해 기록되어 있다.

가슴속 응어리를 풀어내는 날이다. 이것은 조씨에게 정화淨化 작용 내지는 치료 기능을 했던 것으로 보인다.

조씨는 꿈을 자주 꾸었다. 거의 매일 꿈을 꾸는데 꿈속에서 보고 싶은 사람들을 만나곤 했다. 자신보다 먼저 떠난 자식들과 며느리는 물론 헤어져 있던 남편, 친정어머니, 시부모, 양시부모……. 그녀의 바람은 늘 꿈으로 나타난다. 특히 피란기에는 짧게는 매일, 길게는 열흘 간격으로 꿈속에서 남편을 만났다. 남이웅이 세자의

* 창골 며느리의 생일은 5월 26일인데, 그 다례는 1637년에서 1640년까지 일기를 쓴 모든 해에 지냈다. 또 창골 며느리의 기제사는 8월 26일인데, 조씨는 매년 제사를 지내며 슬픈 정을 표시했다.
** 여주 며느리 생일은 7월 29일로 그 다례의 기록은 1637년에서 1639년까지 나와 있다. 여주 며느리의 제사는 11일 9일로 1637년부터 매년 지내며 '간장이 타고' '슬픔이 가이 없음'을 표현했다.

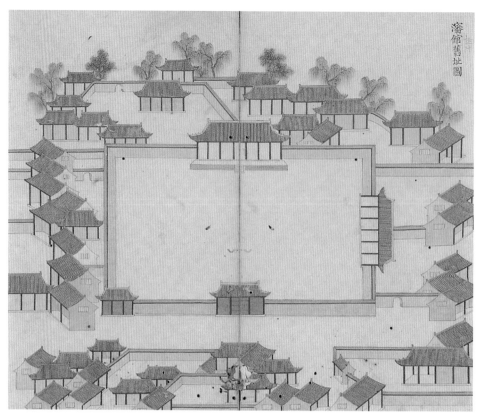

「심양관구지瀋陽館舊址」, 『심양관도첩』, 이필성, 종이에 채색, 46.0×55.0cm, 1761, 명지대 LG연암문고.

호종관으로 심양에 가 있는 동안 남편의 안위를 걱정하던 조씨는
꿈에서 남편을 만나고, 그 남편의 모습이 어떠하든 해몽은 항상
긍정적이었다.

꿈에 영감을 뵈었다. 가져가신 거울을 서로 보며 반기니 쉽게 나오시
는 것이구나 하고 혼자 해몽을 해본다.(1637년 6월 7일)
바람 불고 흐림. 꿈에 영감을 뵈옵고 이야기하다가 문득 하늘을 쳐다
보니 하늘 문이 마치 남대문같이 크게 뜬 곳이 그 좌우에 기이한 대궐

같은 집에서 풍류기구를 웅장하게 갖추고 (…) 영감이 동궁을 모시고 본국으로 쉽게 돌아오시게 될 것인가 한다. 이 꿈을 꾼 후로는 더욱 천지일월성신께 축원을 올리지 않는 날이 없고 아침 해가 돋을 때나 달 떠오를 때에 빌어서 어느 날도 무심히 지내는 날이 없다. 꿈이 기이하니 마음 든든하게 여기며 지낸다.(1637년 9월 16일)

꿈에 영감이 기운이 불평하여 하시는 듯하여 뵈시니 무병장수 백세 누리실 일이다. 밤에는 비가 오고 천둥이 쳤다.(1637년 9월 18일)

꿈에 영감을 보았다. 또 신선 같은 한 노옹이 즐겁게 웃으며 나에게 말하기를 '무슨 일을 근심하느냐 염려 말아라' 하여 보이시너 반드시 귀한 사람이었다. 꿈을 깨고 나서도 마음이 든든하고 기쁘다. 아마도 동궁 전하를 모시고 영감이 쉽게 나오시는가 생각한다.(1637년 10월 4일)

계속해서 꿈마다 영감을 뵈오니 반갑고 마음 든든하다. 어느 날에나 함께 모여서 흉중에 쌓인 것이 조금이나마 풀어질까.(1637년 11월 7일)

조씨는 "자식을 다 없애고 참혹하게 설워하더니" 이제는 남편의 무사 귀환을 노심초사 염원하는 자신이 낯설게만 느껴진다. 조씨는 말한다. "그래도 질긴 것이 사람의 목숨이니 알지 못할 일이다. (…) 지금은 다 잊고 산성만 생각하는가?"(1637년 1월 17일) 꿈의 해몽에서도 드러난바 어느 때이든 현재를 긍정하고 새로운 꿈을 꾸는 조씨, 그런 그녀에게서 어떤 힘이 느껴진다.

꿈을 꾸었다. (…) 한 노인 여자가 내게 말을 하기에 내가 손을 비비면서 말하기를 '영감이 백세나 살아 계시게 하소서' 하니까 그 노인이 큰 우물가에 물이 가득한 곳에 앉아서 쌀 다섯 되만 가지고 와서 씻으

라고 하고 (…) 깨어 생각하니 무슨 길상조가 있을 듯하다.(1640년 1월
22일)

여성의 감수성으로 쓴 새로운 역사

남평 조씨는 1638년 5월에 환국한 남편 남이웅이 한성판윤·대
사헌·좌의정 등 주요 직책을 두루 거치는 동안 사대부 집안의 안
주인으로서 바쁜 나날을 보낸다. 일기 속 조씨의 서울생활은 2년
3개월 남짓한 기간이었다. 그녀는 거의 매일 찾아오는 빈객을 대
접하며 그 이름을 일일이 기록했고, 그들이 갖고 온 물건과 그녀가
선물한 물건, 그리고 손님이 와서 먹은 음식 및 술 등을 상세히 기
록했다. 특히 술은 그 잔의 숫자까지 기록하곤 했다.* 이러한 조씨
에게서 일상을 긍정하는 힘과 사람에 대한 애정, 그리고 세상을
보는 섬세함이 느껴진다.

지금 이 세상에는 없지만, 그녀와 맺었던 크고 작은 인연들은
조씨의 일상을 구성하는 또 하나의 축이다. 그녀는 생일다례, 기
제, 절제의 이름으로 1년에 서른 번이 넘는 제사를 지냈다. 자신이
주관하지 않은 제사에는 제물을 보냈다. 두 아들과 두 며느리의
생일다례와 기제일이면 그녀는 주체할 수 없는 슬픔과 그리움으로
빠져든다. 특히 꿈에서나마 만날 수 있을까, 먼저 간 며느리들에

---

* "조풍덕이 와서 술을 세 잔 잡수셨다. 조경진과 이참봉, 장씨가 와서 술을 두 잔씩 잡수셨다."
(1640년 3월 15일) 빈객의 방문과 접대에 대한 서술에서는 대부분이 이런 식으로 기록하였다.

대해 애절한 그리움을 쏟아낸 시어머니 남평 조씨는 조선 여성의 역사 '새로 쓰기'에서 주목해야 할 자료다. 그 외에 생일다례, 외손봉사, 윤회봉사 등의 제사 설행 기록은 17세기 사회를 이해하는 데 유용한 자료들이다. 유교사회였던 조선의 가족제도 하에서 조상 제사에 참여하는 여성들의 마음 구조를 여성의 자리에서 말해주는 자료는 거의 없다. 그런 점에서 『병자일기』는 제사 설행의 주체로서 여성이 제사 대상에게 보이는 감정의 미묘한 흐름을 감지할 수 있게 한다는 점에서 의미가 있다.

『병자일기』는 공식적인 역사 기록이 담아내지 못한 이면의 진실을 보여줌으로써 역사를 읽는 새로운 흥미를 준다. 조씨의 일기에 따르면 남편 남이웅은 거의 매일 술을 마셨다. '다들 취하시고' '너무 많이 잡수시고' '취하도록 잡수시고' '취하여 돌아오시고' '반쯤 취하여 돌아오시고' '술에 취해 넘어지시고' '술병이 들어 복통을 일으키시고'……. 1631년(인조 9) 9월 4일 실록 기사에서는 조씨의 남편 남이웅에 대해 이렇게 서술하고 있다. "신임 감사 남이웅은 이 소임에 합당치 않은 것은 아니나, 몸에 병이 있고 성품이 느슨한 데다 술을 많이 마시는 결점이 있으니 체차하소서" 하니, 상이 따랐다." 조씨의 일기 속 정보들은 매우 정확한데, 공식적인 기록과의 교차적 읽기를 통해 다양한 사실을 읽어내는 재미가 있다.

『병자일기』의 조씨는 규범적이고 당위적인 언어로 서술된 조선시대 '공식적인' 여성과는 거리가 있다. 그녀의 생각과 행위가 주체적이고 적극적이라는 점도 그 하나다. 전란을 겪으며 엮어가는 생활의 여정 및 지혜라든가, 내면 깊숙한 곳에 자리한 애환과 그리움을 풀어내는 이 여성의 언어는 여성을 대상화하는 그 어떤 것과도 차별화된다. 섬세하면서 담대하고, 낙천적이면서 적극적인 성격의 남평 조씨, 그 삶과 꿈의 기록인 『병자일기』는 사대부가 안주인이 쓴 17세기 조선의 또 하나의 역사다.

[표 1] 수수한 선물 목록 1: 피란기 (1636년 12월~1638년 5월)

연도	월	일	선물 제공자	선물 내용	비고
1636 병자	12	24	유생원	음식, 술	아산 신창
		25	호장 박상	팥죽 한 동이, 술	당진 읍내
			심진사 댁	저녁밥, 떡, 술	
		26	심진사의 첩	약주	
1637 정축	2	25	첫째, 셋째 오라버니	약주, 안주	당진 신평
		6	여동생(주서댁)	입던 저고리, 새 속옷, 청어, 감장	보령
		27		콩 10말, 백지 2권	남원
	3	28	강위재(수령)	참깨, 마름질한 옷, 소주 1병, 생치 1, 백지 3권, 상자 1	임실
			아우	행담 1	
		30		백미 5말, 메조 2말, 백지 2권, 도미 3마리	임천
	4	14	친정오라버니	백미 5말, 며조 5말, 적도 2말, 참깨 1말, 꿀 2되, 백지 2권, 고리와 키, 누룩 1동, 건치 2	금산
		17	윤좌랑 댁, 소서방 댁	떡, 술	
		28	송서방 댁	약주	
	윤4	4	종 눈솔	공목 2필, 떡	노성
		5	장생원	조기 한 뭇, 마늘	
		8	윤좌랑 댁	약주	
		28	심택	조기 두 뭇, 민어 1, 새우젓과 석화젓 각 3되, 생조기 한 뭇	부안태수
	7	16	원님	백미 4말, 장 2말, 청어젓 1두름	
	8	9	귀생의 상사	무명 1필	부조
		16	유좌수 댁, 송감사 댁	편쥬(떡과 술)	
	9	5	조엄	쌀 2말, 민어 1	오라비
		28	두경댁	편쥬	질부
	10	5	부안 별좌	약쥬 2, 안주	
		8	서울	누룩 1동, 놋쇠솥	
		11	조별좌 댁	약쥬 1병	
		16	의주댁 형님	음식, 약쥬	
		19	서리올	문어, 도미, 홍합, 반찬 여러 가지	
		23	심제	조기 4뭇, 민어 1, 건치 1	
			고을 원님	생시 1, 호신쥰 1병	

1637 정축	11	2	사촌	고리, 키, 장 두말, 청밀 2되, 포육 두 접	
		6	아우	편	
		11	막쇠(종)	술이, 민어 1	
		14	충이(종)	목화 130근	개령(김천)
		25	전라감사	쌀 1섬	
1638 무인	1	2,8	송·안·소 서방 댁	각각 음식	
		9	양성립의 부모	조기 5뭇, 민어 2마리, 하혜 5되, 난혜 3되	
		13	원님 조속趙涑 및 부인	생어 한 뭇, 생계 1, 민어 1, 관목 3두름	임피
		14	남정자南正字	약쥬 1병	금구
		19	송서방 댁, 유좌수 댁	주찬(안주)	
		20	윤좌랑댁 이생원 댁	편쥬	
		27	보령, 별좌 댁	소주 2병 씩	
	2	2	홍정 댁	술 1병	
		3	영월 사람	두 바리 양식, 마량馬糧	
		4	효신어미	술 1병, 난 젓	
		5	명옥	편쥬, 안쥬	종
		9	선탁	보리씨 4 말, 무명 1 필	종에게 줌
		10	퉁신의 겨집	소주 한 병, 경단, 떡, 술	종
		15	엄중방	소주, 압란鴨卵 열개	
		21	조지평 댁	소금 3말, 생치 1, 게젓 10마리, 감장	충주 목계
	3	3,5	논대, 노경국	편쥬, 술 1병	
		15	이생원 댁	편쥬	
			별좌댁	벼 열 말	증
		21	월탄	붕어 2마리	
		25	효신	술 한 병	
			안대훈 첩	약주 안주	보성군수
		26	박진사	반찬 가지가지	
		30	안첨지의 첩	화전과 약주	
	4	14	이민급	벼 3섬	
		20	효신어미	소주 아홉 복자, 압난 열개	
		25	이생원 댁	떡, 조기 한 뭇	
	5	1	이생원 댁, 합덕댁	떡, 앵도, 술	
		16	이생원 댁	떡	
		20	중방어미	소주 서너 복자, 살구	

[표 2] 수수한 선물 목록 2: 서울생활(1638년 6월~1640년 6월)

연도	월	일	선물 제공자	선물 내용	비고
1638 무인	6	11	임효달 판사	약주	
		16	영안위 홍주원, 한형질, 조흥해, 이도사	장, 소주 1병	
	7	2	감찰	소주	
		19	내생	종이 2권	
		20	의정부	젓 2독	
	9	22	사직 참봉	약주, 낙지	
			의정부	나무 16	
	10	8	의정부	술 3동이, 대구 3마리	증
1639 기묘	1	6	니우경	술 4병	
	3	21	서산	벼, 조 27말	
	4	23	장대성	쌀 1말	증
	6	20	끝쇠	베 1필	청풍
	9	6	박삼재 댁, 이정자 댁, 연양군 댁	술 1동이씩	증
			엄성구, 이상주, 정화제	목 1필씩	증
			박진사	목 반 필	증
		8	허진사	쌀 5되	증
			민응경의 세 아들	목 1필	증(진사 합격)
		28	조감찰 댁	약주, 안주, 떡	
	11	29	조정	전약 3그릇, 백자주 2병	
		13	연기	소 잡은 것	
	12	17	김응상의 겨집	떡	
		18	안동 남판관 댁	책력	증
1640 경진	5	12	민응형	소주 2병, 안주, 목 2필	홍주목사 편
		19	예조	술 4동이, 대구 4마리	증
	6	2	조후씨	정포正布 한 필, 명주 겹옷, 백미 2말, 백지 2권	부조

[표 3] 심양의 남편에게 보낸 물목

	날짜		물목
1637 정축년	4월	2일	모시천익, 모시겹옷, 홑옷, 겹바지, 적삼, 속옷누비배오로기, 버선, 종 후복에게 줄 겹옷과 적삼
	윤 4월	16일	영초 열 덩이
	윤 4월	26일	담배 다섯 덩이, 포육 두 접
	5월	22일	영초 다섯 덩이, 조기 여섯 뭇
	6월	2일	영초 여섯 덩이
	6월	10일	검은 관대, 금띠, 홑이불 하나, 대구 여섯 마리
	7월	16일	포육 두 접, 전복 네 곳, 민어 하나, 조기 한 뭇, 양말외니, 금은화, 차거리
	12월	21일	사탕(버선 하나 크기), 편, 박산 한 당작, 건시 두 접, 건치 두 마리, 조기 두 뭇 반, 민어 세 마리, 대두 한 마리, 천초 일곱 되, 영초 열 덩이, 양식

5장

"흠영이 없으면
나도 없다"

◉

서화애호가 유만주의 『흠영』

황정연

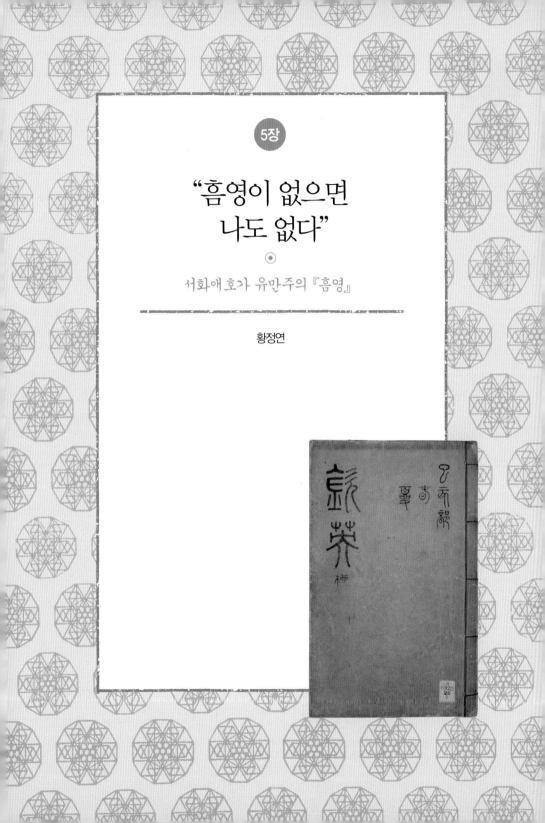

18세기 문화를 읽는 코드, 『흠영』

　20년 전만 해도 종이 위에 투박하게 써내려간 일기를 접하기란 어려운 일이 아니었다. 그러나 지금은 우리의 단상斷想과 감성을 손글씨가 아닌 기계화된 문자에 의지하고 있는 것이 현실이다. 쪽지와 종이를 이어 붙이고 몇 권에 달하는 종이 위에 깨알같이 써내려간 옛사람들의 일기가 특별하게 다가오는 것도 현대인의 이러한 삶과 대조되기 때문일 것이다. 그들의 일기는 문명화가 덜된 시대를 보여주는 차원이 아닌 인간적인 체취가 고스란히 느껴져 살아 있는 듯한 조선 사람을 접하게 해주는 중요한 매개다.

　잘 알려져 있듯이 조선은 문자의 나라, 기록의 시대였다. 조선 사람들이 남긴 일기는 궁중의 비사祕史, 정치적 역경, 참혹한 전쟁, 중국이나 일본을 방문한 체험, 농사일이나 집안일 등 역사적인 사건에서부터 소박한 주제에 이르기까지 다양한 경험을 담고 있다. 이 글에서는 시대적으로나 인물사적으로 크게 이름을 떨치지 않았지만 소소한 일상사를 극진하게 기록한 한 인물의 발자취를 따라가보려 한다. 바로 18세기 유만주兪晚柱(1755~1788)가 쓴 『흠영欽英』이라는 일기다. 양반 출신 유만주는 34년이라는 길지 않은 시간 동안 벼슬도 없이 세상에 이름이 드러나지 않는 삶을 살면서 자신의 생을 오로지 이 책을 저술하는 데 쏟았다고 해도 과언이 아니다.

그는 화려한 관력과 정치적 활동에 몸담은 적은 없으나, 『흠영』을 통해 서울 지역 상류층 사대부인 경화사족京華士族의 학술과 문예 취향을 잘 대변했고 무엇보다도 서화書畵 관련 글을 많이 남겨 동시대 양반들의 일기와 차별성을 보였다는 점에서 주목된다. 그의 기록은 조선 후기 서울 양반이 일상 속에서 체험한 서화 경험을 생생하게 보여줄 뿐 아니라 당시 세간에 유통되었던 중국 서화와 서양화, 중국 백과사전에 대해서 풍부한 정보를 제공해준다. 곧 『흠영』은 유만주라는 인물을 통해 그가 경험한 서화계의 흐름과 그 속에서 활동한 컬렉터의 활동을 파악하게 해주는 매우 요긴한 자료다.

『흠영』에는 서화와 관련한 내용만 있는 것이 아니다. 당대 지식인들이 읽은 국내외 각종 소설과 백과사전, 민간에서 이뤄진 상업·경제·의료활동, 생활 풍습과 풍문, 중국과 서양에 대한 인식등도 엿볼 수 있다. 즉 이 일기는 18세기 서울 사람들의 생각과 생활을 이해하는 데 필수적인 문화코드다.

가까운 일을 상세히 하고 먼 것을 잊지 않게 하다

『흠영』은 유만주가 1775년부터 1787년까지 13년 동안 거의 하루도 빠짐없이 기록한 일기책으로, 원본은 규장각한국학연구원에 소장되어 있다. 그의 호가 흠영외사欽英外史였기에 책 제목 역시 이렇게 지어진 듯하다.

『흠영』은 조선 후기 서울지역의 문화상을 총체적으로 담고 있는 총 24책 161권에 달하는 방대한 양으로 구성되어 있다. 이 책은 유만주의 친필이 아니라 그가 죽은 뒤 부친 유한준兪漢寯(1732~1811)이 문집을 간행하고자 주변 사람들을 시켜 원문을 필사한 것이다. '흠영'이라고 전서로 쓴 표제는 유만주의 당숙이자 당대 명필이었던 유한지兪漢芝(1760~1834)가 1786년에 써준 것이다.

일기는 1775년(을미) 음력 1월 1일에 시작해 1787년 12월 14일에 끝난다. 한 해의 일기를 하나의 부部로 구분지었고 일기를 쓴 첫해와 그다음 해는 각각 한 책으로 묶고 나머지 해는 6개월 단위로 한 책씩 묶어냈다. 그리고 책마다 1개월 단위로 권卷을 나누어 총 161권으로 만들었다. 원래는 25책으로 만들어졌지만 지금은 24책만 전한다.

하루의 기록은 먼저 그날의 날짜를 기록하고 날씨를 적는 것으로 시작한다. 그다음 동그라미를 표시하고 그날의 일상을 적어나갔는데, 내용이 달라질 때마다 다시 동그라미를 표시해 구분했다. 군데군데 붉은 반점을 찍은 곳도 눈에 띄는데, 이는 후대의 필사자가 원본과 대조해 교정본 흔적이다.

그렇다면 유만주는 왜 자신의 하루하루를 기록하는 데 이처

『흠영』, 유만주, 1775~1787, 규장각한국학연구원.

럼 열과 성을 다했을까? 그는 『흠영』을 처음으로 쓰기 시작한 1775년 「을미부乙未部」 서문에서 일기 쓰는 이유를 다음과 같이 밝히고 있다.

일事이란 가까우면 상세하고 조금 멀어지면 희미해지고, 이미 멀어졌으면 잊어버린다. 진실로 일기는 가까운 것을 더욱 상세하게 하고 조금 멀어진 것을 희미하지 않게 하고 이미 멀어진 것을 잊지 않게 한다. 일이 법도法度에 어긋나지 않은 것은 이것으로써 따를 수 있고, 과실 또한 경계할 수 있다. 일기는 이 몸의 역사이니 어찌 소홀히 할 수 있겠는가.

유만주는 '가까운 일을 상세하게 하고 먼 것을 잊어버리지 않게 하는' 하루하루 삶에 대한 증거이자 이 시간이 쌓여 곧 자신의 역사를 이루는 것에 일기의 가치를 두었다. 이런 이유로 그는 "『흠영』이 없으면 나도 없다" 또는 "이는 내 평생 일대 문헌一大文獻이다"라며 일기를 분신처럼 여김을 곳곳에 내비쳤다.

유만주는 원래 『흠영』을 총 60부部의 방대한 일기로 구성하려 했으나, 서른넷이라는 젊은 나이에 요절한 까닭에 원래 계획에 훨씬 못 미치는 13부의 미완성 상태로 남겨졌다. 활자화된 문집이 원작자의 의도와 상관없이 사후 재편집되어 간행된 경향이 있었던 반면, 이렇듯 초고 상태로 남아 있는 일기는 작가의 생활상을 섬세히 파악할 수 있는 일차 자료이기에 더욱 의미가 깊다.

노론 벌열가가 키워낸 박학의 학문과 독서 편력

유만주는 당대 명문장가였던 유한준과 순흥 안씨 사이에서 장남으로 태어났다. 자는 백취白翠, 호는 흠영, 흠고당欽古堂, 흠영외사, 봉해외사蓬海外史다. 1767년 이후에는 통원通圜이라는 호를 함께 사용했다. 유만주가 속한 기계 유씨杞溪兪氏는 영·정조대에만 17명 넘는 당상관을 배출한 문인 관료 집안이었다. 또한 유만주의 증고조인 유황兪榥(1599~1655)은 월사 이정구의 문인이었고 고조 유명뢰兪命賚는 송시열의 문인이었으며 그 후 후손들이 대대로 벼슬에 올라 노론 벌열가로 성장했다.

기계 유씨는 벼슬과 학문, 문학, 서화에 있어서도 특출한 인물들을 길러낸 명문가였다. 경제적으로 안정되었기에 많은 서책과 서화를 축적할 수 있었고, 특히 집안 대대로 풍부하게 보유해온 각종 서책은 유만주가 박학博學의 학문을 추구하고 평생 광적인 독서 편력을 보이는 데 커다란 영향을 끼쳤다. 이러한 가풍은 유황의 고조인 숙민공肅敏公 유강兪絳(1510~1570)에게서 비롯된 면이 크다.

32세인 1541년 문과에 급제해 대제학을 지낸 유강은 1558년 사은사謝恩使로 중국에 다녀오면서 많은 서책을 구입해와 『숙민서목肅敏書目』이라는 장서 목록을 만들었다. 이 장서 목록은 친족들 사이에서 널리 알려져 있었던 듯, 유만주 역시 이 목록을 구하고자 여러 번 탐문했으며, 결국 1786년 친척을 통해 『숙민서목』을 빌려볼 수 있었다. 이 자료가 유강이 중국에서 사온 책을 기록한 것이었음을 감안할 때 유만주는 『숙민서목』을 통해 선조들의 손을 거쳐간 다양한 지식세계를 간접적으로 체험했을 것으로 짐작된다.

유강 외에 유만주의 학문과 예술 취향에 가장 커다란 영향을 끼친 인물은 부친 유한준이다. 유한준은 연암 박지원과 쌍벽을 이루며 문장으로 이름을 떨친 문인이었다. 또한 서울 옥류동 주변에 세거한 명문가 자제들과 친분이 깊었고 서화 감평에도 활발한 족적을 남겼을 뿐 아니라 천문, 지리, 역사, 골동 등 여러 분야를 아우른 박학풍을 아들에게 전수해주었다. 유한준이 경주 김씨, 의령 남씨 등 당대 명문세족의 자제들과 모임을 가진 장면을 그린 「오로도五老圖」는 유한준 생존 당시 기계 유씨의 사회적 위상과 교유관계를 잘 보여주는 작품이다.

기계 유씨는 사회적으로 명문가로서 입지를 다진 경화사족이긴 했지만 유만주의 직계 선조는 대부분 현감縣監이나 포의布衣를 지냈고 일찍 사망하는 등 벼슬이나 명망으로 크게 이름을 떨친 것은 아니었다. 유만주 자신도 입신하지 않고 평생 포의로 지냈는데, 항상 서책과 서화를 이용했을 정도라면 가세가 어느 정도 뒷받침되지 않고서는 어려웠을 것이다. 이를 증명하듯 『흠영』에는 유만주가 구입한 약재의 가격이나 쌀 가격, 집이나 노비 가격 등이 비교적 상세히 적혀 있어 그의 경제 상황을 유추할 수 있다. 특히 병약한 가족력 탓에 약재를 구입한 기사가 여러 건 나오며, 책쾌冊儈(책장수)를 통해 중국의 최신 간행본이었던 『책궤총서柵几叢書』 『통감집람通鑑輯覽』 『한위총서漢魏叢書』 『절강서목浙江書目』 등을 입수하

「오로도五老圖」, 홍필우, 종이에 엷은 색, 1803, 개인. 오른쪽에서 세 번째 인물이 兪漢雋(72세)이다.

려 한 것을 통해 여유 있었던 그의 경제력을 가늠할 수 있다. 관련 기록들을 보자.

1779년 1월 7일: 의원에게 부탁한 약재 값 3455문(345냥) 지불

1779년 5월 15일: 새 집 임대료 3만1000문 지불

1780년 9월 11일: 은향무환剂股享武丸劑(약재의 일종) 값 970문 지불

1783년 5월 3일: 야원차夜元茶(약재)를 53문에 지어옴

1784년 4월 28일: 어머니 보약 값으로 48문 지불

1785년 11월 12일: 고급 약재인 삼용출蔘茸茉을 700냥에 구입

※ 당시 쌀 한 말 값은 25~50문文, 어린 노비 값은 약 15문, 녹용 값은

약 170냥兩, 집 매매가는 5000~6000냥이었다.

위에서 보듯 유만주는 평균 녹용 값(170냥)보다 여섯 배를 웃도는 고급 약재를 사들였고 책장수로부터 4000냥에 달하는 값비싼 서적을 손에 넣을 방도를 찾을 만큼 경제력은 확고했던 듯하다.

안정된 경제력을 바탕으로 유만주는 책장수를 통해 서책과 서화를 구입하거나 장황장裝潢匠에게 집안에 소장된 작품 보수를 의뢰하고, 화가를 초빙해 그림을 제작할 수 있었던 듯하다. 무엇보다도 유씨 집안 인물들이 관심을 두었던 분야는 선조들의 영정 제작이었다. 유한준의 종숙부 유언수兪彦鐩와 유만주는 화가들과 자주 교류하며 선조들뿐 아니라 자신들의 영정 제작에도 심혈을 기울였다.

유만주의 기록에는 조박趙璞(18세기)과 장홍張紘(18세기)이라는 화원이 유씨 집안을 방문해 초상화를 그렸던 것으로 나타난다.* 처음 불러들인 화가는 조박이었는데, 그가 유언수의 초상을 그렸지만 본모습과 약간 다른 부분이 있자 몇 년 뒤인 1777년 장홍을 불러 손질하게 했다. 장홍은 이후 유씨 집안 인물들의 초상화 제작을 담당한 듯, 그는 같은 해 유한준의 영정을 제작했다.** 그러

* 조박은 왕실 행사에 차출되었다는 기록이 없어 여항 화가가 아니었을까 하고 추정된다. 반면 장홍은 1772년 육상궁毓祥宮 시호도감諡號都監과 1800년 정조의 국장도감에 차출된 도화서 화원이었다. 張紘은 문헌상에 張弘, 張玄 등으로 표기되었다.
** 『흠영』 정유부丁(1777) 2월 초2일조 참조. 1777년 장홍은 초상화 제작을 위해 유씨 가를 여러 번 내알來謁한 것으로 보인다. 유만주는 1777년 3월 초2일자 일기에서 '장생張生이 그린 여러 초상화를 보았다見張生所畫諸眞'고 했고 또 다른 기록에서는 유한준의 초상을 그렸다고 했다. 유만주는 장생의 일명을 거론하지 않았으나, 이에 유씨 가를 방문한 화가는 장홍이며 장생은 곧 장홍을 일컫는 것으로 보인다.

나 이때 장흥이 그린 유한준의 초상화는 알려져 있지 않고 69세 때의 모습을 그린 작자미상의 「저암공초상著庵公肖像」만이 현존한다. 이 그림은 유한준이 복건과 심의深衣를 착용하고 무릎을 꿇고 좌안 9분면의 자세로 앉아 있는 모습을 그린 것이다. 옷주름에는 엷은 음영이 가해졌고 얼굴에는 곰보 자국과 피부결인 육리문肉理紋이 정교하게 표현되었다. 움푹 팬 눈과 생각에 잠긴 듯 약간 아래를 바라보는 눈동자, 듬성듬성한 눈썹과 안면을 덮은 검버섯, 흰 수염 등은 고희를 바라보는 노년의

「저암공초상著庵公肖像」, 작자미상, 비단에 엷은 색, 1800, 규장각한국학연구원.

주인공을 실감나게 그려내고 있다. 「저암공초상」의 제작 연대인 1800년은 장흥이 정조국장도감正祖國葬都監에 참여하며 여전히 화원으로 활동하던 시기였을 뿐 아니라 그가 이전에도 기계 유씨 인물들의 초상화를 그린 사실로 미루어 이 초상화 역시 장흥이 그렸을 가능성이 높다.

유만주의 골동서화 취미와 서화 수집 경로

조선시대의 서화 감상과 이로 인한 수집활동은 오래전부터 시
작되었으나, 일부 계층의 인물들에게 국한되었고 가시적인 활동
도 미약한 상태였다. 그러나 17세기 후반에 이르러 정보 공유와
물품 유통이 활발해졌고 18세기에는 서책과 서화를 축적한 장서
가와 서화수장가들의 활동이 사회 현상으로 두드러져 나타났다.
양반 사대부 계층에서는 정치적 성향이나 학맥, 지역적 차별성이
대두되었고, 다른 한켠에서는 예술 향유층으로 떠오른 중인들의
활동이 두드러지면서 신분적으로도 혼재된 흐름을 보였다. 이러
한 경향은 유만주가 속했던 기계 유씨를 비롯해 서울에 대대로
세거한 안동 김씨, 달성 서씨, 풍산 홍씨, 파평 윤씨, 한산 이씨,
전주 이씨, 반남 박씨, 청송 심씨, 의령 남씨, 연안 김씨, 경주 김
씨 등 유력 가문이 등장하면서 학술 경향과 예술 취향을 주도한
현상과 관련이 깊다.

유만주는 중국의 최신 서적을 구입할 만큼 경제적 여건이 뒷
받침되었으나 관직에 나아가지 않았던 까닭에 자연히 독서와 골
동품 완상에 침잠한 생활을 했다. 해마다 편차는 있지만 중국과
조선의 서화묵적, 금석탁본, 지도, 화보畫譜를 꾸준히 열람하고
수집한 것으로 보아 유만주에게 서화 감상과 구입은 일상의 삶
이었을 만큼 커다란 비중을 차지했음을 알 수 있다.

여기서 중요한 것은 서화 수집과 감상에 대한 유만주의 구체적
인 입장이 무엇이었는가 하는 점이다. 이미 17세기부터 조속, 이경
석, 이하곤, 정범조 등 여러 문인에 의해 서화 수장에 대한 논의가

꾸준히 이어졌고, 유만주가 활동하던 18세기 후반은 양반 사대부들의 화두였던, 하찮은 물건에 대한 집착으로 군자가 지녀야 할 큰 뜻을 잃는다는 완물상지玩物喪志에 대한 의식이 점차 희미해지던 시기였다.

이러한 분위기를 반영하듯 유만주는 일기를 쓰기 시작한 1775년부터 1787년 12월까지 한 해도 거르지 않고 서화를 접했으며, 작품을 보지 못한 때는 투병생활을 하다 사망한 1788년 한 해뿐이었다. 유만주는 1789년 기록에서 자신이 쓸 도장에 '흠영서화대일통欽英書畫大一統'이라는 문구를 새겼을 정도로 서화에 대한 해박한 지식을 갖기를 열망했을 뿐 아니라, 골동서화 수집을 수장가의 사상과 감정을 의탁하는 고차원적인 행위로 해석하며 그 가치를 모르는 조선의 풍조를 안타까워하는 글을 남기기도 했다.

중국의 박식하고 고아한 선비들은 노정 중에도 반드시 서화가를 대동하고 거처할 때는 고동기를 쌓아놓고 자신의 취미와 사상을 의탁하니 어찌 하릴없다 하리오? 우리나라 사람들은 둔하기가 심해서 이를 귀하게 여기지 않을뿐더러 이런 게 있는지도 모른다. (『흠영』 제16책 계묘부(1783) 7월 23일조)

이렇듯 골동서화 수장을 정당화하고 골동서화에 대해 관대한 입장을 보인 태도는 조선 양반들의 화두였던 완물상지와 상당히 어긋나는 의견이다. 아마도 유만주가 서책과 서화묵적, 금석탁본을 부지런히 모은 것은 이렇듯 완물상지에서 벗어난 서화에 대한 긍정적인 인식, 골동서화 수장에 의미를 부여한 태도에서 연유했을 것이다.

『흠영』곳곳에는 유만주의 광범위한 독서 편력을 보여주는 내용이 있다. 그는 제자백가에서부터 도가서, 불서, 소설, 희곡, 패관잡기, 서학서西學書에 이르기까지 서울에서 유통되던 수많은 책을 접했고, 아울러 역대 서화 및 금석문에 대한 문헌을 구입하면서 그 내용을 틈틈이 기록했다. 서화 관련 문헌으로는 조선 수장가들의 필수 참고서였던 장언원張彦遠의 『역대명화기歷代名畫記』, 미불米芾의 『서화사書畫史』, 18세기 중국 황실에서 펴낸『패문재서화보佩文齋書畫譜』등 조선에 익히 알려진 자료들을 비롯해『동관여론東觀餘論』과 같은 감정서와 명·청대 화론서도 많이 참조했다. 특히 유만주는 명대 서화 이론가인 주량공周亮工이 쓴 『역원서영櫟園書影』을 자주 열람했다. 『역원서영』은 『인수옥서영因樹屋書影』이라고도 하며, 중국 역대 예술, 고사와 제도, 종교 등 여러 분야를 다룬 필기류 서적이다. 『흠영』「기해부己亥部」(1779) 5월 21일자에 따르면 그는 당나라 주방周昉(8세기 후반)의 그림을 비롯해 역대 중국 화가의 그림을 『역원서영』을 보고 제목을 기록했다. 『역원서영』에 적힌 그림들은 주량공이 실제 보지 못했으나 여러 문헌에 흩어져 기록된 역대 중국화로서, 유만주는 이러한 주량공의 저술을 통해 자신이 보지 못했던 중국의 옛 그림에 관한 정보를 얻었을 것으로 짐작된다.

유만주는 중국에서 유입된 서화 저록을 통해 역대 서화가들과 작품에 대한 이론적인 지식을 탐색하면서 집안에서 전래된 수장품을 토대로 여러 경로로 서화를 축적해나갔다. 그는 주로 주변 사람들의 도움을 받아 서화작품을 열람하거나 입수했고 또 바깥

『흠영』에 기록된 중국화론. 주량공의 『먹원서영』 발췌 부분.

으로 나가 직접 작품을 열람하고 구입했다.

　유만주의 주변 사람들 가운데는 서화에 관심이 많아 감상과 수집을 즐긴 인물이 여럿 있었다. 특히 그와 가깝게 지낸 친인척 유척기兪拓基(1691~1767)와 유한지兪漢芝(1760~1834), 유한녕兪漢寧(1743~1805)은 서예와 금석문뿐 아니라 자신들이 소장한 풍부한 서책을 제공하는 등 유만주가 예술과 학문의 지평을 넓히는 데 조력자가 되어주었다. 특히 종숙부이자 금석학자였던 유척기는 유만주가 금석문이나 명필 묵적에 대한 식견을 지닐 수 있도록 안목을 길러준 인물로 보이며, 유한준의 사촌동생이자 당대 명필이었던 유한지는 단아한 전서로 쓰인 『흠영』의 표제를 비롯해 유만주에게 자신의 글씨를 선물로 준 일화가 『흠영』에 기록되어 있다. 정

조 휘하에서 대제학을 지낸 유한녕은
『흠영』에 수서숙부水西叔父라고 기재된
인물로서, 많은 장서를 소유하고 있어
유만주가 틈틈이 들려 서책을 빌려보
곤 했다.

서화 감평에도 안목이 있던 박지원朴
趾源(1737~1805), 중인 출신 대수장가
김광국金光國(1727~1797) 역시 서화 감
상과 문방 취미를 공유하며 조력자로
나섰다. 이들은 유만주에게 자신들이
소장한 작품을 보여주거나 『열상화보
洌上畫譜』와 『석농화원石農畫苑』을 열람
할 기회를 제공해주었다. 『열상화보』

『석농화원』 표지, 김광국, 18세기 후반.

는 16세기 화가 김정金淨에서부터 조선 후기 화가 허필許佖에 이르
는 총 16명에 달하는 조선 화가의 그림을 모은 화첩으로, 박지원
이 북경에 갔을 때 호응권胡應權이라는 소주인蘇州人이 조선 상인에
게서 구입해 박지원에게 품평을 받은 화첩이다. 여기서 '열상洌上'
은 한수(당시의 한강)를 뜻하는 말로 곧 '조선'을 가리킨다. 박지원
이 이 화보를 유만주에게 보여준 것으로 미루어 그는 각 작품에
간략히 평을 하고 화보를 구입했던 모양이다. 현재 『열상화보』는
기록으로만 보일 뿐 실물은 전하지 않는다.

18세기 의관 김광국이 만든 『석농화원』은 그가 전 시기를 망라
하여 모은 조선 화가들의 작품에 김광국 자신이 품평한 글을 함께
모아 만든 화첩이다. 원래 120점이 넘는 그림이 실리고 4~5첩으

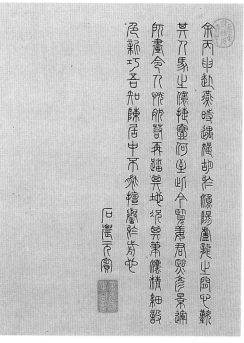

강희언의 「출렵도出獵圖」와 이한진이 쓴 김광국의 발문, 29.5×22.0cm, 1781.

로 구성되어 있었으나 사후 뿔뿔이 흩어져 지금은 낱장으로 전하는 그림이 많다. 이 화첩에는 조선 초기 대표적 여성 화가인 사임당 신씨(1504~1551)의 포도 그림을 비롯해 중인 화가 강희언(1710~약 1784)의 「출렵도出獵圖」, 풍속화를 잘 그린 오명현(18세기)의 「의송노인도依松老人圖」 등 15세기에서 18세기까지 활동한 역대 화가들의 화조화, 인물화, 산수화 등이 실려 있었다.

　유만주가 열람한 『열상화보』와 『석농화원』 모두 조선의 대표적인 화가들의 그림을 모은 화첩이었다는 점에서 그가 역대 화가들의 작품을 일별하고 이해하는 데 매우 유용한 자료로 활용했을 것

「의송노인도」, 오명현, 종이에 엷은 색, 27.0×20.0cm, 18세기, 철문대박물관

으로 추정된다.

이밖에 『흠영』에 따르면 유만주는 늠凜, 익翊, 연連, 전평全平, 안평安平 등 이름이 약어로 기록된 인물들과도 매우 가깝게 교유한 것을 알 수 있으며, 이들은 유만주에게 고금법서와 골동품을 선물로 주거나 서책과 서첩을 교환했고, 『흠영』의 초고본을 읽고 교정을 봐주기도 했다.

주변 사람들의 도움 외에 유만주가 살았던 한양의 남부西部인 남창동 부근(현재 남대문 시장 근처)이 상권의 중심지와 가까웠다는 점도 그가 서화를 구입하는 데 유리하게 작용했을 것으로 보인다. 이곳은 많은 약재상과 생필품 상점, 서점, 골동품 상점이 들어서 있던 진고개泥峴(지금의 충무로 일대)와 구리개(현재 을지로에서 광화문 일대) 부근 및 도화서圖畫署로 인해 서화 시장이 형성되었던 광통교와 가까이 있어 유만주는 판매자들로부터 여항에서 유통되던 다양한 물품과 서화 자료에 관한 정보를 얻을 수 있었다.

유만주는 골동서화를 구하기 위해 자신의 근거지인 남창동을 비롯해 『흠영』에 '수서水西'라 기록된 곳을 자주 들른 것으로 확인된다. 수서는 작은 개울물인 차천車川의 서쪽을 가리키는 말로, 오늘날의 청파동과 용산에 이르는 지역이다. 유만주는 이곳에 살던 숙부 유한녕의 집을 자주 오가며 서양 지도와 각종 서적을 빌려보는 혜택을 누릴 수 있었다.

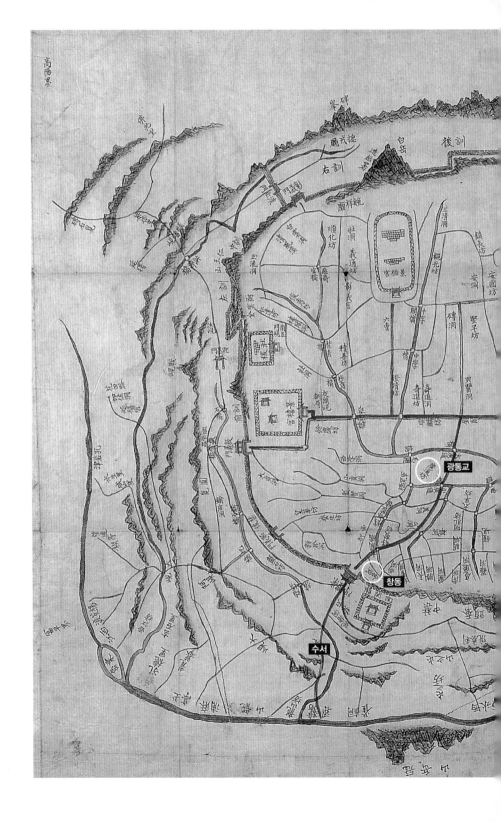

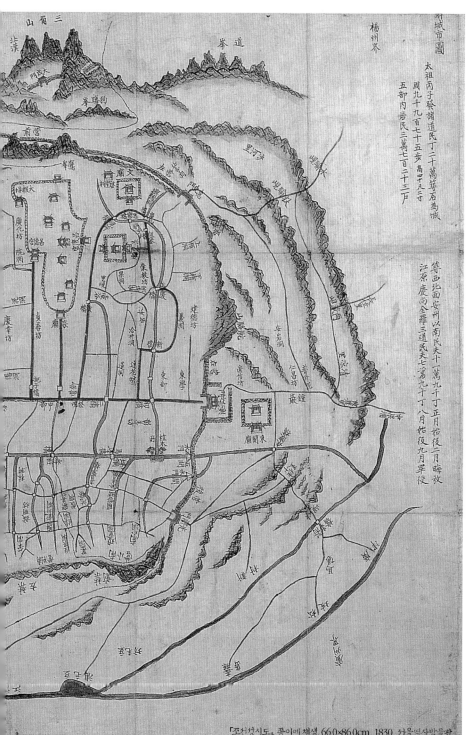

「조선성시도」, 종이에 채색, 66.0×86.0cm, 1830, 서울역사박물관.
유만주의 생활 근거지와 물품 구매 장소 — 맛둥표, 남창동(청파동), 진고개, 구리개, 수서지역.

『흠영』에 나타난 유만주의 서화 애호와 컬렉션

• 유만주의 개인 박물관, 흠고당과 흠영각

유만주는 자신의 집을 방문한 서화가를 통해서나 시장에서의 구매, 또는 주변인들의 도움으로 서화를 접할 기회를 얻었으며 흠고당欽古堂과 흠영각欽英閣이라는 별도의 시설을 만들어 자신이 수집한 서화를 보관했다. 조선 후기에 이르면 많은 문적과 서화를 소장한 수장가들이 집 안에 서책과 예술품을 보관해두고자 장서루藏書樓나 서화수장처를 만드는 일이 급증했으며, 이는 수장가들의 활동이 활발해진 시대적 추이가 반영된 것이었다. 조선 후기에는 당시 4대 서고書庫로 손꼽힌 유명천柳命天(1633~1705)과 유명뢰柳命賚(1652~1712)의 청문당淸聞堂과 경성당竟成堂, 이하곤李夏坤(1677~1724)의 만권루萬卷樓, 이정구李廷龜(1564~1635)의 후손가(월사고택月沙古宅)처럼 많은 문적을 소장한 장서루가 생겨났고 남공철南公轍(1760~1840)의 고동서화각古董書畫閣, 홍석주洪奭周(1774~1842)의 표롱각縹礱閣, 심상규沈象奎(1766~1838)의 가성각嘉聲閣, 풍산 홍씨 집안에서 대대로 물려 내려온 사의당四宜堂 등 상당한 골동서화를 모아놓은 수장처도 여러 곳 있었다. 이러한 장서루는 정보의 교류와 서화의 감상 및 빌려보기, 다양한 분야에 대한 담론이 형성된 지식의 산실産室이었다. 유만주는 일찍이 서유규徐有榘(1760~1840)의 필유당必有堂에 많은 자료가 소장돼 있음을 듣고 이곳의 자료를 빌려 문예 동향에 대한 최신 정보를 얻기도 했다. 이처럼 조선 후기에 본격적으로 등장한 수장처는 마치 개인 박물관과 같은 기능을 하며 지식 정보 교류처로 역할했던 것이다.

『흠영』「기해부己亥部」에는 흠영각에 보관되었던 서책을 목록화한 내용이 간략히 기록되어 있다. 따라서 이곳이 유만주가 서책과 서화를 보관한 장서실이 아니었을까 생각된다. 또한 "(흠영)각 안에 있는 서예작품과 옛 그림에 글을 썼다識閣中法書古畫"고 한 1786년 2월 13일자 기록이라든지 작품을 어디에선가 내와 열람했다는 글이 있으므로, 여기서 말하는 장소가 흠고당 또는 흠영각을 가리키는 듯하며, 바로 이곳에 소장된 서화작품에 발문을 적은 사실을 통해서도 유만주가 서화 보관을 위해 별도의 보관처를 마련했다는 추정이 가능하다.

유만주는 수집에만 몰두한 것이 아니라 끊임없이 서화를 보존하기 위해 세심한 관심을 쏟았다. 장황장粧䌙匠에게 부탁해 오래된 서화를 표배裱褙했다든지, 축軸(세로로 긴 형태의 그림이나 글씨)을 병풍으로 다시 표구하면서 수장품을 좋은 상태로 유지하려고 노력을 기울였다. 이 과정에서 장황장이나 표배장 같은 기술자를 집으로 초빙하거나 심부름꾼을 시켜 작품을 보내 수리를 해오기도 했으며, 계절에 따라 위치를 바꾸거나 다른 곳에 작품을 대여했다가 찾아오면서 소장품을 지속적으로 관리했다.

• 유만주가 감상하거나 수집한 그림과 글씨

유만주가 자신의 개인 박물관이나 다름없는 흠고당과 흠영각을 두고 있었다면 그 규모는 어떠했으며 이곳에 보관했던 자료의 종류는 어떤 것들이었을까? 아쉽게도 규모에 관해서는 특별히 언급된 것이 없으나, 이곳에 소장되었던 서책과 서화의 종류를 열거한 기록을 보면 두 전각의 규모가 작지 않았던 것으로 추정된다. 유만주가 감상했거나 수집한 서화를 내용별로 분류해보면, 조선 임금의 어필, 중국과 우리나라의 서화, 금석문, 지도로 나뉘며 간혹 일본 그림을 접한 사실도 확인된다.

유만주 컬렉션의 규모와 내용을 단적으로 알려주는 것으로 1783년 11월 15일 기록을 예로 들 수 있다. 이날 유만주는 자신이 가지고 있던 총 114점에 달하는 지도와 중국 및 우리나라 서화작품의 제목을 하나하나 나열했다. 이 가운데 지도로는 「대지전도大地全圖」 「곤여도坤與圖」 「좌해도左海圖」 「서호도西湖圖」 「안남도安南圖」 「대만도臺灣圖」 「유구도琉球圖」 「서경탐라도西京耽羅圖」 「울릉도鬱陵圖」 「동해도東海圖」 「대서도大西圖」 「일본도日本圖」 「북한도北漢圖」 등 13점이 있었고 화화작품은 「망천도輞川圖」 「삼일포三日浦」 「강선루도降仙樓圖」 「한궁춘효도漢宮春曉圖」 「무이도武夷圖」 「팔준도八駿圖」 「십장생도十長生圖」 「고동도古董圖」 등 총 87점에 달했다.

작품을 보면 다양한 주제로 그려진 그림이 많이 포함되어 있다. 중국, 베트남, 일본 등 외국 지형을 그린 지도를 비롯해 「서경탐라도西京耽羅圖」 「동해도東海圖」 「울릉도」처럼 우리나라 지도가 많은 수를 차지하고 있다. 비록 관직에 오르지 않고 포의로 생활했으나 조선을 벗어나 바깥 세상에 관심이 많았던 태도를 엿볼 수 있다. 그는 평소 국내외 지도에 관심을 보이며 상당수의 지도를 수집했다. 유만주가 모은 지도는 세계지도를 비롯해 중국, 베트남, 대만, 일본 등 외국 지형을 그린 지도와 우리나라 지도 등 그 종류가 다양했다. 그가 1775년 1월 초7일에 본 「천하여지도天下輿地圖」는 1778년에 제작된 「천하도지도天下都地圖」와 유사한 성격의 세계지도였을 것으로 추정된다. 이러한 지도 수집 경향은 유만주가 평소

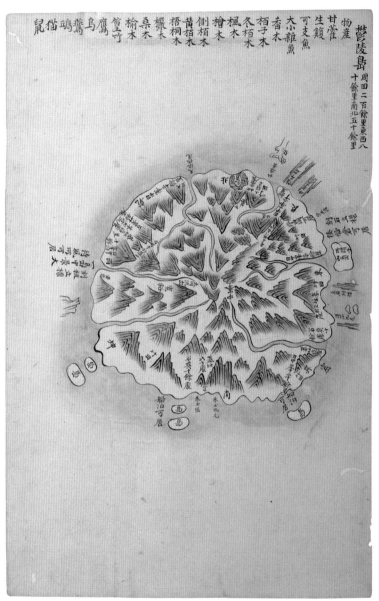

鬱陵島 周四二百餘里東西八十餘里南北五十餘里

物産
甘藿
生鰒
可支魚
大小雜魚
香木
栢子木
冬栢木
楓木
檜木
側栢木
黃栢木
梧桐木
樺木
桑木
楡木
管竹
鷹
鷲
鳥
鵂鶹
猫
鼠

「울릉도」, 『해동지도』, 조선 후기, 규장각한국학연구원.

「천하도지도天下都地圖」, 『여지도』, 종이에 채색, 31.5×21.6cm, 보물 제1592호, 18세기, 규장각한국학연구원.

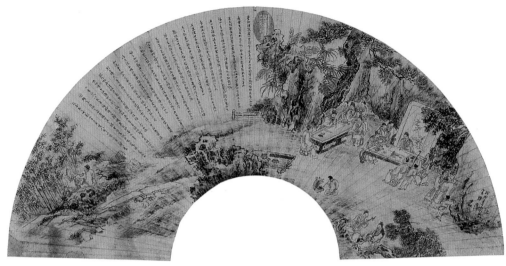

「서원아집도」, 김홍도, 205.0×104cm, 1778, 국립중앙박물관.

에 천문과 지리학에 관심이 많아 여러 문헌에서 외국의 풍물을 기록한 내용을 채록한 것과 연관이 깊다.

그림은 각종 산수도, 고사도故事圖, 인물도, 기물도器物圖, 화훼영모화翎毛畵 등이 포함되어 있었고 대부분 중국에서 유래된 화제畵題를 삼아 그린 작품이었다. 그러나 「삼일포三日浦」와 「십장생도」는 주제상 우리나라 그림으로 여겨지며, 「서원아집도西園雅集圖」*라든가 「강남춘의도江南春意圖」** 등은 조선 화가들도 즐겨 그린

* 중국 북송대 영종英宗의 부마였던 왕선王詵이 변량에 있는 자기 집 정원인 서원西園에서 당시의 유명한 문인 묵객들을 초청해 배풀었던 아회 장면을 그린 그림. 왕선을 비롯해 소식, 채조, 이지의, 소철, 황정견, 이공린 등 16명(진사도를 넣어 17명이 되기도 함)이 모여 시를 읊고 휘호를 하고, 거문고를 타고 담론을 즐기며 또 석벽에 시를 쓰는 장면을 한 화면에 표현한 그림이다.
** 중국 당나라의 시인 두목의 시 「강남춘江南春」에서 유래된 그림으로, 중국의 쑤저우, 항저우, 양저우, 난징 등지에 있는 맑은 물가의 봄 경치를 그린 그림이다. 꽃나무와 농부 혹은 고사高士의 뱃놀이광경 등을 덧붙여 그리기도 한다. 명대의 문징명 등 문인화가가 그린 그림이 많고 조선후기에도 강세황, 이인상, 김수규 등 문인화가들이 이 주제를 삼아 그림을 남겼다.

「서원아집도」세부.

만큼 세간에 잘 알려진 그림 주제였다. 유만주는 이상의 많은 작품을 모두 '곡병曲屏'이라고 일컬었다. 곡병은 보통 짝수로 제작되어 각각의 폭을 접었다 폈다 할 수 있는 병풍을 뜻한다. 유만주는 작품 형태에 대한 구체적인 묘사를 생략했으나, 작품의 수와 보관 장소의 한계를 고려했을 때 이렇듯 많은 그림이 한 작품씩 병풍으로 만들어졌을까 의문이 간다. 따라서 일기에 기록된 그림들이 개별적인 것이 아닌 몇 폭으로 이뤄진 병풍에 여러 그림을 붙인 백납병풍百納屏風이었을 가능성도 있다. 물론 지도를 비롯해 일부는 낱건으로 제작된 형식이었을 수도 있다.

유만주는 후손이 없었기에 그의 수장품은 사후 대부분 흩어져 『흠영』에 기록된 서화작품 가운데 현존하는 것들을 확인하기란 쉽지 않다. 그럼에도 그가 보았을 법한 그림 중 가장 이른 작품으로 1776년 7월 초7일에 기록한 「임오사마방회도壬午司馬榜會圖」가 있다. 이 그림은 임오년인 1582년 사마시 합격 후 1630년까지 서울에 생존해 있던 윤방, 오윤겸, 김상용 등 12명의 동기생의 모임을 그린 것으로서, 모임은 삼척부사로 임용된 이준의 전별연을 겸한 것이었다. 현재 정경세鄭經世 후손가에 유만주가 본 계회도의 면모를 확인할 수 있는 화첩이 소장되어 있으며, 말미에 모임의 정황을 기록한 정경세의 서문(1630년)이 첨부되어 있다. 그런데 유만주의 기록에 정경세가 1630년 「삼척전별첩」에도 서문을 쓴 사실이 언급되어 있어 아마도 당시 「임오사마방회첩」 외에 이준을 전별하는 별도의 전별첩을 제작했을 가능성이 있다.

이 작품 외에 유만주가 감상한 우리나라 그림으로는 김명국의 『사시도첩四時圖帖』, 이징의 「강호추경도江湖秋景圖」와 「임양박방도

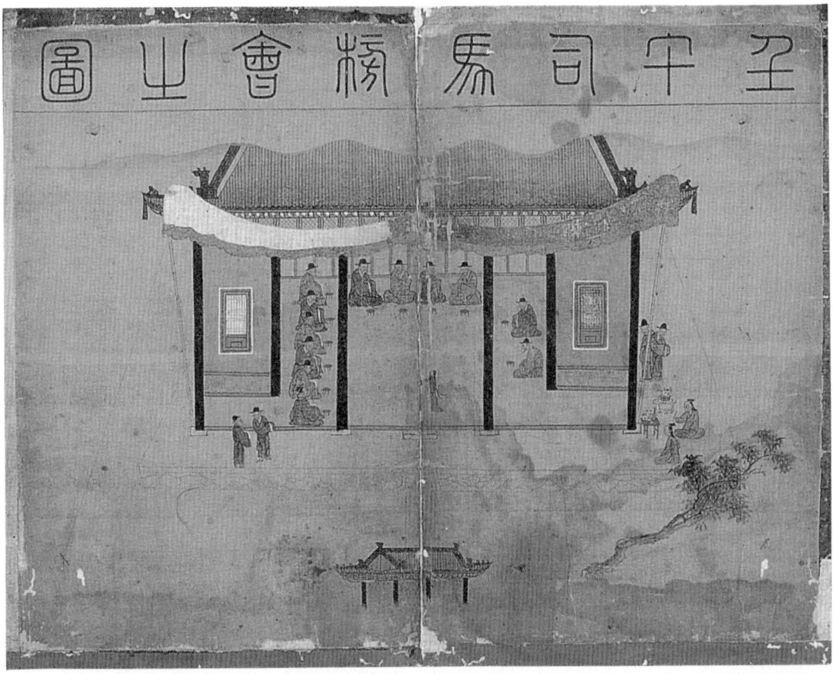

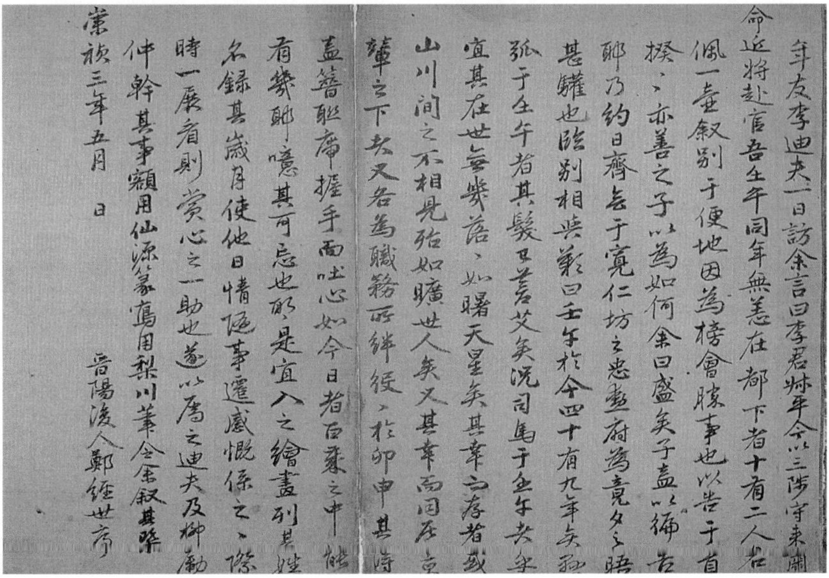

年友李迪夫一日訪余言曰李君炜年今以三陟守來闕
命近將赴官吾壬午同年無恙在都下者十有二人君
佩一壺叙別于便地因為榜會賸事也以告于首
揆ヽ亦善之子以為如何余曰盛矣子盍以徧告
聊乃約日齊會于寬仁坊之忠勳府為竟夕之晤
甚讙也臨別相與歎曰壬午於今四十有九年矣孤
孤于壬午者其髮已蒼艾矣況司馬于壬午者矣
宜其在世無幾落ヽ如曙天星矣其幸而存者或
山川間之不相見殆如曠世人矣又其幸而同在京
輦之下者又各為職務所絆絏ヽ於卯申其時
盍簪聯席握手而吐心如今日者百哀之中能
有幾耶噫其可忘也耶是宜入之繪畫列其姓
名錄其歲月使他日情隨事遷感慨係之ヽ際
時一展看則賞心之一助也遂以屬之迪夫及柳勵
仲幹其事額用仙源篆寫用梨川筆令余叙其際
崇禎三年五月 日
晉陽後人鄭經世序

「임오사마방회도」와 정경세의 서문, 종이에 엷은 색, 30.0×46.0cm, 1630.

「서경덕신도비명」, 한호, 36.0×24.0cm, 1585, 탁본, 수원역사박물관.

林陽故放圖」, 강세황의 「목란墨蘭」「묵죽墨竹」 두 폭, 작품명이 기
재되지 않은 정선과 조영석의 산수화, 그리고 작자미상의 그림
들이 있다.

앞에서 열거한 지도와 회화작품들 외에 유만주는 글씨에도 많
은 관심을 보이며 두루 감상했다. 그는 역대 국왕들의 필적 인쇄본
인 열성어필을 비롯해 김생, 안평대군 이용, 한호, 이광사, 강세황
등 조선시대 명필들의 비문과 필적을 두루 감상했다.* 유만주가
열람한 역대 서예가들의 글씨 중에는 친필본도 있었겠지만 한호의

---

* 유만주는 전반적으로 중국 서예에 관심을 많이 보였지만 우리나라 역대 명필가에 대한 단상
도 상당 부분 남겼다. 특히 안평대군과 이광사에 관한 기사를 종종 접할 수 있는데, 안평대군
을 두고 동방서법東方書法 중 제일이라고 하면서 글씨 품격이 절로 높고 진晉의 규범에 맞아 동
국東國의 본색을 크게 들어 중국에 놓았다고 하였다.(「흠영」 정유부(1777) 6월 26일)

人百世之師也然而

雖可以興起而不可

之跡未嘗及門則雖

子之教焉不可得以

曰不得聖人而為而

置諸屋簡朝而見暮而

思不忘千里相憶之情

則漠北之風光湖南之

景聚百花香雲卷山

莫不遭燒觸道博矣

所證諸雖以日月容臨

開眼界風搖根提一倍

增悵自救不暇反貽

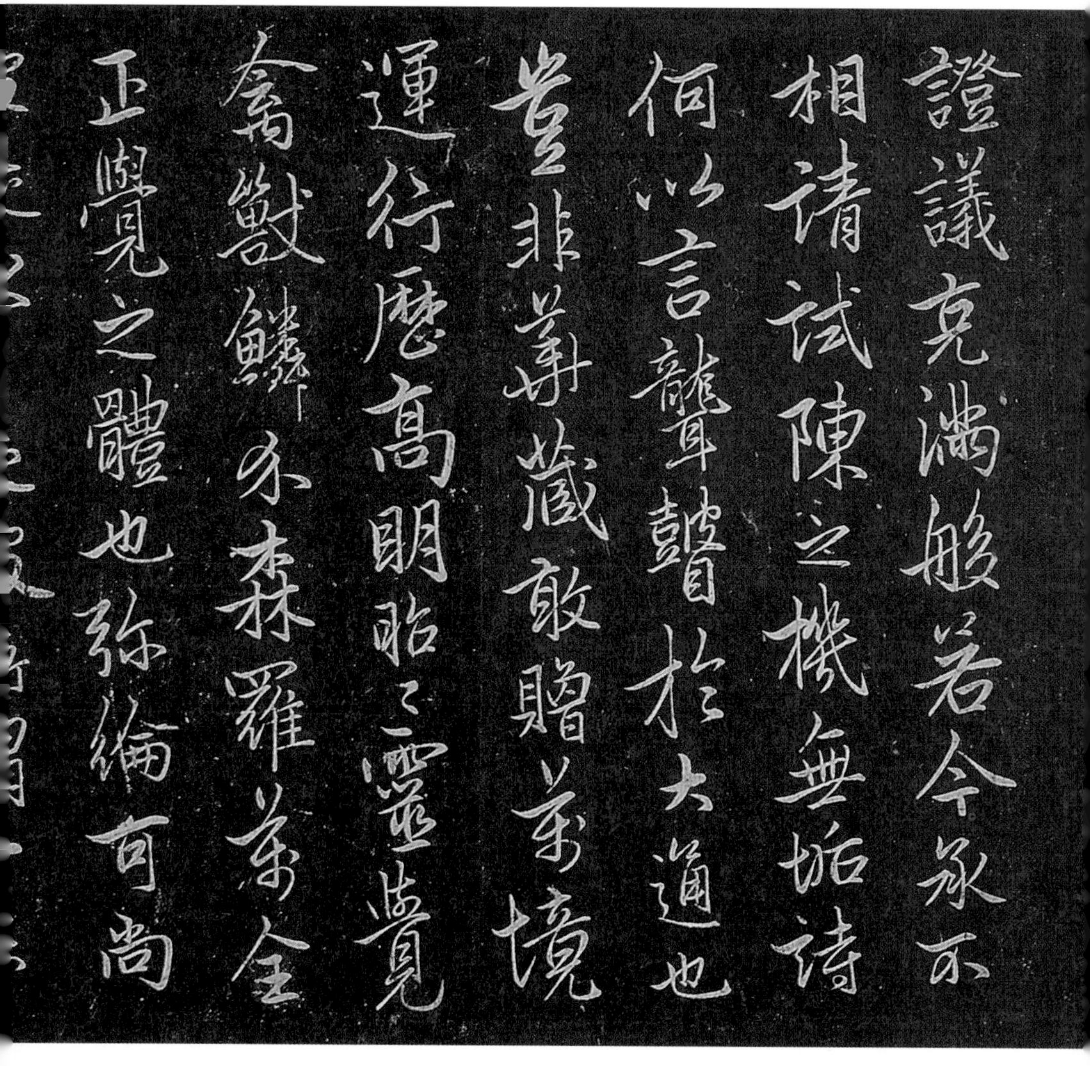

證議克潤般若令眔不

相請試陳之機無怗請

何以言離聲聲於大道也

豈非莘藏敢贈某境

運行歷高明昭之靈覽

禽獸鱗永森羅某全

正覺之體也弥綸百尚

「송엄상좌귀남서送儼上座歸南序」, 안평대군, 18.9×82.7cm, 1450. 1679년 복창군 이정의 모각본.

「전서」, 이광사, 비단에 묵서, 23.3×39.4cm, 18세기, 서울대박물관.

「서경덕신도비명」과 안평대군의 「송엄상좌귀남서」처럼 탁본이나 후대의 모각본도 포함되어 있었을 것으로 생각된다.

그는 민간에서 쉽게 접할 수 없었던 성종과 선조, 영조 등 역대 임금들의 글씨와 그림御筆도 보았다. 이는 17세기 이후 어필 간행과 반사頒賜(왕실에서 민간으로 하사함)로 인해 양반 사대부 집안에서도 어필을 접할 수 있는 분위기가 조성되었기 때문이다. 그러나 당시 어필이 유통되던 정황으로 보았을 때 유만주가 보았던 어필은 친필이 아닌 나라에서 석판이나 목판에 새겨 간행한 인쇄본이었을 가능성이 높다.

유만주는 문헌을 통해 역대 중국 회화에 대한 정보를 접하긴 했지만 명나라 서화가 심주沈周의 가짜 그림이 유통되던 상황을 기록한 글에서 암시되듯, 국내로 유입된 중국 그림에 대해 민감한 입장이었다. 따라서 그가 실제로 수집한 것은 진위가 불분명한 중국 그림보다는 명현들의 서첩이 다수를 차지했다. 그가 소장했던 중국 서예작품으로는 미불米芾(1051~1107)의 「천마부天馬賦」, 조맹부趙孟頫(1254~1322)의 「전적벽부前赤壁賦」, 이부광李溥光(14세기)의 글씨, 그 외 명·청대 묵적 등이 있었는데, 조선 후기 국내로 유입된 중국 필적은 묵적이 아닌 후대에 번각된 모각본이 대다수였다는 점에서 유만주가 수집한 이들의 글씨 역시 모각본이나 탁본이었을 것으로 추정된다. 북송의 서화가 미불, 원나라의 서화가 조맹부 등은 유려하고 고아한 왕희지의 글씨를 바탕으로 부드럽고 개성이 강한 필치를 구현한 중국의 대표적인 작가들이다. 유만주를 비롯한 후손들은 이들의 글씨를 특히 애호한 것으로 나타나는데, 그의 4대손 유길준兪吉濬(1856~1914)이 소장했던 미불의 『춘여첩春餘

英宗大王宸筆

賡尊先畫像

御製賜月山太君婦

溫溫玉質栗然縝密器範
自天璿儀表帥肅穆咸容
璠璵煥瑟藭藭往賢乾乾
終日孝以事親忠以作
臣履道無適尚德若人哲

「성종어필」, 「열성어필」(석각본), 36.0×27.5cm, 조선 후기, 한국학중앙연구원 장서각.

「경종어필景宗御筆」, 「열성어필」 수록, 목판본, 41.9×29.5cm, 1725, 경기도박물관. 청송 심씨青松沈氏 가문에서 소장했던 어필첩으로, 선조·인조·효종·현종·숙종·경종의 글씨를 돌에 새겨 찍어낸 것이다. 조선 후기에는 나라에서 어필을 간행하면 중신重臣들에게 나눠주었기 때문에 양반가에 전래될 수 있었다. 유만주가 본 역대 임금들의 글씨 역시 이와 같은 어필 인세본이었을 가능성이 크다.

諭副率金載海
君以經學博覽之
士為余僚屬教我
以立志為先躬行

為務徇⋮有序善
誘不倦將此文房
之具以表余誠
癸巳三月日題

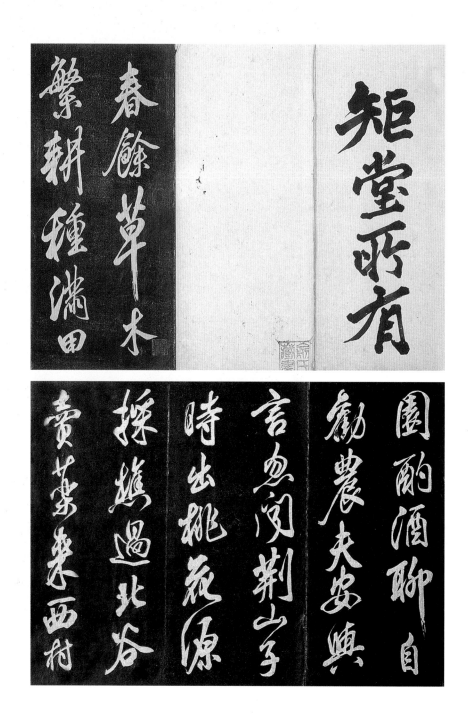

矩堂所有

春餘草木
繁耕種滿田

園酌酒聊自
勸農夫安興
言魚閑荊山子
時出桃花源
採樵過北谷
賣菜樂西村

『춘여첩春餘帖』, 미불, 석판본(모각본), 27.2×12.0cm.

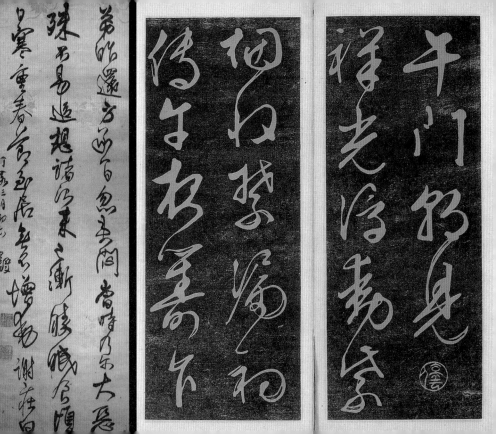

仙家養鶴　報寄来商　隱有猿知　時呼争如

『동기창서첩』, 동기창, 인쇄본, 26.3×17.3cm.
유한지가 모각摹刻한 동기창 서첩을 1915년 경성에서 간행한 인쇄본.

帖』을 통해서도 가문의 예술 취향을 엿볼 수 있다.

　유만주가 수집한 이러한 역대 중국 서첩들은 조선 후기 수장가들 사이에서는 이미 상당히 공유되었을 만큼 널리 알려진 작품이었다. 다만 유만주는 자신이 살던 때와 시기적으로 가까운 명·청대 묵적을 의식적으로 수집하고자 했던 듯하다. 그중에서도 부드럽고 유려한 행서를 구사한 문징명文徵明, 축윤명祝允明, 동기창董其昌을 비롯해 개성이 강한 초서를 잘 쓴 장필張弼, 왕탁王鐸을 특별히 선호했다. 특히 자유분방하고 파격적인 초서작품을 남겨 '광초狂草'라고도 불린 명나라 서예가 왕탁의 글씨를 매우 높이 평가했다.

「유척기 초상」, 비단에 채색, 37.0×29.1cm, 19세기, 일본 덴리대 도서관.
유만주의 증조부 유척기는 기재 유씨 인물들 중 금석학 분야에서 가장 두드러진 활약을 했다.
유만주는 유척기가 만든 금석록을 참조해 자신도 유사한 저록을 만들고자 시도했다.

「주희 지락재명朱熹 至樂齋銘」, 『기원첩綺園帖』, 유한지, 종이에 묵서, 25.1×18.2cm, 경남대박물관.

왕희지를 전범으로 삼은 서예작품을 선호한 유만주의 성향은 집안에서 대대로 문징명의 글씨를 소장했다는 점과 숙부 유한지가 동기창의 서첩을 모사해서 간행한 사례에서 알 수 있듯이, 명대 작가를 선호한 기계 유씨 집안의 취향과도 연관이 깊어 보인다.

• 금석문 수집과 서양화에 대한 경험

조선 후기의 대다수 수장가처럼 유만주도 명필들의 글씨를 두루 담고 있는 옛 비문에 커다란 관심을 보였고 이러한 취향은 거의 평생을 두고 지속되었다. 그는 집안에 소장하던 각종 탁본을 통해 서체 변천을 연구하거나 대표적인 비문의 내용을 필사하며 금석문에 관한 이해를 넓혔다. 유만주가 금석문에 대한 관심을 유지할 수 있는 데에는 종숙부 유척기의 영향이 컸다. 1781년 2월 14일자 일기에 따르면 그는 유척기의 『금석총목金石摠目』을 보고 자신의 금석 관련 저작인 『금석연감金石年鑑』의 범례를 정했다. 이러한 금석록을 편집하는 데 있어 우리나라 역대 고승高僧의 비문과 명필들이 쓴 비문, 그리고 조선 학자들 사이에서 두루 알려진 중국 비문이 수록 대상이 되었다.

『흠영』에 의하면 유만주는 고대 중국 비석의 탁본을 많이 모았으며 그중에서도 「예기비禮器碑」나 「조전비曹全碑」 같은 한대漢代 전서와 예서 비문에 집중했다. 이러한 한대 비문에 대한 유만주의 취향은 기계 유씨 인물 중 유만주의 당숙이자 서예가였던 유한지가 한대 금석문을 토대로 전아典雅하면서도 파책波磔(붓을 위로 튕기면서 떼는 방식)이 두드러진 전서와 예서풍을 유행시킨 사실과도 관련이 있다.

「조전비曹全碑」부분, 185년(후한後漢), 탁본.
조선 후기 서예가들이 많이 참조한 한 대漢代 비문碑文 중 하나.

유만주는 조선 후기 학자들 사이에서 서서히 알려지던 서양에 대해서도 인식하고 있었다. 그가 접한 서양에 관한 정보를 살펴보자.

1775년 1월 3일: 마테오 리치에 대해 기록

1776년 2월 27일: 마테오 리치의 『기하학원본幾何學原本』발췌

1776년 5월 11일: 서양식 「곤여도坤輿圖」를 봄

1779년 6월 28일: 마테오 리치의 『교우론交友論』인용

1779년 8월 11일: 서양국 지도를 봄

1779년 11월 1일: 지동설을 요약함

1781년 12월 13일: 서양에 관해 장문長文의 내용을 기록

1784년 윤3월 8일: 청나라에 다녀온 사람의 말을 듣고 서양과 조선,

「술타니에 풍경」, 『석농화원』수록, 피터 솅크, 에칭, 18세기. 유만주의 친구이자 의관이었던 김광국이 소장했던 서양 동판화. 유만주는 김광국이 만든 『석농화원』화첩을 접하면서 이 화첩에 포함되었던 유럽 동판화를 봤을 가능성이 있다.

베이징 천주교당에 관한 기록을 남김

1785년 6월 초7일: 숙부(유한녕俞漢寧)의 집에서 서양 지도를 봄

1786년 1월 25일: 김광국에게 외국 지도를 빌려봄

유만주는 마테오 리치에 대한 기록을 필두로 그의 『기하학원본』과 『교우론』을 접한 사실을 기록했고 1779년 11월에는 지동설을, 1781년에는 서양에 관해 장문의 내용을 기록했다. 또한 숙부 유한녕과 평소 친분이 있던 의관 김광국으로부터 외국 지도를 접했다. 유만주는 별도로 언급하지는 않았으나 그가 김광국을 통해 『석농화원』을 보았다는 점에서 이 화첩에 포함된 서양 동판화를

직접 봤을 가능성이 크다. 이 유럽의 동판화는 김광국이 1776년 연행 사절을 따라 북경에 가서 구입해왔을 가능성이 큰 작품이다. 관련 연구에 따르면 피터 셴크(1660~1718)라는 네덜란드 판화가의 그림이라고 한다. 유만주는 이 그림을 본 소감을 『흠영』에 별도로 남겨놓지 않았으나, 위의 몇몇 사례를 통해 보면 그가 접한 서양서라든지 서양식 지도, 서양화법으로 제작된 판화를 통해 조선을 벗어난 또 다른 이국적인 세계에 대해 인지하고 있었음에 틀림없다.

그러나 이러한 서양서나 서양화의 체험이 여전히 중국 중심의 세계관을 지니고 있던 그의 사고에 큰 변화를 가져온 것은 아니었다. 그는 천주학을 두고 '부모도 없고 군주도 없다無父無君'며 여전히 전통적인 인간관과 세계관을 견지했는데, 서양과 서양 지도에 대한 관심은 외래 문물이 서서히 유입되던 정조 연간에 그 직접적인 수혜자였을 서울 양반들이 서양식 세계관과 시각 체계에 대해 반응한 일면을 보여주고 있다.

"나의 문예가 이 책에 있다"

유만주는 『흠영』 곳곳에 자신이 이 책을 통해 무엇을 말하고자 하는지 남겨놓았다. 그것은 다름 아닌 자신의 존재를 문자를 통해 영원히 남기고자 한 불후不朽에 대한 갈망이었다. 그는 1786년 「정미부丁未部」를 시작하는 서문에서 "내 마음이 바로 이 책에 있고, 나의 행실이 바로 이 책에 있으며, 나의 말이 이 책에 있고, 나의 문예文藝가 바로 이 책에 있다"라고 하여 『흠영』이 개인의 일상 사를 적은 단순한 일기 차원을 넘어 저자의 총체적인 존재를 담은 분신과 같은 존재임을 피력했다. 이러한 관점에서 본다면, 『흠영』에 기록된 골동서화에 대한 긍정적인 태도, 많은 서화작품을 완상하고 수집한 일상 역시 유만주가 평생 동안 추구했던 치열한 독서만큼이나 큰 의미를 지녔던 것으로 생각된다.

서화 수집에 의의를 부여하며 완상과 수집에 몰두했던 그의 일상은 선조들로부터 물려받은 경제적 안정과 도시적으로 번화한 서울의 상권을 토대로 활발해진 서적·서화 유통에 따른 독서문화의 발달을 반영한 것이기도 하다. 이는 그가 평생 벼슬을 하지 않고 재야에 묻혀 살았음에도 서양 지도와 명·청대 서화론서를 접했을 만큼 중국을 통한 최신 문화 동향을 인지할 수 있는 토대가 되었을 것이다.

가능한 한 시대가 오래된 작품을 구하려 했던 것이 보통의 수장가들이 지녔던 성향인 반면, 유만주는 생존 시기가 가까운 근세 인물들의 작품을 수집하고자 했다. 이런 행위는 '옛것古'보다는 '지금今'에 더욱 가치를 둔 그의 문예관을 보여준다. 1777년 2월 5일자 일기에서 그는 "지금今이라는 것이 반드시 예스럽지古 않은 것이 아니며, 이른바 '속俗되다'는 것이 반드시 우아雅하지 않은 것이 아니다"라며 당대의 문화가 지닌 가치를 긍정적으로 평가했다.

유만주가 조선 후기 지배층의 핵심 가문인 노론 벌열가의 후예였다는 점, 그리고 기계 유씨와 서화 교류를 했던 반남 박씨, 경주 김씨, 의령 남씨 등도 당대 학예계를 주도한 가문이었다는 점에서 유만주의 서화 애호는 서울에서 거주한 양반 가문의 지적인 취미와 예술 취향을 대변해준다. 특히 『흠영』에 흩어져 기록된 북경에서 흘러온 중국 서적과 예술품, 금석탁본첩은 중국풍이 더욱 확산되었고 남공철南公轍(1760~1840)로 대표되는 19세기 초 서울지역 컬렉터들의 활동을 예고했다는 점에서 의의가 있다.

자신의 짧은 삶을 예견한 듯 유만주는 어느 누구보다도 살아 있는 동안 많은 일을 이루고자 했다. 그는 『흠영』뿐 아니라 『흠영내기欽英內記』『흠영외기欽英外記』『흠영외전欽英外傳』『흠영내전欽英內傳』『흠영총서欽英叢書』『흠영만선欽英漫選』『흠영여지대일통欽英輿地大一通』 등 대단위 서책을 편찬하기로 마음먹었지만 모두 수포로 돌아가고 오로지 『흠영』만이 유일한 저술로 전해지고 있다. 자식이 없던 그에게 분신과도 같았던 『흠영』을 통해 우리는 유만주라는 인물과 그가 경험한 18세기 서울의 생생한 모습을 만나게 된다.

6장

16세기 초, 경상도 도사로
보낸 1년의 시간

◉

황사우의 『재영남일기』

정호훈

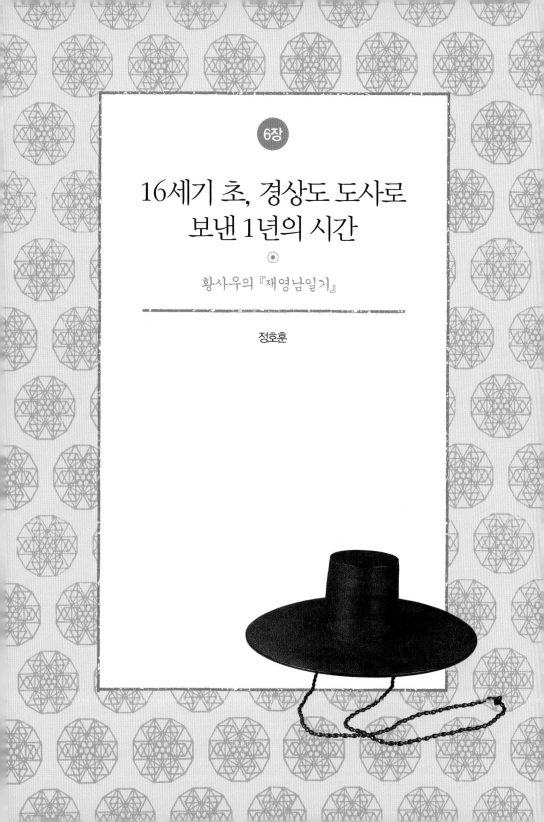

조선 관료가 남긴 가장 오래된 일기

『재영남일기』는 황사우黃士祐라는 관료가 관직생활을 하며 남긴 기록이다. 1518년(중종 13) 11월 17일에 쓰기 시작해 1520년(중종 15) 9월 8일에 이르러 마침표를 찍었다. 1년 10개월여의 시간이 여기에 담겨 있는 셈이다. 이 기간 황사우는 1년 동안 경상도 도사都事로 근무했고, 임기를 마친 뒤에는 서울의 중앙 관서로 자리를 옮겼으므로 일기에는 지방 관료와 중앙 관료로서의 생활이 두루 적혀 있다고 할 수 있다.

그렇더라도 일기의 주된 내용은 『재영남일기』 곧 '영남에 있을 때의 일기'라는 제목에서 볼 수 있듯, 도사 시절의 기록이 중심을 이룬다. 도사는 종2품관인 감사(관찰사)를 보좌하는 행정 관료로 품계는 종5품이었다. 이 관직은 감사의 막료로서 감사를 수행하며 그 업무를 보좌했고, 지방 정치의 최일선에서 일하던 군수나 현령·현감 등 수령들과는 성격을 달리했다. 도사 시절의 기록을 따라가며 이 시기 지방 제도의 운영과 지방관의 일상을 추적하고

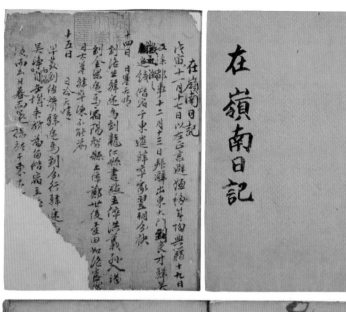

在嶺南日記

『재영남일기』, 황서우, 규장각한국학연구원.

재구성해보는 것도 의미 있을 것이다.

　이 일기의 원본은 현재 규장각한국학연구원에 1책의 필사본 (129장)으로 소장되어 있다. 원문은 초서로 적혀 있어 읽기 쉽지 않은데, 2006년 경북대 영남문화연구원에서 탈초하고 번역해 많은 사람이 편리하게 이용할 수 있게 되었다. 『재영남일기』는 현재 조선의 관료가 남긴 일기로는 가장 이른 시기에 작성된 것으로 알려져 있다.

　일기의 주인공 황사우(1486~1536)는 성종대에 태어나 중종대에 세상을 떠난 인물이다. 문물제도가 어느 정도 정비되긴 했지만 사화士禍가 여러 차례 일어나는 격변의 시기를 거치며 굴곡진 삶을 살았으리라 유추할 수 있다. 본관은 창원昌原이며, 자는 국보國輔, 호는 용헌慵軒이라 했다. 경상북도 영주 풍기에서 태어나 자랐다. 그의 묘소, 그를 제사지내는 사당이 지금 그곳에 있다.

　1507년(중종 2) 진사가 되고, 1514년 별시문과에 갑과로 급제했다. 1519년 1년 동안 영남에서 도사로 생활한 것을 제외하고는 대체로 중앙 관료로 근무했으며, 호조판서 우찬성 등 고위직까지 역임했다. 관로가 비교적 평탄했던 셈이다. 그는 당시 권신이던 김안로와 매우 친했는데, 당대 사람들 가운데 일부는 황사우가 그에게 '아부하여 고위직에 오르고 뇌물을 받고 벼슬을 팔아 치부하였다'고 여기기도 했다.

감사의 업무를 보좌하다

황사우가 영남도사로 임명받아 임지로 떠나는 시점부터 시작되는 『재영남일기』는 그가 1년 동안의 임기를 끝내고 중앙의 관직으로 옮겨오는 과정을 파노라마처럼 보여준다. 일기에 담겨 있는 주 내용은 감사—도사와 관련하여 일어나는 지방 행정의 갖은 모습, 지방에서 생활하는 관료의 일상, 지방에서의 관과 민의 움직임 등이다. 우선 그가 영남도사로 임명된 뒤 서울을 떠나 임지에 도착해 업무를 수행하는 노정을 따라가보자.

> (임금께) 삼가 출발 숙배肅拜를 올리고 동대문東大門을 나와 양재역良才驛에 도착하였다. 내가 떠나는 것을 섭섭해하여 따라 나선 오징지吳澂之와 함께 역 동편에 있는 역졸의 집에서 잤다. 다음 날 아침에 오징지와 아쉬워하며 헤어졌다.(1518년 12월 13일)

중종에게 숙배한 뒤 서울을 떠나는 장면을 담은 기록이다. 숙배는 임금에게 관직을 받은 이후 임지로 떠나며 인사를 올리는 것을 말한다. 네 번 엄숙하게 절하므로 이렇게 불렀다. 동료였던 오징지가 그를 따라와 하룻밤 자며 이별하는 모습에서 이 시기 사람들의 동료 간 우정을 엿볼 수 있다. 오징지가 누구인지는 지금으로선 정확히 알 수 없다.

서울을 떠나 처음 묵은 곳인 양재역은 도성에서 충청도, 전라도, 경상도로 가는 첫 번째 역이었다. 삼남 지방으로 나가거나 도성으로 들어오는 관리는 반드시 이곳을 거쳐야 했다. 양재역은 교

「양마도養馬圖」, 윤덕희, 종이에 엷은 색, 106.1×67.0cm, 고려대박물관

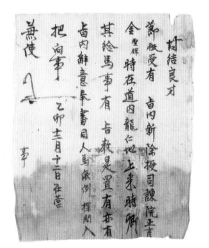

「감결甘結」, 27.0×21.5cm, 1735, 의성 김씨 제산종택. 1735년 12월 판찰사가 양재역에 버린 문서다. 사간원정언 김성탁이 용인에 있으므로 말을 버주라는 버용인데, 조선시대의 양재역은 말죽거리로 교통의 요지였다.

통의 요충지였다. 조선에는 양재역과 같은 역이 교통로상에 마련되어 있었다. 도성 이남으로는 양재역을 시발점으로 해서 30리마다 역을 두었고, 찰방·역승으로 하여금 관리하게 했다. 벼슬아치나 암행어사는 역에서 대기하고 있는 말을 징발할 수 있었고, 필요하면 다른 역에서 말을 바꿔 탔다. 역에는 벼슬아치뿐만 아니라 일반 백성들도 부근의 주막집에서 식사하고 잠을 잘 수 있었다. 양재역 일대를 말죽거리라고 했는데, 이는 아마도 이곳이 다른 어느 역보다도 말죽을 많이 먹여야 하는 거리였기 때문일 것이다.

양재역을 떠난 황재우는 1518년 12월 19일 정오에 선산부善山府에 이르러 감사에게 도착 인사를 했다. 선산이 감사의 본영이 있는 곳은 아니었지만 감사가 여기에 머물고 있었기 때문에 이곳으로 왔던 것이다. 그런 뒤 황사우는 곧바로 도임장到任狀을 작성해 발송하고 업무에 착수했다. 도임장은 임소에 도착했음을 중앙에 알리는 공문이었다. 하루 이틀 휴식을 취할 수도 있었건만 사정은 여의치 못했다.

황사우가 선산으로 내려가 감사를 만나고 이곳에서 업무를 시작한 것은 당시 지방 제도의 특성과 관련이 있다. 이 시기 감사의 행정활동은 감사와 수행 관원이 1년간 계속해서 예하 군현을 순력하는 방식으로 진행되었다. 쉼 없이 이동하며 공무를 봐야 했기에

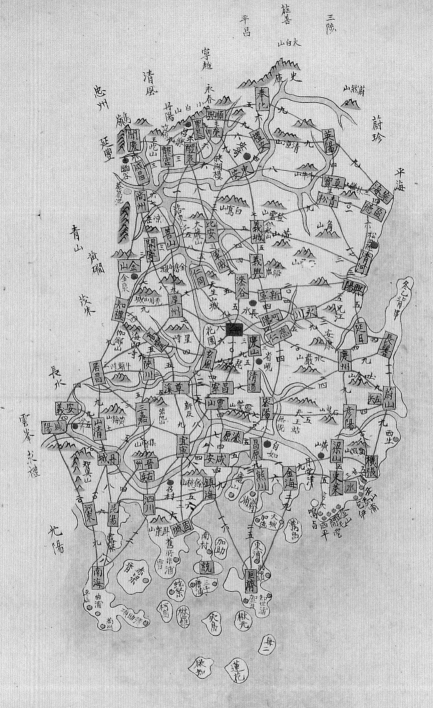

『경상도』, 『여지도』, 종이에 채색, 38.5×28.5cm, 19세기, 영남대박물관. 황사우가 근무했던 경상도 지역은 1519년 후반 좌우도로 나뉘었다가 다시 합쳐졌다.

결코 한가하거나 편안하지 않은 생활을 하는 것이 감사의 운명이었다. 이것은 특정 지역에 감사가 머무는 감영監營을 설치하고 이곳을 근거지로 도내 군현을 관할하는 17세기 이후의 모습과는 많이 달랐다.

감사가 순력할 때는 도사를 비롯해 심약審藥, 검률檢律과 같은 막료들이 수행했다. 도사는 감사의 업무를 보좌했다. 아감사亞監司 혹은 아사亞使로 불릴 정도로 주요한 직책이었다. 심약은 궁중에 헌납할 약재를 관리 감독하는 일을 맡았으며 검률은 법률 전문가였다. 이렇게 보면 임기 동안 끊임없이 순력생활을 하며 업무를 봐야 했던 감사 이하 막료들의 일상은 참으로 고달팠을 것이다. 동행하는 신분 낮은 일꾼들의 생활 또한 무척 힘들었으리라. 황사우가 선산에서 감사를 만나 바로 업무를 시작한 것은 그런 사정 때문이었다.

도사로 1년을 지내는 동안 황사우는 세 차례 2명의 감사를 보좌했다. 이는 일반적으로 겪을 수 있는 횟수보다 많은 셈이었는데, 그것은 이 기간 동안 감사의 정기 인사가 있었던 데다 경상도가 좌도左道와 우도右道로 나뉘었다가 다시 통합되는 큰 변화가 일어났기 때문이다. 좌·우도로의 분도分道는 1519년 후반 약 6개월 동안 시행되었다가 1520년 초부터 원점으로 돌아왔다. 경상도의 행정 구역 개편과 관련한 소동은 조광조 등 기묘사림己卯士林의 득세 및 실권과 연관이 있었다. 조광조 등은 이곳을 분도하려는 의지를 관철시켰는데 곧 일어난 사화로 말미암아 실각했다. 좌·우도 분도도 없던 일이 되었다.

황사우가 만난 감사는 한세환韓世桓(1518. 12. 20~1519. 4. 23)과

문근文瑾이었다. 문근은 처음에는 우도 감사(1519. 6. 24~1519. 12. 1)로 왔다가 다시 통합되면서 통합 감사를 역임했다.(1520. 12. 1~1520. 2. 29) 기묘사림의 일원이었던 문근은 기묘사화가 일어나자 이에 연루되어 옥사했다.

『재영남일기』는 감사가 임기를 마치고 떠날 때, 그리고 새로운 감사가 부임해올 때의 상황을 꼼꼼히 기록해두었다. 상관을 보내고 맞아들이는 공식적인 과정, 정든 사람과 이별하며 겪은 서운한 감정 등이 잘 드러나 있다. 먼저 감사와 작별하는 장면을 보자.

아침에 감사가 집무를 시작하며 빈다한 인사를 생략하고, 문거를 교부하였다. 문경현감이 들어와 마주하여 식사를 하였다. (…) 식사 후 감사가 출발하여 응암 용추에 이르러 혹 발을 씻으며 조용히 살펴보았다. 다시 말에 올라 관음원觀音院에 도착한 뒤 나는 찰방과 함께 감사를 전송하였다. 이별의 섭섭함을 감당할 수 없었다. 심약과 검률 또한 들어왔다. 문경현감은 봉물 진상 때문에 오지 못했다. 박정薄情함을 보여 떠나는 이를 편안하게 해주려고 우리 일행은 모두 뒤로 쳐졌다. 감사가 나도 돌아가라고 권했지만 나는 찰방과 함께 억지로 따라갔다. 비가 오는 가운데 감사가 거듭 말을 멈추고 만류하여 따라 갈 수가 없었다. 찰방과 함께 고개에 있는 관음원에 이르러 점심을 먹고 문경 관아로 왔다.(1519년 4월 23일)

'박정함을 보여 떠나는 이를 편안하게 해주려고' 일부러 감사와 멀어지는 장면, 비가 오는데도 헤어지지 못하고 거듭 머뭇거리는 모습에서 500여 년 전 조선 사람들의 심상을 엿볼 수 있다. 짐짓

정을 떼는 것이 정든 사람과 아름답게 이별하는 법인가? 떠난 감사는 그다음 날 충주에서 황사우에게 '오늘의 이별을 참으로 견디기 어렵다'는 내용의 편지를 보내왔다. 황사우 또한 "편지를 보고 이별의 심정을 견딜 수 없었고, 다음을 기약함에 매우 섭섭"해했다.(1519년 4월 24일)

신임 감사 문근은 1519년 4월 25일 도의 경계를 넘어왔다. 감사가 내려오면 도사, 찰방, 지방의 수령들이 도의 경계 지점까지 그를 마중 나오는 것이 관례였다. 한세환이 떠난 뒤 새로운 감사가 부임하는 과정을 일기는 이렇게 적고 있다. 지방의 관료들이 신임 감사를 맞이하는 것을 왕명을 받드는 일로 여기는 점을 눈여겨보게 된다.

아침 일찍 밥을 먹고 출발하여 고개 머리의 관음원에 이르렀다. (…) 정오에 신임 감사가 경계에 도착하였다. 나는 조복 차림으로 공손히 교서敎書를 맞이하였다. 찰방 등은 모두 흑단령 차림으로 앞에서와 같이 하였다. 뜰에 들어가 숙배를 드린 후 찰방 이하 관리들이 문밖에서 공손하게 맞이하였다. (…) 문경현에 도착하니 현감이 오리정五里亭에서 왕명王命을 맞이하였고, 각 관리가 공장公狀(수령 찰방 등이 감사 등을 만날 때 내는 자신의 관직명을 기록한 문서)을 가지고 오리정에 죽 늘어서서 인사를 드렸다. (…) 공무를 처리하다가 밤이 깊어서야 끝냈다.(1519년 4월 25일)

조선의 구심, 국왕의 존재감

16세기 초반 지방에서의 국정 운영을 속속들이 보여주는 『재영남일기』에서 중심을 이루는 것은 국왕에 관한 기사이다. 언급되는 분량으로 본다면 그리 큰 비중을 차지하지 않지만, 국왕은 곳곳에서 엄중한 위력을 갖춘 모습으로 나타난다. 이는 조선 사회에서 차지하는 국왕의 위상으로 본다면 당연한 일이었다.

국왕은 조선을 대표하는 존재였다. 국왕은 또 제사권, 입법권, 행정권, 군사권을 장악한 최고 권력자이기도 했다. 도성은 물론이고 조선 팔도에서 이루어지는 모든 정무는 국왕의 이름으로 행해지고 국왕의 명령으로 추진되었다. 지방에서 국왕은 부재하는 중에도 상존했다. 『재영남일기』에 나타나는 국왕의 모습이 그러하다.

먼저 새해가 되면 지방에서는 늘 새해를 축하하는 글賀箋文을 국왕에게 올리고, 국왕은 이에 대해 향香을 내렸다. 1519년 2월 2일의 일기, 1519년 11월 8일의 일기는 이를 잘 보여준다. 연말에 전문箋文을 준비해 담당자를 서울로 보내면 그가 해를 넘긴 뒤 국왕이 내리는 향을 받아서 감사가 있는 곳으로 왔음을 알 수 있다.

창원에 머무르다. 새해 축하 전문을 올리려 서울에 갔던 영천군수가 아침에 돌아왔는데 임금이 내린 향을 받아왔다. 감사와 여러 관원이 공손히 대문 밖에서 맞이하여, 들어와서는 숙배를 드렸다. (1519년 2월 2일)

아침에 전문에 관인을 찍었다. 정오에 전문에 절을 올리고 대문에서 전문 전달을 담당할 성주판관을 전송하였으니, 이는 관례다. (1519년 11월 8일)

전주객사, 보물 제583호. 조선시대 객사 중 하나로, 조선에서는 이곳에 왕을 상징하는 전패殿牌를 모시고 매달 보름에 대궐을 향해 예를 올렸다.

지방관은 또 매달 보름이면 망궐례望闕禮를 행했다. 이것은 국왕이 있는 서울 북쪽을 향하여 국왕의 건강을 빌고 충성을 다짐하는 예식이었다. 이 의식은 전패殿牌를 봉안한 객사客舍에서 치렀는데, 이를 매개로 국왕과 지방관은 결속을 굳게 할 수 있었다. 왕조국가 조선이 오랫동안 유지되며 탈 없이 작동한 데에는 이러한 예제가 크게 작용했다.

성주에 머무르다. 새벽에 망궐례를 행하였다. 여기에 참가한 사람들이 누각에 앉아 술을 한 순배 돌렸다.(1519년 6월 15일)

고성에 머무르다. 새벽 4시 무렵에 망궐례를 행하였다. 감사의 등에 종기가 나 사천으로 가려다가 멈추었다.(1519년 9월 15일)

한편 일기에서는 임금이 지진해괴제地震解怪祭에 쓰도록 향을 내려 보낸 사실도 적고 있다. 지진이 언제 일어났는지는 확인할 수 없지만, 경상도 지역에서 지진이 일어나 이를 중앙에 보고하자 정부에서는 관례대로 제사를 지낼 수 있도록 향을 내려 보냈던 것이다.

상산商山(오늘날의 상주)에 머물렀다. 아침에 병으로 나가지 못했다. (…) 지진해괴제에 사용하도록 임금이 하사한 향이 왔다. 나는 나가지 못했고, 감사와 여러 관속이 맞이해서 인사를 올렸다.(1519년 3월 3일)

지방관이 지진이 일어났다고 중앙에 보고하고 국왕이 이를 제사하는 향을 내려 보낸 것은, 지진과 같은 비상한 사태에 맞춰 행하는 제사를 일개 지방관이 임의로 한 것이 아니라, 국왕의 허락을 받아야 했음을 보여준다. 조선에서 제사를 주재할 수 있는 존재는 국왕이었으며, 지방에서의 제사는 그를 대리하는 행위였을 뿐이었다.

지진해괴제는 자연 재해나 기이한 현상 등 일상생활에서 접하지 못하는 비상한 일이 일어나면 지내던 해괴제의 하나였다. "금주金州에 지진이 있었다. 이때부터 지진이 발생한 지역에 해괴제를 지냈다"(현종 14년 5월조)는 『고려사』의 기사로 보면 해괴제가 고려 때부터 시행되었던 듯하다. 조선 초기의 사례로는 "동북면 길주 명간령의 잉읍암에 있는 돌이 종소리를 내며 울었다. 사신을 보내어 해괴제를 지내게 했다"(『태종실록』 권3, 태종 2년 1월 1일) 등을 확인할 수 있다.

조선에서는 이런 일이 생기면 해괴제를 올림과 동시에 이것은 하늘이 보내는 견고譴告라 하여 국왕이 근신했다. "이달 9일에 경성에서 지진이 있었는데 그 지진이 일어난 까닭을 생각해보니 잘못은 진실로 나에게 있으므로 매우 간절하게 두려움을 느낀다. (…) 무릇 모든 관직에 있는 자들은 더욱 그 직임에 충실하여 옥송獄訟이 지체되지 않게 하고, 억울함이 모두 해소되게 하여, 우리 백성의 억울함을 모두 제거하는 데 힘써서, 위로 하늘의 견책에 답하고 나의 수성修省하는 뜻에 부응하도록 하라"(『성종실록』 권274, 24년 2월 11일)는 성종의 발언은 이를 잘 보여준다.

향교를 감독하고 백성들이 슬피 호소하는 것을 듣다

감사와 도사의 생활에서 주요한 비중을 차지하는 것은 예하 군현의 순력巡歷이었다. 일기의 대부분은 이 일에 관한 내용으로 채워져 있다. 경상감사는 재임 기간 중 상주 본영을 중심으로 경상도 전역을 끊임없이 순행했다. 상주가 경상도 북부에 위치했던 까닭에 한번 길을 나서면 여정이 무척 길었다. 안동·진주 등 큰 고을에 가면 며칠 머물렀으며, 그 외 작은 군현에는 보통 하루나 이틀 정도 묵었다. 공식적인 순력 행차는 아니더라도 상주 인근, 감사의 연고지 등에도 감사는 자주 찾아 갔다.

감사의 군현 순력은 왕을 대리하여 관내의 수령 및 관료를 만나는 일이었다. 그 자체 엄한 성격을 띨 수밖에 없었는데, 감사 일행이 내려오면 군수나 현감 등은 오리정까지 나와 맞이했고 공무 수행에 대한 감독을 받았다. 1519년 7월 13일 대구에서 현풍현으로

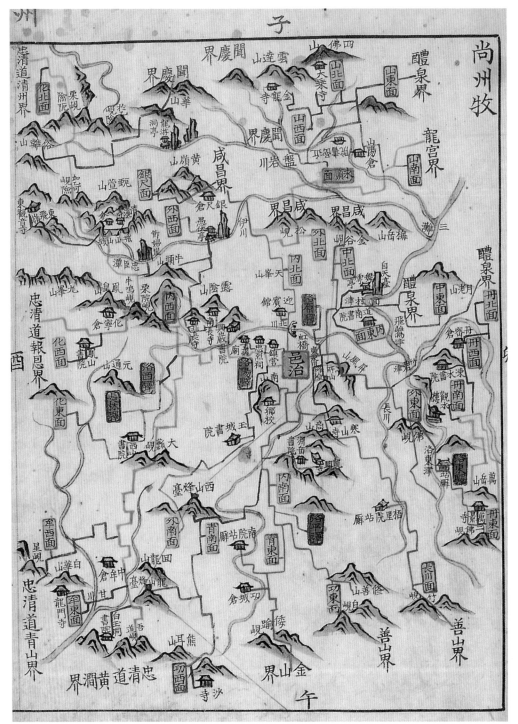

「상주」, 『영남지도』, 종이에 채색, 25.4×19.3cm, 18세기, 영남대박물관.
황사우는 감사와 상주 본영을 중심으로 경상도 전역을 순력했다.

이동했을 때의 상황이다.

새벽에 출발하였다. (…) 현풍현 오리정에 도착하니 현풍현감 박귀령은 아프다고 하면서 나오지 않았다. 초계군수 윤승서와 훈도 김승조, 창녕현감 변성과 훈도 김한망, 의령훈도 손윤창, 현풍훈도 성세거가 왕명을 맞이하였다. 예를 마치고 감사는 동헌東軒에서 집무를 시작하였다. 번다한 인사 절차는 생략하였다.

감사가 공무를 보는 장소는 동헌이었지만, 때에 따라서는 순력하는 지역의 경치 좋은 곳에 자리잡은 정자나 사찰의 불전佛殿을 택해 공무를 보기도 했다.("1519년 4월 8일. 흐리고 종일 안개. 정오에 감사는 불전에 앉아 공무를 처리하고 나 또한 참여하였다.")

감사 일행이 순력하며 처리했던 업무는 다양했다. 중요한 일 가운데 하나는 향교의 훈도와 유생에 대한 평가(이를 고강考講이라 했다)였다. 훈도는 향교의 학생을 가르치는 종9품의 교사였지만, 감사에게 그 능력을 평가받아야 했다. 향교 유생들의 실력은 군현의 전통이나 읍세를 반영하여 일률적이지 않았다. 못 하고 잘하는 곳이 뚜렷하게 구별되었는데, 경주부 학생들의 수준은 마치 성균관 유생들을 방불케 했던 반면, 거제 향교의 유생들은 시험 결과에 따라 매질을 당하기도 했다.

경주에 머무르다. (…) 향교에서 대성전大成殿을 배알하였다. 경주부윤과 교수가 다 함께 명륜당으로 들어와 술자리를 열었다. 유생 200여 명이 인사를 하는데 마치 성균관을 방불케 하였다. 경주부윤이 훌륭한

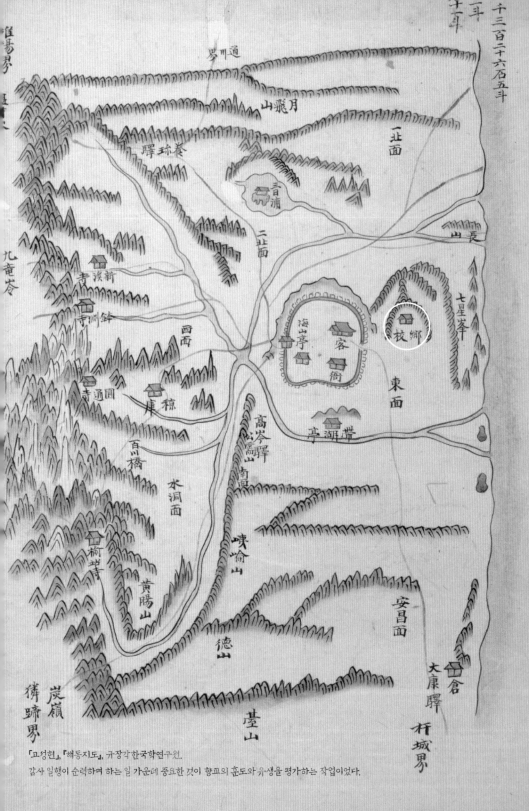

「고성현」, 『해동지도』, 규장각한국학연구원.

감사 일행이 순력하며 하는 일 가운데 중요한 것이 향교의 훈도와 유생을 평가하는 작업이었다.

선비였기 때문에 이와 같았다. 「구방심잠求放心箴」과 짧은 첨성대 시를 지어서 읽게 하고 유생들에게 음식을 크게 대접했다.(1519년 5월 9일)

거제에 머무르다. (…) 여러 유생을 고강하였다. 감사가 나에게 유생들에게 매질하고 의생醫生과 율생律生을 고강하도록 하였다.(1519년 9월 12일)

감사의 업무 가운데서도 가장 중요한 일은 수령, 찰방, 훈도 등 관리들의 근무 성적을 평가하는 것이었다. 조선에서는 이를 '포폄褒貶 등제等第'라 했다. 이 일은 해마다 두 차례씩 시행했으며, 이때 상·중·하 3등급으로 주어지는 근무 성적은 지방관들의 인사이동을 좌우하는 중요한 근거였다. 그런 만큼 감사의 근무 평정은 공정해야 했고, 평가를 받는 자의 처지에서는 긴장을 늦추지 못하며 더 좋은 성적을 얻고자 애썼다. 감사와 도사는 이 평가가 끝나면 긴 시간 휴식을 취했는데, 황사우는 1519년 전반기 포폄을 끝낸 뒤 풍기 백동의 집에서 보름 가까이 쉬었다.

진주에 도착하니 진주목사, 소촌찰방, 하동현감, 곤양군수, 남해현령 등이 왕명을 맞이하였다. 예를 마치고 함께 영접했던 여러 수령이 포폄에 급급해하며 돌아가려 하지 않았다. 환정奐政 때문이었다. 감사는 촉석루에서 집무를 시작하였다. 감사는 남해군수에게 『경국대전』을 고강하고 여러 수령이 만나자는 청은 보류하였다.(1519년 6월 25일)
(선산에 와 머무름) 새벽에 감사가 집무를 시작하여 관리들의 춘추 포폄을 결정하였다. 좌도와 우도를 아울러 상上이 8명, 중中이 3명, 찰방은 중中이 1명, 훈도는 하下가 16명이었다. (…) 봉함을 마치고 서울로

「진주지도」, 종이에 채색, 80.0×122.0cm, 19세기 중반, 규장각한국학연구원.

「게본謄本」, 69.0×55.0cm, 1822, 국민대박물관. 감사의 업무 중 가장 중요한 것은 관리들을 평가하고 성적을 매기는 일이었다. 여기 게시된 문서는 순조 22년 평안도감사 김이교가 관내 목사, 군수 등 지방판들에 대해 성적 평가를 하고 그 결과를 보고한 보고서이다.

보냈다.(1519년 7월 17일)

감사의 군현 행차는 지방민들에게는 고통과 억울함을 호소하기에 더없이 좋은 기회였다. 지방민들은 감사 일행이 오면 현감과 향리들의 비위 비리를 고발하기도 하고, 또 멀리 산 위에서 그들의 요구를 호소하기도 했다. 감사의 처지에서 순력은 백성과 소통하는 시간이었다. 황사우의 일기에는 이런 일들이 여러 차례 나온다.

풍기에 머무르다. (…) 비안현 사람들이 '현감은 집 지을 기와를 숨겨두었으며, 향리 우두머리는 사람을 때려 죽여놓고도 태연하다'고 고발해옴에 따라 감사가 두 사람을 심문하여 사실로 확인하고 수감하였다. 비안현감이 성을 버려 사직서를 올리기에 장계를 올려 조정에 알리고 파직하였다.(1519년 3월 19일)

정오에 병영兵營(창원)에 이르니 새로 부임한 병사 김극성이 서울에서 막 도착해 있었다. (…) 병사가 문지기를 시켜 민원 서류를 올리지 못하도록 하였는데, 어떤 사람들은 멀리 보이는 산 위에서 슬피 호소하므로, 부득이 잠깐 시간을 버어 공무를 처리했다. 그러나 이는 다른 곳에 비하면 10분의 1에 불과했다.(1519년 1월 28일)

위의 일기에서처럼 백성들이 산 위에서 큰 목소리로 억울함을 호소하는 것은 조선에서 흔히 있었던 일로 '산호山呼'라고 불렀다. 호소의 형식을 통해 자신들의 의견이나 억울함을 온 세상에 알리는 방법이었다. 창원에서 겪은 이 일이 다른 곳에 비해 10분의 1에 불과하다는 기록에서, 감사의 순력을 계기로 민원을 적게 제기하고 해소하려 했음을 알 수 있다.

중앙에 올려보낼 책을 찍어내다

감사가 하는 일 가운데 언급할 만한 또 다른 일은 서적 간행이었다. 조선의 문화적 특질 가운데 하나로 국가·사회가 필요로 하는

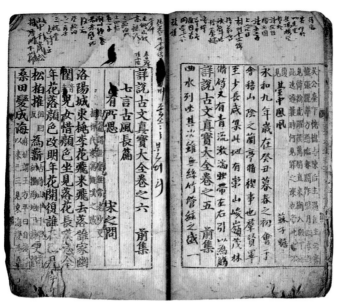

『상설고문진보대전』, 33.0×21.0cm, 1450, 삼성미술관 리움. 『고문진보』는 황사우가 영남지역에 근무하는 동안 펴냈던 책 중 하나였다.

서적을 국가에서 간행하여 적극 보급했던 점을 들 수 있다. 이를 맡았던 주무 관서는 중앙의 교서관이나 지방 관청이었다. 일기는 황사우가 근무할 동안 있었던 서적 간행의 관행을 생생히 보여준다. 이에 따르면 이 시기 영남에서 간행한 책은 『성리대전性理大全』 『문선文選』 『고문진보』 『연명집淵明集』 『산곡집山谷集』 등이었다. 이때 『산곡집』을 제외하고는 모두 기존의 책판을 활용해 새로이 책을 인쇄했던 모양이다. 일기는 책 출판에 소요되는 종이 분량, 인쇄와 관련된 여러 군현의 역할 등에 관한 내용을 자세히 기록했다. 특정 군현에서 인쇄에 필요한 종이를 공급하고 책판이 있는 군현에서 이를 활용해 책을 찍어내는 것이 관행이었음을 알 수 있

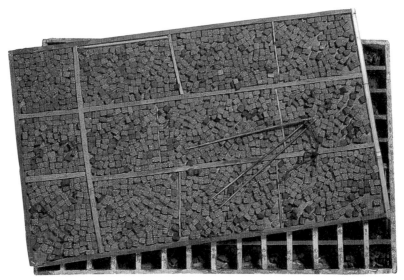

목활자·상자, 느릅나무, 66.0×39.5cm·67.0×43.0cm, 19세기, 온양민속박물관.

다. 종이를 부담하는 군현과 인쇄를 담당하는 군현이 서로 달랐던 것이다.

> 화산花山에 종이를 보냈다. 『성리대전』을 인쇄하려고 해서이니, 227첩이나 된다.(1519년 9월 1일)

> 진주에서, 영주에서 보내온 책지冊紙 118묶음 중에서 86묶음은 『문선』, 30묶음은 『고문진보』, 2묶음은 『연명집』 인쇄용으로 공방에 주었다.(1519년 11월 15일)

송대의 문인 산곡山谷 황정견黃庭堅의 문집인 『산곡집山谷集』은 중앙에서 명령을 내려 새로 간행하도록 한 책이었다. 내용을 교정하는 일, 새로이 목판을 만드는 일, 종이를 가지고 인쇄하는 일 등

책 간행에 필요한 모든 공정이 감사의 지휘하에 추진되었다. 다음은 황정견의 문집 간행 기록이다.

(조정에서) 경상도에 황산곡의 문집을 내려주어 간행하도록 하였다. 도호부인 상주·대구·안동·진주 네 곳을 선정하고 아울러 차사원差使員을 정해 친히 교정하게 하였으며, 각 관청의 각수刻手들에게 맡겨 일을 하도록 하였다.(1519년 3월 4일)

16세기 초 경상도에서의 도서 간행을 맡은 주요한 곳이 상주·대구·안동·진주 등 도호부였음을 알 수 있다. 이들 지역은 역사가 오래되고 읍세가 좋은 곳으로, 새로운 책을 간행할 일이 있으면 늘 이를 전담했던 것으로 보인다. 16세기 말 허엽이 경상감사로 있으면서『경민편』을 다시 펴낼 때도 이 네 곳을 활용했다.

서울과 지방의 소통
기별을 통해 중앙 정치의 소식을 듣다

집권 체제로 운영되었던 조선에서 국왕과 조정이 머무르는 중앙이 조선 사람들에게 미치는 영향력은 거대했다. 국정 운영에 필요한 조치와 명령, 지방관의 임용과 인사이동에 관한 일이 모두 이곳에서 결정되고 지방으로 하달되었다. 중앙 입장에서 본다면 이러한 일들이 지방으로 신속하고도 정확하게 전달되고 전파되는 것은 매우 중요한 문제였다. 지방의 처지에서도 서울로부터 오는 소식은 무척 중요했다. 나라 안팎에서 일어나는 일과 정보가 그 속에 다 들어 있기 때문이었다. 서울의 소식은 지방과 중앙의 소통을 가능하게 하고 지방을 변화시키는 주요한 요소였다.

『재영남일기』에서 서울 소식을 접하는 방식은 다양했다. 우선 서울에서 사람이 직접 내려와 필요한 내용을 전달할 때가 있었다. 1519년 6월 15일자 일기는 "사간원 서리書吏가 정언 김대유에게 전하는 유지有旨를, 형조의 서리가 경상좌도의 감사에게 전하는 유지를 가지고 함께 왔다가 각각 돌아갔다"는 사실을 적고 있다. 유지는 국왕의 명령서였다. 중앙 관청의 실무자인 서리가 직접 유지를 가지고 와서 당사자에게 전했음을 알 수 있다.

서울에서 오는 또 다른 소식 통로는 '기별奇別'이었다. 『재영남일기』에는 기별 이야기가 여러 차례 나온다. 기별은 고려시대와 조선시대 중앙 및 지방 관서에 발하는 일체의 통신문을 가리켰다. 여기에는 조보朝報·저보邸報·통문通文 등 여러 가지가 있으나 대개는 조보를 가리켰다. 곧 기별이 조보이고 조보가 기별이었다. 조보를 필사하는 서리를 '기별서리奇別書吏'라 하고, 이를 전달하는 군사를 '기별군사'라 하였다.

조보는 조지朝紙·난보爛報라고도 하였는데, 승정원에서 매일 국왕이 재가한 법령이나 교명敎命, 그 외 공지 사항들을 수록해 내외·대소의 각 관아에 통지하는 일종의 관보官報였다. 이는 고려 때부터 작성되었고 조선에 와서는 더욱 발달했다. 조보는 조선 초기에 예문춘추관에서 작성하여 배부했고, 세조 때부터는 이를 승정원에서 담당했다. 지방에 보내는 조보는 대개 5일 치를 묶어 한 봉투에 넣어 발송했다.

『재영남일기』에 나오는 '기별' 하나. 연회에서 여악을 혁파한다
는 조정의 결정이다.

(이날은 성산星山에 머무르고 있었음) 아침에 이응물李應物의 처소로 가
서 이른 식사를 하였다. 성주목사와 교수도 합석했다. 식사 후 감사가
집무를 시작했다. 이응물이 들어가 뵈니, 술자리를 베풀었다. 이때 여
악女樂을 혁파했기 때문에, 각 관청의 창기倡妓들이 법에 구속되어 오
지 못했다. 이응물이 먼저 이 기별을 가지고 왔는지라 서로 더불어 놀
리는 말을 하였다. 남은 봄을 안타까워하며 꽃의 신花神의 강림을 기
원하며 한껏 즐긴 뒤 끝마쳤다.(1519년 2월 15일)

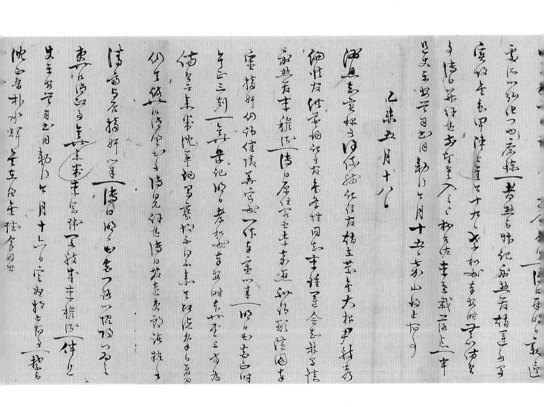

이응물은 홍문관 수찬 직에 있던 인물로, 1519년 2월 14일에 제사 때문에 성산에 와서 머물고 있었다. 일기는, 그가 내려올 때 '여악을 혁파하라'는 내용을 담은 기별을 갖고 왔고, 이 때문에 관청의 창기들이 참가하는 여악을 즐기지 못했다는 사실을 담고 있다.

기별을 통해 얻어 들은 서울 소식에서 정점을 이룬 것은 기묘사화에 관한 이야기였다. 황사우와 지방 사람들은 1519년 11월 말 기별을 통해 이 사건을 알게 되었다. 일기는 기별의 내용을 매우 상세히 적고 있다. 이때 감사였던 문근은 기묘사림의 일원이었는데, 그로서는 참으로 놀랍고 또 불리한 소식이었다. 일기는 기별을 보고 비탄에 잠기는 감사와 황사우 등의 모습도 생생하게 전해준다.

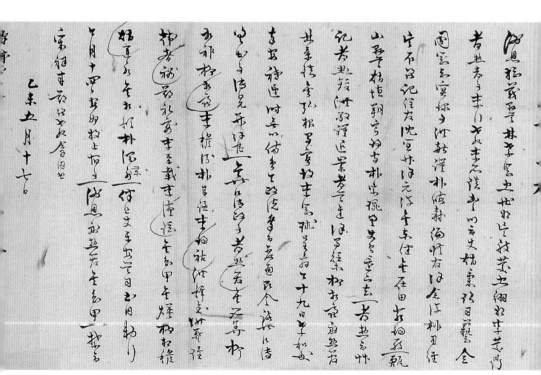

「조보朝報」, 종이에 먹, 36.0×482.0cm, 1895, 순천대박물관. 승정원에서 장흥부사에게 보낸 조보로, 조선시대 조보의 한 양식을 볼 수 있다. 지방 관리들은 특히 조보를 통해 서울의 기별을 들을 수 있었다.

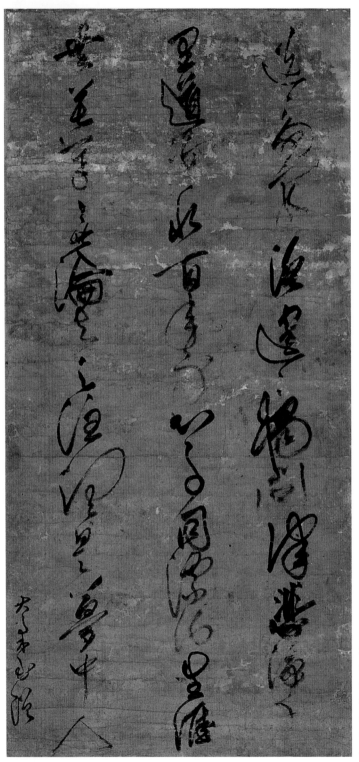

「김구진묵」, 98.7×47.6cm, 보물 902-1호, 1519, 중재박물관. 문신이자 조선 4대 명필 중 한 명인 김구가 친벌이 기묘사화와 관련돼 외직인 삼척부사로 나가자 이별시를 써준 것이다. 김구 역시 기묘사화에 연루되어 유배를 가게 되는데, 황사우는 기묘사화에 관한 소식을 기별을 통해 들었다.

함안군에 머무르다. (…) 서울 기별을 보고 정국공신靖國功臣을 개정하여 모두 29명만 남겨둔 것을 알았다. 대간이 '공이 없는 사람이 공신 명부에 들어가 공신 책봉은 허위다'라고 했기 때문이다. 저녁에 창원 부사가 서울 기별을 봉해서 말을 달려 보내왔다. 내용은 '이달 16일 자정 무렵에 전교하기를 김정, 김식, 조광조, 김구 등을 변방에 안치하고 박세희, 박훈, 기준 등은 곤장 100대를 치고 고신告身을 추탈하라'는 것이었다. 나는 이 소식을 듣고 감사의 방으로 가서 술을 마셨다. 방으로 돌아와 어제 함께 잤던 사람과 취하도록 마시고 같이 잤다.(1519년 11월 24일)

개령에 머무르다. 서울 기별을 보다. 11월 22일자 전교가 실렸다. '이들은 (…) 조종의 법도는 지킬 것이 못 된다고 하고, 원로의 말은 쓸 가치가 없다고 하며, 후배들을 유인해서 파격한 언행이 버릇이 되도록 하고, 일을 의논할 때 조금이라도 다른 견해가 있으면 극구 배격하고 막아 상대를 꺾고 자기를 따르게 하니, 국론이 뒤집히고 정치가 날로 잘못되었다.' '조광조 등은 멀리 변방으로 귀양보내고, 박세희·박훈 등도 귀양보내라.' '향약鄕約 시행을 중지하라.'(1519년 12월 1일)

11월 24일자 일기는 공신을 개정하자는 조광조 세력의 노력이 성공했다가 반전을 거듭해 그들이 세력을 잃는 상황을 동시에 신고 있다. 공신 개정 명령은 기묘년(1519, 중종 14) 11월 11일(신축)에 내려졌으므로 지방에서 이 소식을 들은 시점은 열흘도 더 지난 뒤였다. 시차는 있었지만 어쨌든 지방민들에게 기별은 대단히 중요한 소식의 통로였다.

서울에서 오는 또 다른 소식 통로는 재경在京 영리營吏의 보고였다. 서울에서는 각 지방에서 파견한 영리가 해당 고을의 업무를 보고 있었는데, 이들은 정기적으로 서울 소식을 전했다. 1519년 3월 30일자 일기에는 새로운 감사의 도착을 알리는 내용이 적혀 있다.

의흥현에 도착하다. 아침에 경재소京在所 영리가 보내온 보고서에 새로 부임하는 감사가 보름께 출발했다고 한다. 감사는 당초 대구 쪽으로 가려고 하다가 이 소식을 듣고 군위로 향하였다.

이 기록에 나오는 경재소는 특정 지역을 관장하는 서울 소재 기구로, 지방에 있는 유향소에 대응한다. 『경국대전』에는 이 기구에 대한 규정이 나와 있지 않지만, 중앙과 지방을 연결하고 또 국가가 지방을 통제하는 데 매우 중요한 역할을 했다. 이 기구는 임진왜란이 끝난 뒤인 17세기 초반에 완전히 사라졌다.

시 짓기, 양반의 교양

16세기 전반 조선 사회에서 양반으로 산다는 것, 특히 관료가 된다는 것은 최고의 지식과 학식, 교양을 갖추었음을 뜻했다. 이들은 오랜 시간 공력을 들여 책을 읽고 문장을 익혔으며, 치열한 경쟁을 거쳐 관료로 입신했다. 근무지에서 혹은 일상생활에서 이들이 드러내는 지적 수준은 다양했다. 『재영남일기』는 이 시기 관료들이 지니고 있던 교양의 모습을 여러 각도로 보여준다. 지방관

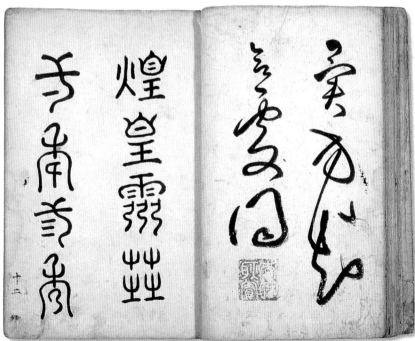

『시문詩文』, 종이에 먹, 21.8×15.5cm, 18세기 중반, 순천대박물관.
서첩에는 여러 시문이 모두 29장에 걸쳐 쓰여 있는데, 조선시대 양반들은 대개 시적 교양을 갖춰 서로 주고받았고
책으로도 엮었다.

혹은 양반의 교양에서 반드시 갖추어야 할 것은 무엇이었을까? 일기에서는 이것이 시짓기였음을 알려준다.

황사우는 여러 차례 시를 지어 일기에 실었다. 그런데 그의 시 대부분은 다른 사람이 이미 읊은 시에 차운次韻하여 화답하는 형식으로 지어졌다. 이것은 특정 운자韻字에 맞춰 응대하는 시짓기였는데, 여기에는 시재詩才도 시재거니와 무엇보다 순발력이 필요했다. 이 시기 시를 잘 짓는 것은 지방관 혹은 양반으로 살면서 남들에게 밀리지 않고 잘 어울릴 수 있는 주요한 기반 중 하나였다. 1519년 4월 26일 문경 향교에서의 경험은 이러한 모습을 보여주는 한 사례다.

문경 향교에서 시를 지은 것은 훈도와 유생을 고강한 뒤 문루에 걸려 있는 김안국의 시를 보게 되면서였다. 김안국의 시는 일기에는 원문이 나와 있지 않지만 그가 이곳에서 감사로 지내던 1517년(중종 12) 각 군현을 순력하며 교생들에게 『소학』 공부를 열심히 하도록 권면하면서 지은 것이었다. 이 시를 감사가 보고 차운하여 먼저 시를 짓고 황사우에게 이어서 짓기를 권했다. 감사의 시다.

오래된 잣나무 늘어선 곳 공자 사당 엄숙하니	古栢森森聖廟嚴
산중에 옷깃 여미고 기쁘게 우러러보네	山中襟佩亦欣瞻
원컨대 그대들 삼여三餘*에 다시 힘을 쏟아	願君更着三餘力
수신 성찰하는 공부 나날이 더하기를	修省工夫日日添

* 독서하기 좋은 세 가지 한가로움.

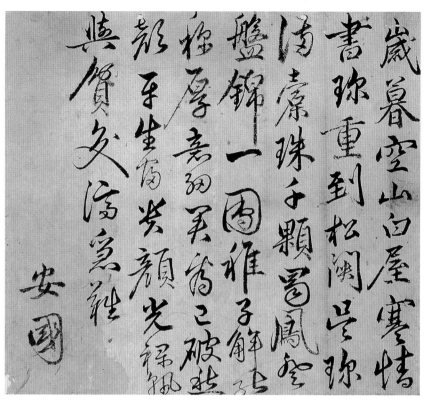

「시고詩稿」, 김안국, 27.0×31.7cm, 16세기, 성균관대박물관. 16세기의 주요 문신이자 유학자인 김안국은 각 향교에 『소학』을 권해 윤리 교육에 힘쓰고, 병조판서를 지낼 때에는 천문·역법·병법을 전장하기도 했다. 이 글씨는 왕희지와 조맹부의 필법에 넓은 도향을 반영하고 있는데, 조선 사대부는 시짓기 실력을 반드시 갖추고 있어야 했다.

김안국의 시에서 엄嚴·섬瞻·첨添의 운에 맞춘 작품이었다. 황사우로서는 "사양할 수 없어" 어쩔 수 없이 지었는데, 이 시가 마음에 그리 들지는 않았던 모양이다. 나중에 이 시를 현판으로 작성하여 문루에 건다는 이야기를 듣고는 "이런 시를 현판으로 걸었으니 우습다"며 자조하기도 했다. 황사우의 시다.

| 학문은 모름지기 바르고 또 엄하게 | 爲學要須正且嚴 |
| 공부 이르는 곳 문득 앞을 쳐다보네 | 工夫到處忽前瞻 |

주자학의 먼 물줄기를 찾아보려 하거든 　　　　　　　欲尋濂洛流波遠

더욱 마음속에 고요한 경지 더해야지 　　　　　　　更向心源靜地添

잦은 병치레, 객고

　황사우의 도사생활은 편안하지 않았다. 가족과 멀리 떨어져 혼자 사는 데다 끊임없이 움직여야 하는 힘든 일정은 늘 그의 건강을 위협했다. 자주 몸살을 앓았으며, 열증을 얻기도 했다. 또 몸에 종기가 생기는 일도 잦았다. 앓으면 쓸쓸하고 외로운 법이지만, 크게 앓으면 고향의 부모님을 찾아 요양하기도 했다. 황사우가 외직으로 나온 것은 부모 봉양이 한 이유였는데, 질병은 부모님께 근심을 더할 뿐이었다. 1519년 3월 3일 상산商山에 머무르며 오랫동안 앓았던 황사우는 고달픈 마음을 시로 적어 풍기의 동생들에게 부치고 이를 일기에 적어두었다.

객지에서 병든 몸 청명절 지나가네 　　　　　　　　客中病裏過清明

상산에는 꽃 만발한데 떠도는 자식의 마음 　　　　　　花滿山城宕子情

부모님 모시려 도사 자리 구했건만 　　　　　　　　欲養雙親求幕佐

걱정하는 마음 도리어 서울에 있을 때와 다름없네 　　阻悶還如在王京

　일기에는 여러 사람이 질병으로 고생하는 모습이 적혀 있곤 한데 가장 흔한 것은 종기였다. 영양이 부실한 데다 과로가 겹치면 잘 생기는 이 종기를 지방관들은 자주 앓았다. 종기가 심해지면 아무런 일도 못 하고 쉬어야 했기에 이 병은 여러모로 골머리를 썩혔다. 이때 종기를 치료하고자 주로 썼던 방법이 거머리침이었다. 이 치료법은 달리는 질침법蛭鍼法으로도 불렸는데, 거머리蛭를 환자의 환부에 대어 고름을 빨아먹도록 해서 종기를 다스렸다.

고성에 머무르다. 새벽 4시 무렵에 망궐례를 행하다. 감사의 등에 종기가 나 사천으로 가려다가 멈추다. 나도 몸이 피곤하고 기운이 가라앉아 자금단紫金丹을 먹었다. (…) 감사의 등에 난 종기에 거머리침을 놓았다.(1519년 9월 15일)

철성에 머무르다. 감사의 종기 독이 풀리지 않아 사천으로 가는 것을 중지했다. 감사는 종일 거머리침을 놓았다. 거머리침을 놓는 방법은 이렇다. 짧고 둘레가 큰 대나무통에 그 한쪽을 막아서 물거머리를 많이 담고 또 물을 채운 다음, 그 대나무통을 종기 부위에 맞춰 댄다. 그러면 통 안의 거머리들이 모두 종기에 붙는데, 배불리 먹은 것이 먼저 떨어진다. 그렇게 하면 큰 수고를 하지 않고도 나쁜 피를 뽑을 수 있다. 통에 물을 채우는 것은, 물이 없으면 종기 부위에 열이 나서 거머리가 붙지 않고, 물과 거머리를 함께 종기 부위에 닿도록 해야 종기 부위가 물 때문에 열이 버려가며 거머리가 붙기 때문이다.(1519년 9월 16일)

등에 종기가 난 감사가 거머리침으로 이를 치료하는 장면이다. 사천 일대를 순력하는 길에 등에 난 종기 때문에 움직이지도 못한 감사는 여러 차례 이 방법을 시술했으며, 이해 9월 28일, 병이 어느 정도 치유될 때까지 진주에 머물러야 했다. 감사가 병이 나면

도사인 황사우가 감사의 업무를 대신하기도 하고, 움직임을 멈추고 쉬기도 했다.

거머리침은 동서양을 막론하고 오래전부터 의술에 사용된 '거머리 요법'의 하나다. 거머리를 이용한 치료가 고대 이집트 파피루스에 기록되어 있고, 히포크라테스가 거머리를 사혈에 이용했다는 기록도 있다고 한다. 『동의보감』에도 '거머리 침법'이 나온다. 거머리는 궤양 부위의 죽은 피만 빨아 빼내는 것이 아니라 히루딘이라는 특별한 물질을 내어 치료를 촉진한다고 한다. 거머리의 침샘에 있는 이 성분이 환자의 혈관으로 들어가면 혈액순환 촉진, 염증치료, 미세혈관 및 조직 재생 등에 효과를 발휘한다는 것이다. 미국과 유럽연합은 이런 사실을 인정하여 2004년 거머리 요법을 공식 승인했다. 『재영남일기』는 조선에서 일상적인 종기 치료법으로 쓰이던 거머리 요법의 실체를 생생하게 보여주는 아주 희귀한 기록이다.

임기를 끝내고 중앙 관직으로 올라오다

『재영남일기』의 마지막을 장식하는 것은 영남에서의 임기를 마무리하고 서울로 다시 올라가는 장면이다. 황사우의 임기는 1519년 12월 22일에 끝났다. 이날은 아마도 그 기쁨이 대단했을 것이다. 황사우는 '기뻤다'고 적는 대신, 임기가 완료되었음을 의미하는 표현인 '도사개만都事箇滿'을 다른 글자보다 크게 써서 이루 말할 수 없는 감정을 드러냈다.

임무를 마무리하는 작업은 1519년 10월 30일, 성주에 머무르면서 임기가 다 되었다는 장계를 이조東曹로 보내면서 시작되었다. 12월 22일이 근무 끝나는 시점이었으므로, 주무 부서에 50여 일 앞서 알린 셈이었다. 이조에서는 이제 다음 해에 있을 정기 인사 행정인 도목정都目政 때 황사우가 맡을 새로운 직책을 정해야 할 터였다.

도목정은 1520년 1월 2일부터 시작되었고, 황사우는 1월 12일 아는 사람으로부터 받은 편지에서 자신이 병조정랑으로 수망首望된 사실을 알았다. 조선의 인사 규정은 해당 직책에 3명의 적임자를 추천하고 이 가운데 1명을 뽑도록 되어 있었는데, 첫 번째로 추천되는 사람을 수망이라 했다. 수망은 즉 가장 유력한 자였다. 정랑은 정5품이었으므로 이대로 통과된다면 한 계급 진급해 중앙 관서로 자리를 옮겨갈 터였다. 1월 17일 마침내 황사우는 자신이 1월 4일에 병조정랑으로 임명되었다는 사실을 구체적으로 확인했다.

공식적으로 임기는 끝났지만, 황사우의 영남에서의 생활은 2월 말까지 계속되었다. 이 기간 그는 새 도사가 올 때까지 순력하는 감사를 도와 도사 업무를 이어나갔다. 아마도 그것이 관례였던 모양이다. 2월 말 황사우는 자신이 새로 사헌부 지평에 임명되었다는 소식을 들었으며, 2월 28일에는 사헌부 서리가 가져온 유지를 받았다. 이제 떠날 때가 된 것이었는데, 3월 5일 풍기 백동의 집에서 출발해 3월 8일 서울로 들어갔다. 앞으로 황사우는 가족 옆에서, 복잡하기 그지없는 중앙 정치의 현장에 사헌부 지평으로 참여하며 살게 될 터였다. 사실 황사우는 서울의 아내에 대해서는 많은 이야기를 남기지 않았다. 딱 한 번 서울의 아내가 아프다는 소식을 전해 듣고는 그 일을 기록한 적은 있었다.(1519년 4월 22일) 이로써 보면 그가 아내에게 무덤덤한 사람이었던가 하는 인상을 받게 되지만, 속내마저 그러했을지는 알 수 없다.

『재영남일기』는 500여 년 전의 아득한 시간 속으로 우리를 데려간다. 감사를 도와 지방 행정에 참여했던 젊은 도사는 어떤 심정으로 일기를 썼을까? 그가 정리해둔 일기를 21세기에 사는 우리는 어떤 마음으로 마주해야 할까? 또 그의 이야기를 읽는다고 해서 그 숨은 이야기를 얼마만큼이나 읽어낼 수 있을까? 황사우는 무미건조하게 혹은 딱딱하게 그가 겪은 일들을 기록했지만, 어쨌든 필자는 그의 일기를 들여다보며 16세기 전반 조선을 움직이는 법제−제도의 힘을 사실적으로 살피기도 하고, 또 힘들게 살면서도 심상은 순박했던 사람들의 감성을 느끼려고도 했다. 과거의 삶은 지나간 시간인 듯싶지만 반드시 그렇지도 않음을 이 일기는 일깨워준다.

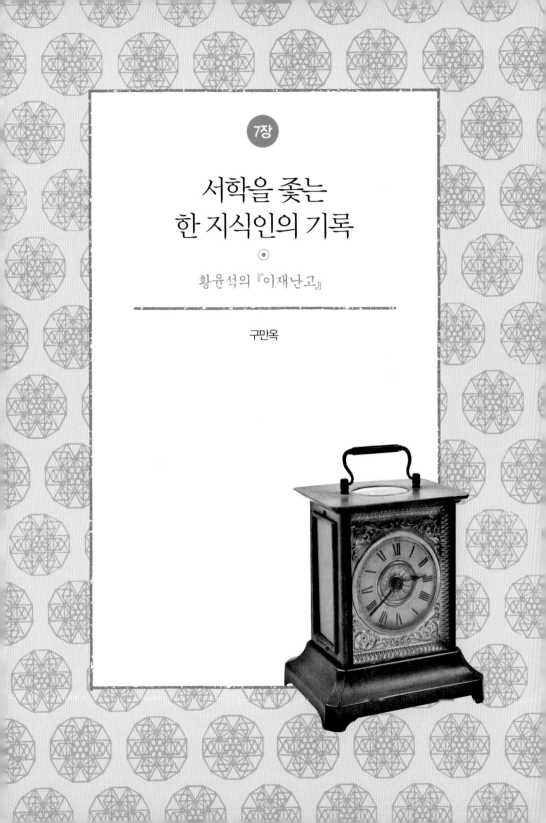

7장

서학을 좇는
한 지식인의 기록

◉

황윤석의 『이재난고』

구만옥

전 생애를 촘촘히 기록한 일기

황윤석黃胤錫(1729~1791)은 18세기 후반 조선에서 신경준申景濬 (1712~1781)과 함께 호남을 대표하는 학자로 거론되던 인물이다. 그런데 신경준이 과거를 통해 중앙 정계에 진출한 반면 황윤석은 문과 급제에 실패했다. 일찍이 영조가 "신경준은 다행히 나를 만나서 그 재주를 펼 수 있었는데, 황윤석만은 나를 만나지 못했으니 다른 날에 그 누군가 쓰는 자 있으리라"라고 하며 황윤석이 과거에 합격하지 못한 것을 애석해했다는 일화도 이런 사정을 반영한 것이었다. 황윤석은 1766년(영조 42) 38세의 나이에 천거를 통해 장릉참봉莊陵參奉에 임명되었으며, 이후 종부시직장宗簿寺直長, 목천현감木川縣監, 전생서주부典牲署主簿 등을 역임하다가 전의현감全義縣監을 끝으로 1787년(정조 11) 정계에서 물러났다. 그는 당대의 노론老論－낙론계洛論系의 대표적 학자인 김원행金元行(1702~1772)의 문하에서 수학했으며, 서울생활을 통해 여러 저명한 학자와도 교유했다. 따라서 황윤석은 18세기 후반 조선의 사상계를 이해하는 데 매우 중요한 인물이다.

『이재난고頤齋亂藁』는 황윤석이 평생에 걸쳐 작성한 일기다. 여기에는 그의 나이 열 살 때인 1738년(영조 14)의 단편적인 기록을 시작으로 그가 세상을 떠나기 이틀 전인 1791년(정조 15) 4월 15일까지, 황윤석의 삶의 궤적이 촘촘하게 묘사되어 있다. 따라서 황윤석의 생애와 사상의 전모를 파악하기 위해서는 『이재난고』에 주목할 필요가 있다.

이러한 중요성에 착안하여 한국정신문화연구원(한국학중앙연구원)에서는 1994년부터 초서草書로 된 『이재난고』의 탈초·영인 사업에 착수했고 마침내 2004년에 이르러 완간하였다. 이로써 황윤석에 대한 연구는 새로운 단계로 접어들었다. 이 글에서는 『이재난고』에 실려 있는 '서학西學' 관련 기사를 중심으로 황윤석이 서양의 과학기술에 관심을 갖게 된 배경과 의미를 되짚어보고자 한다.

서학서를 빌려 보고 서학 지식을 좇다

조선 후기에는 중국으로부터 많은 서학서西學書가 전해졌다. 특히 청淸왕조가 안정기에 접어든 17세기 중반 이후 본격적으로 수용된 서학서는 조선왕조의 지식인 사회에 적지 않은 영향을 끼쳤다. 안정복安鼎福(1712~1791)이 1785년(정조 9) 서양의 학문을 비판하기 위해 쓴 「천학고天學考」라는 글에서 "서양의 책西洋書이 선조 말년부터 이미 우리나라에 들어와서 명경석유名卿碩儒(이름난 고관高官과 학식이 많은 선비)들이 보지 않은 사람이 없었다"고 한 것은

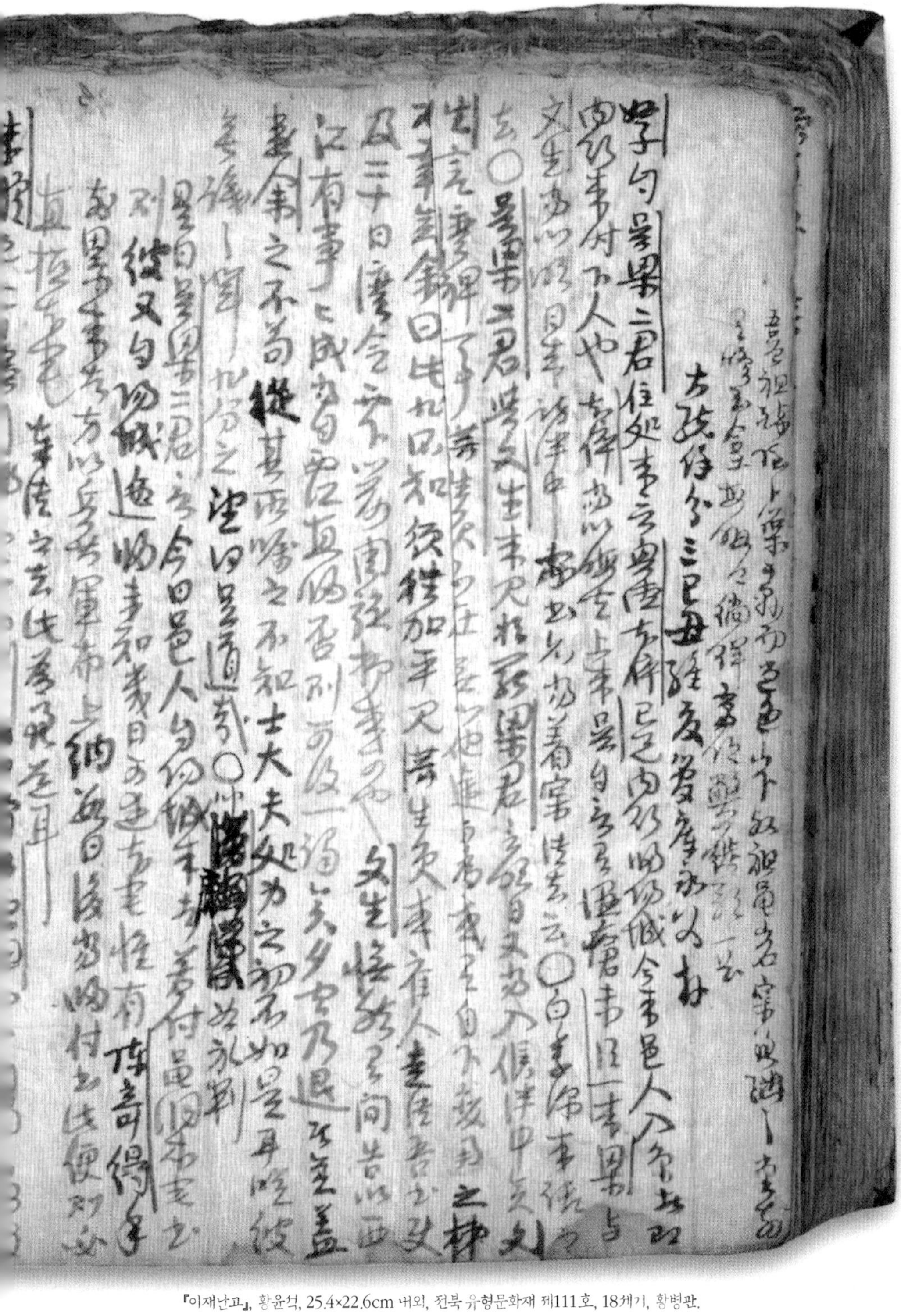

『이재난고』, 황윤석, 25.4×22.6cm 내외, 전북 유형문화재 제111호, 18세기, 황병관.

『이재난고』, 황윤석, 25.4×22.6cm 버외,
전북 有형문화재 제111호, 18세기, 황병관.

이러한 사정을 잘 드러낸다. 그런데 조선 후기에 서학서가 연행 사절을 통해 국내에 들어왔다는 사실은 어느 정도 알려져 있지만, 서학서가 어떤 경로를 통해 지식인 사회에 유통되었는지는 구체적으로 밝혀져 있지 않다. 이런 상황에 비추어볼 때 황윤석의 『이재난고』는 18세기 후반 조선사회에서 서학서의 유통 현황을 적실히 보여줄 수 있는 매우 귀중한 자료 가운데 하나다.

황윤석은 십대 후반부터 서학 관련 서적을 접했던 것으로 보인다. 그 이후로 그는 천문역산학을 비롯해 과학기술과 관련된 서학서에 관심을 두었고, 관련 서적들을 구입하기 위해 노력했다. 그가 서학서를 접한 것은 대체로 다음과 같은 몇 가지 경로를 통해서였다. 첫째는 양반 사대부들과의 교유를 통해 서학서를 빌려 보는 경우다. 황윤석은 적극적인 방문이나 서신 교환을 통해 지인들에게 서학서를 빌려달라고 요청했다. 천거薦擧를 통해 1766년(영조 42) 중앙 정계에 진출한 황윤석은 이후 여러 해 동안 서울생활을 하면서 많은 사람과 접촉했다. 그는 성균관에서 공부하면서 여러 유생과 사귀었고, 중앙 정부의 여러 관청을 경유하면서 다양한 인물과 교유관계를 맺었다. 그중에는 조선 후기 과학기술사와 사상사 측면에서 주목할 만한 인물들이 포함되어 있었다.

황윤석의 교유관계에서 먼저 주목할 만한 인물은 김용겸金用謙 (1702~1789)이다. 김용겸은 안동 김문金門 김수항의 손자이며 김창즙의 아들로 '북학파北學派'의 정신적 지주 역할을 했던 인물이다. 그는 예악禮樂에 밝고 예술적 자질이 풍부했으며 홍대용, 박지원을 비롯한 북학파의 구성원들과 나이를 뛰어넘어 사귀었다. 황윤석 역시 김원행의 문하라는 학문적 기반 위에서 김용겸을 매개로 다양한 인물과 교유관계를 확장할 수 있었다.

소론少論 계열의 정경순鄭景淳(1721~1795)도 황윤석이 교유한 중요 인물 가운데 한 사람이다. 황윤석은 정경순의 아들인 정동기鄭東驥(1750~1787)와 그의 사촌인 정동유鄭東愈(1744~1808)를 통해 천문역산학과 관련된 많은 자료를 접할 수 있었다. 『주영편晝永編』이라는 독특한 저술의 저자인 정동유는 경학經學과 예학뿐만 아니라 천문학, 지리학, 수학, 의학과 같은 자연학 분야와 제자백가의 사상에 이르기까지 두루 섭렵한 인물이었다.

정철조鄭喆祚(1730~1781)·정후조鄭厚祚 형제와 그 매제인 이가환李家煥(1742~1801) 등도 주목된다. 정철조는 홍대용, 박지원 등과 밀접한 교유관계를 맺고 있었으며, 혼인관계를 통해 박지원의 반남潘南 박씨朴氏 가문, 이가환의 여주驪州 이씨李氏 가문과도 연결되어 있었다. 정철조는 당시에 "재예才藝가 절륜絶倫하다"고 소문이 자자했으며, 그의 아우인 정후조는 지리학으로 이름이 높았고, 이가환은 박식하다고 평가되었던 인물이다.

그 밖에 황윤석의 교유권에서 주목되는 인물로는 달성 서씨達城徐氏 가문의 서명응徐命膺(1716~1787)·서호수徐浩修(1736~1799) 부자, 풍양 조씨豊壤趙氏 가문의 조진관趙鎭寬(1739~1808)·조진택趙鎭宅(1746~?) 형제, 그리고 당대에 박학자로 명성을 얻었고 정조대에 『문헌비고文獻備考』 증보 작업에 참여했던 이만운李萬運 등을 들 수 있다. 황윤석은 이처럼 개성 있는 학자들과 활발히 교유하면서 그들이 소장하고 있던 서학서를 빌려 보기도 하고, 그 내용에 대해 심도 있는 토론을 펼쳐나가기도 했다.

둘째는 서울에서 관료생활을 하면서 직무 수행과 관련하여 서

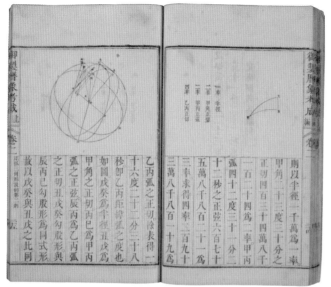

『역상고성』, 규장각한국학연구원.

학서를 접하게 된 경우다. 황윤석은 자신이 근무하고 있는 관청의 서리書吏들을 통해 평소 관심 있는 서학서를 구입하기도 했고, 각종 사행에 참여하는 역관들과 진분이 있는 이서배胥吏輩들에게 부탁해서 중국에서 서학서를 구입해오도록 요청하기도 했다.

1766년(영조 42) 황윤석은 원흥윤元興胤으로부터 귀가 솔깃한 이야기를 들었다. 황윤석이 평소에 갖고 싶어했던 『수리정온數理精蘊』이나 『역상고성曆象考成』을 구입하고자 한다면 자신의 매형인 이심해李心海가 사행갈 때 역관에게 부탁하면 될 것이라는 얘기였다. 이에 황윤석은 이심해에게 편지를 보내 두 책을 구해줄 것을 요청했다. 1768년(영조 44) 8월에는 의영고義盈庫의 서원書員인 김흥대金興大를 통해 10월에 동지사 부사로 연경에 가는 구윤옥具允鈺

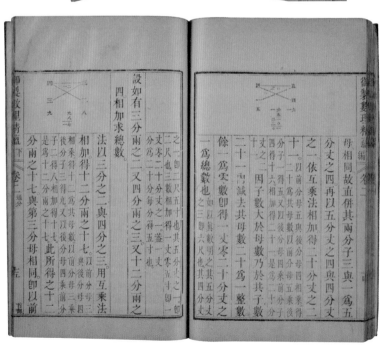

『어제수리정온』, 규장각한국학연구원.

幾何原本 一

幾何原本序

幾何原本前六卷明徐文定公受之西洋利瑪竇氏同時
李涼庵彙入天學初函而圖容軟義測量法義諸書其引
幾何題有出六卷外者學者因以不見全書爲憾咸豐閒
海甯李壬叔始與西士偉烈亞力續譯其後九卷復爲之
訂其舛誤此書遂爲完帙松江韓綠卿嘗刻之印行無幾
而板燬於寇壬叔從余安慶軍中以是書際于日此算學
家不可少之書失今不刻行復絶矣會余移駐金陵因屬
壬叔取後九卷重校付刊繼思無前六卷則初學無由得
其蹊徑而亂後書籍蕩泯天學初函世亦稀覯近時廣東

『어제역상고성후편』, 규장각한국학연구원.

(1720~1792)을 수행하게 된 김흥대의 동생에게 『기하원본』과 『수리정온』을 구입해오도록 부탁했다. 1769년(영조 45) 8월에는 관상감觀象監 서원書員을 역임한 바 있는 서리를 시켜 『역상고성』한 질을 구입하고자 했으며, 동부도사東部都事로 재직 중이던 1778년(정조 2) 8월에는 부리部吏 윤성창尹聖昌을 시켜 그와 친분이 있는 관상감 책색서리冊色書吏 황덕문黃德文으로부터 『역상고성』과 『수리정온』두 질을 구입하게 하였다.

셋째는 서적 판매상인 책주릅(책아인冊牙人)을 통해 서학서를 구입하는 경우다. 황윤석은 일찍이 『율력연원律曆淵源』을 열람하고 이 책이 진한秦漢 이래로 율律·역曆·수數 삼가三家에 일찍이 없었던 바라고 하면서 찬탄을 금치 못했다. 『율력연원』은 『역상고성』

『율려정의律呂正義』『수리정온數理精蘊』의 3부작으로 구성된 거질의 총서로(100권), 그 내용은 천문역산학天文曆算學, 율려학律呂學, 수학을 포괄하고 있었다.

황윤석은 여러 경로를 통해 『율력연원』을 구입하고자 많은 노력을 기울였다. 그러던 중 1770년(영조 46) 4월 15일 황윤석은 박사억朴師億, 박사항朴師恒, 이원복李遠福 등 책주릅 세 사람의 방문을 받았다. 이들은 황윤석에게 김선행金善行의 집에 있는 『율력연원』 70책을 130냥에 구입해주겠다고 제안하였다. 황윤석은 주변에서 돈을 빌려서라도 이 책을 구입하고자 노력했다. 이 책을 구입해서 고향으로 내려가 사방의 벽에 비치해두고 때때로 살펴보기를 염원했기 때문이다.

황윤석을 잘 아는 주변 사람들은 책값이 지나치게 비싸게 책정되었다며 이는 책주릅들이 부당하게 이익을 꾀하는 것이라고 한탄하기도 했고, 황윤석이 빚을 내기 어렵다는 사실을 알고 발 벗고 나서 주선하기도 했지만 일은 순조롭게 진행되지 않았다. 당시 책주릅들은 구매 의욕이 있는 사람들을 찾아다니면서 책값을 흥정했는데, 황윤석에게 130냥의 높은 가격을 부른 것은 황윤석의 책 욕심과 구매 의욕을 간파했기 때문이다. 황윤석은 빚을 내는 일이 쉽지 않자 『율력연원』을 구입하려던 계획이 어그러질까봐 입맛을 잃을 지경이었다. 결국 『율력연원』을 구입하려 했던 황윤석의 노력은 실패로 끝나고 말았다. 황윤석은 6월 13일에 전승지 김치공金致恭의 둘째 아들이 75냥의 가격에 『율력연원』을 구입했다는 소식을 듣게 되었다. 이에 그는 책이 주인을 잘못 만나 불행하다고 한탄했다.

이처럼 여러 경로를 통해 황윤석이 접한 서학 관련 문헌과 물품을 분류해보면 [표 1]과 같다.

[표 1] 황윤석이 열람한 서학 관련 문헌·물품 목록

종류	서명·품명
천문역법서天文曆法書	혼개통헌도설渾蓋通憲圖說, 표도설表度說, 역상고성曆象考成, 칠요표七曜表, 신법역인新法曆引, 역상고성후편曆象考成後編, 서양역통西洋曆通
산서算書	동문산지同文算指, 기하원본幾何原本, 구고의句股義, 원용교의圜容較義, 수리정온數理精蘊
천문도天文圖	태서건상도족자泰西乾象圖族子, 황적이극총성도黃赤二極總星圖
세계지도世界地圖	이마두오대주지도利瑪竇五大洲地圖, 이마두만국전도利瑪竇萬國全圖, 만국전도萬國全圖, 서양오대주지도西洋五大洲地圖 양폭兩幅, 서양만국곤상전도西洋萬國坤象全圖 남북면南北面 2폭幅
천주교 교리서	천주실의天主實義
수리학水利學	태서수법泰西水法
기계	자명종自鳴鍾
그림	대서양화족자大西洋畫族子, 서양화본西洋畫本(서양화족자西洋畫族子)

자명종에 대한 집념

황윤석은 일찍부터 자명종自鳴鍾(윤종輪鍾)에 관심을 갖고 있었다. 황윤석이 초산楚山(정읍의 옛 이름)의 이언복李彦復이 60냥에 구입해서 소유하고 있던 자명종을 구경한 것은 그의 나이 열여덟 살 때인 1746년(영조 22) 8월이었다. 그때 자명종은 서양에서 나온 것이라고 하거나 왜국倭國을 거쳐 조선에 전해진 것으로 알려져 있었다. 당시 조선에서 자명종을 제작할 수 있는 인물로는 서울의 최천약崔天若과 홍수해洪壽海, 그리고 전라도의 나경훈羅景壎(나경적羅景

혼천의, 홍대용, 35×50.2×35cm, 18세기, 한국기독교박물관.

자명종, 14.0×10.0×18.0cm, 17세기, 실학박물관.

績)이 거론되었다.

황윤석은 1761년(영조 37)에는 김상용의 현손인 김시찬金時粲(1700~1767)의 집에서 나경적이 강철로 제작한 자명종을 직접 보았으며, 1769년(영조 45) 4월에는 이해李瀣(1496~1550)의 후손인 이광하李光夏로부터 홍대용이 자명종과 혼천의를 보유하고 있다는 사실을 전해 듣기도 했다. 실제로 홍대용은 숙부 홍억洪檍(1722~1809)을 따라 중국에 갔을 때 자명종을 구경하기 위해 흠천감欽天監 박사博士인 장경張經의 집을 방문한 적이 있으며, 천주당을 찾아가서 자명종을 구경하기도 했다. 당시 홍대용이 얻어왔다는 자명종은 크기가 담배 상자南草銅匣만 한 것이었다고 한다.

『을병연행록』, 홍대용, 28.2×19.0cm, 18세기, 한국학중앙연구원 장서각. 홍대용이 연행했을 때 한글로 기록한 여행 견문록이다. 그는 이때 중국의 지식인들을 만나 교류하였다.

그렇다면 자명종이란 무엇인가? 그것은 크게 두 가지로 나누어 볼 수 있다. 하나는 서양의 기계식 시계를 가리키는 것이고, 다른 하나는 자동시보장치를 갖춘 천문시계(혼천시계渾天時計)를 뜻하는 것이었다. 황윤석은 후자를 '윤종輪鐘'이라고 표현했다. 그에 따르면 자명종은 본래 서양의 여러 나라에서 창시된 것인데 마테오 리치에 의해 중국에 전파되었고, 이후 북경의 시장에서 거래되어 사신들을 통해 조선에 전해졌으며, 장저江浙 지역의 무역선들을 통해 일본에도 전파되었다고 한다.

혼천시계, 송이영, 철·나무, 52.0×119.5×97.0cm,
국보 제230호, 1669, 고려대박물관.

  황윤석은 1774년(영조 50)에 염영서廉永瑞라는 사람으로부터 운
종을 구입했다. 염영서는 일찍이 나경적과 함께 운종을 제작한 적
이 있고 홍대용의 대기형大璣衡 제작에도 참여한 바 있는 인물이었
다. 그는 1772년(영조 48) 박찬선朴燦璿·박찬영朴燦瑛 형제의 초청에
따라 흥양興陽의 호산虎山에 수년 동안 머물면서 운종 2가架를 제작
했다. 황윤석이 구입한 것은 그 가운데 하나였다. 홍대용이나 박
찬선 형제는 모두 김원행 문하에 출입했던 인물들로 황윤석과 학
연이 있었다. 염영서는 이들을 통해 황윤석이 천문의기에 관심을
갖고 있다는 사실을 알았고, 이에 운종을 판매하고자 황윤석을 직
접 방문했던 것이다. 그런데 그 매매 과정은 순조롭지 않았다.

  염영서가 일부 장치가 고장난 운종을 가지고 황윤석을 찾아온

것은 1774년(영조 50) 1월 20일이었다. 염영서는 5일간 머물다가 선급금으로 5냥을 받고 1월 24일 돌아갔는데, 3월에 와서 고장난 곳을 고쳐달라는 황윤석의 부탁에 난색을 표했다. 이에 황윤석은 2월 2일 이웃 마을 사람과 수리를 시도했다. 염영서가 수리에 소극적인 자세를 보이는 터라 막연히 기다릴 수만은 없었기 때문이다. 그러나 이 시도는 이렇다 할 성과를 거두지 못하고 중단되었다. 2월 25일 염영서가 다시 와서 황윤석과 함께 수공업자治家를 찾아가 윤종을 수리했으나 3월 3일까지 완성하지 못했다. 이에 염영서는 돌아갔고 황윤석은 2냥을 얹어주면서 다시 와서 고쳐달라고 부탁했다. 그러나 9월에도 염영서는 고치지 못하고 되돌아갔다.

해를 넘겨 1775년(영조 51) 전주부全州府의 장인 김흥득金興得이 와서 윤종을 수리해주겠다면서 수리비로 4냥을 제시했다. 2월 21일에 드디어 야장治匠 송귀백宋貴白이 와서 함께 윤종을 수리했는데 그는 뛰어난 기술자였다. 3월 27일 마침내 수리가 대략 마무리지어졌고 송귀백이 돌아갈 때 황윤석은 4냥을 지급했다. 2월 21일부터 3월 27일까지 36일 동안 황윤석은 수리 작업에 골몰하다가 손가락에 마비 증세가 오기도 했는데, 그는 이것이 '상지喪志(玩物喪志)'(아끼고 좋아하는 사물에 정신을 빼앗긴 나머지 뜻을 잃어버림)의 해로움이라고 탄식했다.

문제는 여기서 끝나지 않았다. 그로부터 6년이 지난 1781년(정조 5) 12월 12일 나주에 거주하는 염영서의 아들 염종득廉宗得이 친척인 염종신廉宗愼을 통해 자신의 아버지가 빌려준 윤종을 돌려달라고 요청하는 편지를 황윤석에게 보냈던 것이다. 이에 황윤석은 염영서가 자신에게 윤종을 팔고 전후로 7냥을 받아간 사실을 적시하고, 만약 당시에 윤종 수리가 완벽하게 되었다면 돈을 더 지불했을 텐데 염영서가 두 차례에 걸쳐 수리했으나 제대로 이루어지지 못했고, 결국은 자신이 야장 송귀백과 한 달 넘게 수리하면서 비용이 매우 많이 들었으므로 돌려줄 수 없다는 뜻을 전달했다. 황윤석의 회고에 따르면 자신이 수리한 부분이 절반 이상이었다고 한다.

그렇다면 황윤석은 왜 이토록 자명종에 애착을 품었을까? 그는 이것이 자신의 '호고好古(옛것을 좋아함)' 취미에서 비롯되어 '완물상지玩物喪志'로 귀결된 것이라고 자책했다. 그러나 실제로 이는 주희나 이황, 송시열이 선기옥형璿璣玉衡을 제작하여 소유한 사례를 본받고자 한 행위였다. 선기옥형은 『서경書經』에 등장하는 천체관측 기구로서 요순堯舜으로 대표되는 유교의 성왕聖王들이 천명을 받드는 정치를 어떻게 행했는가를 보여주는 상징적인 도구였다. 그런 맥락에서 본다면 자명종은 단순한 '완물玩物(가지고 놀거나 감상하는 물건)'이 아니라 '이수理數'와 관계된 중요한 물품이었던 것이다.

서학과 율력산수학, 그리고 『성리대전주해性理大全註解』

이처럼 황윤석은 서학서나 서양식 기계장치에 많은 관심을 기울였다. 그러나 황윤석은 서양의 과학기술을 일방적으로 받아들이지 않았다. 동시대의 다른 사람들과 마찬가지로 황윤석은 서양의 과학기술 가운데 자신에게 필요한 부분을 취사선택했다. 그것은 자신의 학문 체계를 정립하기 위한 시도였다. 그렇다면 황윤석이 주목했던 서양의 과학기술 분야는 어떤 것이었을까?

1764년(영조 40) 2월 7일 황윤석은 전주에 있는 이기경李基敬(1713~1787)의 집을 방문했는데 여기서 『천주실의天主實義』를 보게 되었다. 이 책을 접한 황윤석의 첫 소감은 "몹시 천박하고 누추해서 볼만한 것이 없다"는 비평이었다. 여기서 황윤석은 서학에 대한 이중적인 태도를 보여주고 있다. 서양의 천주교에 대해서는 매우 '천박하고 누추하다淺陋'고 평가한 반면 역산曆算과 수법水法에 대해서는 "천고千古에 더할 나위 없이 뛰어나다卓絶千古'고 높이 평가했다. "성현들의 성리학문性理學問의 학설은 염락관민濂洛關閩(주돈이·정호·정이·장재·주희의 성리학)보다 숭상할 바가 없고, 역산의 방법은 서양보다 뛰어난 것이 없다는 것이 아마도 바꿀 수 없는 논의인 것 같다"는 그의 평가가 이러한 입장을 잘 보여준다. 황윤석은 「제서양화족題西洋畵簇」이라는 글에서 "그 도道가 『천주실의』에 실려 있으나 나는 보지 않는다. 그 수數는 『기하원본』에 갖추어져 있는데 나는 취한다"라고 읊었다. 이는 서학의 도道(종교)와 수數(과학기술)를 구분하여 수만 선택적으로 수용하는 황윤석의 자세를 보여주는 것이다.

앞에서 보았듯이 황윤석은 청에서 편찬한 『율력연원』을 진한秦漢 이래로 율律·역曆·수數 삼가三家에 일찍이 없었던 책이라고 찬탄하였다. 황윤석은 우리나라의 선배들 가운데 경학經學과 예학禮學에 대해서는 언급한 이가 있었지만 이수理數의 미묘함에 대해서는 심도 있게 다루지 않았다고 지적했다. 그런데 황윤석 자신이 보기에 율력은 국가를 경영하고 천하를 다스리는 데 반드시 필요한 것

天主實義下卷

耶穌會士利瑪竇述

第五篇辯排輪廻六道戒殺生之謬說而揭齋素正志。

中士曰。論人類有三般。一曰人之在世謂生而非由前跡則死而無遺後跡矣。一曰夫有前後與今三世也則吾所獲福禍於今世皆由前世所爲善惡吾所將逢於後世吉凶皆係今世所行正邪也。今尊教曰人有今世之誓寄以定後

이었고, 이는 유자儒者가 반드시 알아야 하는 것이었다. 이처럼 황윤석은 '율력'의 문제를 '이수'의 차원에서 주목했으며, 수를 밝히면 율력의 문제도 자연스럽게 포괄할 수 있다고 보았다.

율·역·수 삼가에 대한 황윤석의 관심은 여러 곳에서 확인된다. 1788년(정조 12)의 기록에 따르면 황윤석은 서양의 학문 가운데 역상·수리·율려律呂·공장工匠 네 가지가 '천고에 더할 나위 없이 뛰어나다'고 평가하면서 천주교 신앙 문제 때문에 이것들까지 폐지해서는 안 된다고 강조했다. 이러한 그의 태도는 서거 직전인 1791년(정조 15) 4월 11일의 기록에서도 분명히 확인된다. 그는 『천주실의』로 대표되는 서교西教에 대해서는 '이단사설異端邪說'이라고 단언했지만 서양의 '율려·역상·산수'의 삼가, 기계제작술과 화법(공야단청지법工冶丹靑之法)은 후세에 전해야 하는 것으로 높이 평가했다. 이는 서양의 수학과 천문역산학, 그리고 과학기술과 화법에 대한 황윤석의 긍정적인 자세를 보여주는 예다. 동시에 그가 '율·역·수'의 문제, 다시 말해 율력학과 수학의 문제에 얼마나 지대한 관심을 갖고 있었는가를 절실히 보여준다. 이와 같은 황윤석의 학문적 관심이 최종적으로 율·역·수 분야에서 당대 최고의 수준을 보여주는 서적인 『율력연원』에 집중되었던 것이다.

황윤석은 십대 후반부터 성리학의 기본 텍스트인 『성리대전性理大全』을 탐구하기 위해 노심초사했다. 이러한 황윤석의 노력은 평생토록 지속되었는데, 그것은 『성리대전』의 의심나는 부분을 차록箚錄하고 틀린 부분을 바로잡는 작업이었다. 그 과정에서 그는 역범易範·성명性命·이기理氣의 근원으로부터 율력산가律曆算家에 이르는 전통 학문의 모든 분야를 포괄하는 박학博學을 추구하게 되었다. 그것이 『성리대전』의 완벽한 주석 작업을 위한 필수적인 학습이라고 여겼기 때문이다. 요컨대 황윤석은 서학에 기초한 최신의 율력산수학律曆算數學을 활용하여 『성리대전』을 수정·보완함으로써 새로운 대전大全(『성리대전주해性理大全註解』)을 만들고자 했던 것이다.

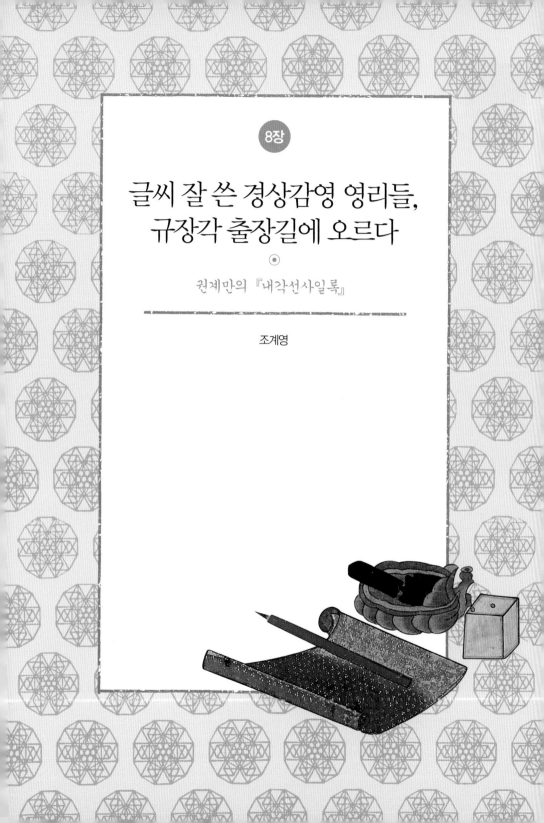

8장

글씨 잘 쓴 경상감영 영리들,
규장각 출장길에 오르다

◉

권제만의 『내각선사일록』

조계영

긴장과 설렘으로 규장각 출장길에 오르다

나는 경상감영의 예방영리禮房營吏로 근무한 지 한 달 반이 되었다. 내각內閣에서 연전年前에 『오경백선五經百選』을 선사繕寫한 영리를 올려 보내라는 관關이 있었는데, 예방영리 김동락金東珞은 근무가 아니어서 귀가해 있었다. 승발영리承發營吏 권일빈權日彬과 권명상權命祥은 감영에서 근무 중이었다. 예방영리였던 권영순權永淳은 사망하여 함께 올라갈 수 없다고 감사께 아뢰어 계서영리啓書營吏 권계황權啓晃을 대신 정하였다. 감사께서 연전에 선사하였던 필체로 각기 써 한 장을 들이라고 명하셨기에, 각기 한 줄에 20여 자를 써 올렸다. 나는 삼상三上으로 유·별선油別扇 두 자루를 상으로 받았다. 권계황과 권명상은 모두 삼중三中으로 각기 유·별선 한 자루를, 받았고 권일빈은 삼하三下로 유·별선을 한 자루도 받지 못했다. 동료들이 모두 권일빈이 삼하를 받은 것은 아무래도 이상하다고 했다. 장수長水, 성현省峴, 유·곡幽谷, 창악昌樂, 안기安奇 등 역驛에 관關을 발급하여 서울로 올라갈 때 탈 말을 나누어 정했다.

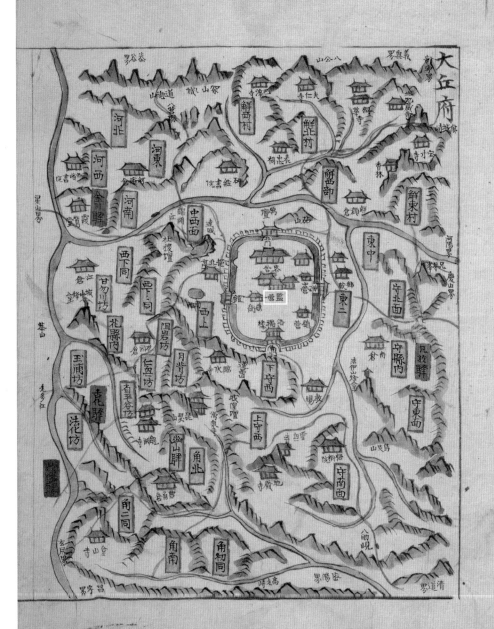

「대구부」지도 중앙에 위치한 경상감영의 모습을 한눈에 볼 수 있다.

1797년 6월 15일에 경상감영의 영리 권계만權啓萬과 김동락, 권일빈, 권명상, 권계황 등 5명은 비를 무릅쓰고 행장을 꾸려 규장각 출장길에 올랐다. 출발하기 전 경상감사 이형원李亨元은 영리들을 당상으로 불러들여 나라에서 영리들의 필체를 취한 것은 그 필체가 전실典實하여 영남의 본색을 지니고 있기 때문이니, 이번 출장은 다만 개인의 영광일 뿐만 아니라 경상감영을 생색내는 것이라고 하였다. 감사는 영리들이 서울에 들어갈 때는 비록 직령直領을 입고 가지만, 대내大內에서 혹시라도 불러 보실지 모르니 항상 홍의紅衣를 입도록 가지고 가라고 당부했다. 그리고 각기 청심환淸心丸 1개, 소합환蘇合丸 2개, 제중환濟衆丸 2개씩을 주면서 영리들이 어떤 붓을 쓰는지 물었다. 영리들은 장계狀啓와 책자를 쓸 때는 계필啓筆이 아니면 쓸 수 없는데, 계필은 서울에서는 구하기 어려워 10자루를 우선 사가지고 간다고 했다. 감사는 서울에 올라간 뒤에 계필이 필요하다고 보고하면 계속해서 올려 보내겠다고 했다.

영리들은 감사에게 하직하고 영방營房으로 물러나왔다. 영방에서 최고 어른인 대노야大老爺, 즉 이방영리吏房營吏는 영리들의 규장각 출장은 경상감영이 생긴 이래로 처음 보는 일이자 각 도에서 없었던 일인 만큼, 이 일이 화가 될지 복이 될지는 영리들이 조심하느냐 조심하지 않느냐에 달려 있을 뿐이라고 했다. 그러니 입조심하고 행동을 삼가 영남 풍속의 신중함을 보이라고 훈계했다. 서울길에 밝은 하전下典 이성운李性云을 보지기祇直로 정하여 규장각 출장길에 동행했다.

영리들은 6월 15일에 감영을 출발하여 고평高平 – 소야현所也峴 – 상림촌上林村 – 운산雲山 – 안동安東 – 예천醴泉 – 대은大隱 – 유곡幽谷

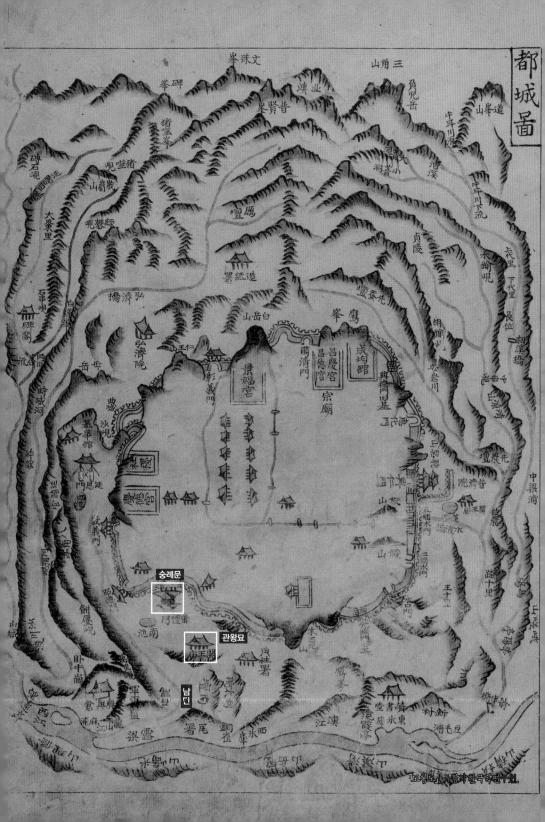

都城圖

－문경聞慶－안보安保－돌원乭院－광암廣岩－진리陣里－양지陽智－
용인龍仁－판교板橋－신원新院－사평沙坪을 거쳐 6월 26일 한강 나
루에 도착했다. 영리들은 배를 타고 한강을 건넜고, 남관왕묘南關
王廟에 이르러 말에서 내려 숭례문崇禮門으로 들어갔다. 숭례문 이
층의 높은 처마는 하늘을 향해 멀리 뻗어 있고 십자十字로 통하는
갈림길은 머리카락처럼 곧았다. 이 여정은 장마철이어서 비바람
이 그치지 않았고, 말을 탔지만 진흙탕 길을 다니기가 힘들었다.

　경상감영의 영리 5명은 무슨 연유로 규장각에 출장을 갔던 것인
가. 이들은 『오경백편五經百篇』을 목판으로 판각할 때 필요한 간본
刊本을 정서正書하기 위해 규장각에 올라온 것이었다. 서책을 목판
으로 간인刊印할 때는 정서본正書本을 목판에 뒤집어 붙인 후 각수
刻手가 글자를 새겼다. 이 정서본은 사자관寫字官이나 당대 최고의
명필에게 선사繕寫(활자와 목판으로 간인하기 위한 간인본을 만들기
위해 정서하거나 필사본을 정서하는 것)시키는 것이 보통이었다. 그
런데 정조는 자신이 직접 편찬한 어정서御定書인 『오경백편』을 경
상감영의 영리들에게 장계狀啓(관찰사, 병사, 수사 등 왕명을 받들고
외방에 있는 신하가 그 지역의 중요한 사항을 국왕에게 보고하거나 청
하는 문서)를 쓰는 필체로 선사하게 했다. 경상감영의 영리들이 장
계에 쓰는 필체가 질박質朴하고 돈후敦厚하여, 당시에 유행하던 가
늘고 힘없이 삐딱한 모양이 아닌 것을 취한 것이었다.

　정조가 당시 소품문小品文의 유행과 함께 공사 간公私間의 필획이
기울어지고 가벼운 것을 엄중하게 금지했는데도 과거 답안지에까
지 이러한 필획이 나왔다. 정조는 필획이 괴이한 것을 과거에서 떨
어뜨려 한 번 징계하는 방도로 삼고, 당대의 필획을 순수하고 질

嘉善大夫慶尚道觀察使兼兵馬水軍節度使巡察使大邱都護府使 李

卽到付鎮海縣監南正祐牒呈內縣監以通訓大夫乙丑六月二十日政本職 除授七月二十日辭

朝八月十四日到任而中路得病不能趲程致此日子之遲滯是如牒呈爲白有卧乎所此與無端曠日有異乙計

其程途未免稽緩謹依 啓下新定式其由論報于議政府爲白乎旀緣由并以馳

啓爲白卧乎事是良尒詮次

善啓向教是事

同治四年八月十日

同治四年九月初五日

啓下 史沈

1865년 경상도 관찰사 장계, 규장각한국학연구원.

80944

박한 것으로 되돌리고자 영리들의 장계체를 선택했다. 정조는 1797년 11월 20일에 다음 날 성균관에서 있을 승보시陞補試에서 소품문과 기울어지고 가벼운 필법筆法을 일체 엄금하도록 명하였다. 정조의 이러한 조치는 당시 조선의 사상과 문화 전반에 일었던 새로운 바람, 즉 성리학적 세계관이 아닌 일상에서 큰 의미를 부여하는 사람들을 막기 위한 노력이라고 할 수 있다.

규모를 갖춘 활기찬 규장각을 보고 입이 벌어지다

이문원의 뒤뜰에는 푸른 소나무와 복숭아나무가 담장 아래 줄지어 있다. 정원 언덕에 반송盤松이 있는데 그 휘어진 가지마다 모두 붉은 기둥으로 버팀목을 받쳤고 그 아래로 오륙십 명은 충분히 들어갈 수 있다. 네 개의 화분을 묻어 연꽃을 심었고 두 마리 학을 기르는데 이따금 벽오동나무 사이에서 운다.

6월 26일 서울에 도착한 영리들은 이틀 뒤인 28일 어둑어둑해질 무렵 규장각에서 불러들여 아방亞房을 따라 창덕궁의 금호문 밖에 섰다. 문을 지키는 장졸들이 늘어서서 들어가는 것을 허락하지 않자 아방이 먼저 규장각으로 들어가 알리고, 영리들의 성명을 적어 수문장守門將에게 제출한 뒤에야 비로소 금호문을 들어설 수 있었다. 영리들의 눈에 들어온 금호문 안뜰은 넓고 녹음이 우거졌으며 남북으로 흐르는 시냇물에는 금천교禁川橋가 가로놓여 있었다. 창덕궁의 첫 번째 마당인 이곳에는 궐내의 여러 관청이 모

여 있는 동·서쪽 행랑으로 둘러싸여 있다. 이곳은 궁궐 안의 종합 청사로 궐내각사闕內各司라고 부르는데 홍포紅袍와 청의靑衣를 입은 사람들의 왕래가 끊이지 않았다.

영리들은 「내각內閣」이란 편액이 걸려 있는 대문으로 들어갔다. 대문 안에는 중문中門이 있는데 푸른 삼승포三升布 휘장이 드리워져 있었다. 문 위쪽에 「내각비부 비각속무득출입內閣秘府 非閣屬毋得出入」(내각은 비부秘府이니 내각에 속한 이가 아니면 출입할 수 없다)는 편액이 걸려 있었다. 내각은 규장각의 다른 명칭으로 이문원摛文院이라고도 했다.

정조는 1776년 즉위하자마자 선왕들과 자신의 어제御製 및 어진御眞을 봉안할 건물을 짓게 하여, 1층에는 숙종의 어필인 「규장각

숙종 어필 「규장각」 현판, 나무, 50.2×106.5cm, 1694, 국립고궁박물관.

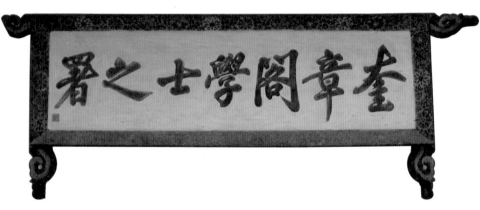

「규장각학사지서」 현판, 규장각한국학연구원.

「수대관문형 비선생무득승당」, 「객래불기」, 현판,
규장각한국학연구원.

奎章閣」 편액을, 2층에는 자신이 쓴 「주합루
宙合樓」 편액을 걸었다.* 1781년에 이르러
규장각 각신이 근무하는 직속 관청인 이문
원을 궐내각사가 위치한 금호문 안 홍문관
의 오른쪽으로 옮겼다. 금천의 서쪽에 남
북으로 길게 위치한 이문원은 궐내각사에
서 가장 큰 건물 규모를 갖추었다.

이문원 권역의 건물들은 모두 이문원의
왼쪽으로 북으로부터 대유재大酉齋, 소유
재小酉齋, 영첨청領籤廳, 사호헌司戶軒으로
배치되었다. 정조는 선원전璿源殿과 황단皇
壇에 전배展拜할 때마다 이문원에서 재숙齋
宿(국왕이 나라의 제사지낼 때 전날 밤 재궁齋
宮에 나와 묵으면서 재계齋戒하는 것)하였다.
이문원은 정면 다섯 칸, 측면 두 칸 반의
팔작집으로 내각의 정당正堂이다. 이문원

에는 '규장각 학사의 관서'라는 뜻의 「규장각학사지서奎章閣學士之
署」 편액을 걸었고, 바깥 기둥에는 '비록 대관과 문형일지라도 각신
이 아니면 당에 오르지 말라'는 정조의 수교受敎가 새겨진 「수대관
문형 비선생무득승당雖大官文衡 非先生毋得升堂」 현판과 '손님이 오더
라도 일어나지 말라'는 「객래불기客來不起」 현판이 걸려 있었다. 이

*이후 규장각과 주합루에는 정조의 어제와 어진만을 봉안하게 되고, 행조를 비롯한 선왕들의 어제
와 어진은 봉모당奉謨堂에 봉안하였다.

훈국군파수직소

남소

위장소

수문장청

금호문

무비사

의장고

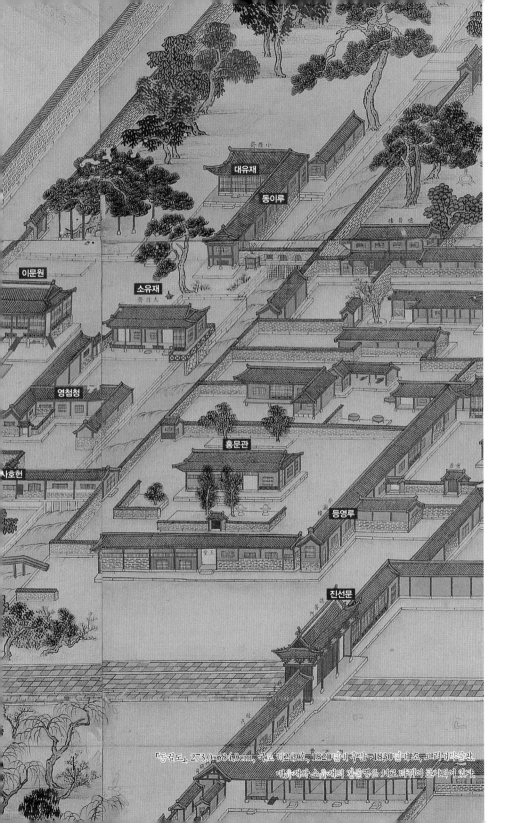

대유재

동이루

이문원

소유재

영첨청

사호헌

홍문관

등영루

진선문

「동궐도」, 273.0×584.0cm, 국보 제249호, 1820년대 후반∼1830년대 초, 고려대박물관. 대유재와 소유재의 잔물명을 자못 밝혀내어 볼가되어 있다문원의 내당內堂에는 정조의 어필인 「이문지원摛文之院」 편액이 청사青紗로 덮여 있었다. 내당의 좌우 시렁에는 옥등玉燈 여섯 개를 매달았는데, 이는 규장각 학사(제학提學 2명, 직제학直提學 2명, 직각直閣 1명, 대교待敎 1명)의 수를 상징하는 것이었다.

이문원 권역에서 가장 북쪽에 위치한 대유재는 금천에 접해 있는 동편을 정자丁字 모양의 누樓로 만들었는데 일명 '동이루東二樓'다. 동이루는 상층은 누樓이고 하층은 서고로 서책이 가득했다. 현재 규장각한국학연구원에는 이문원에 수장했던 서책들의 목록인 「이문원서목」이 전한다.

이문원 동쪽에 위치한 소유재는 정조의 명을 받아 1795년에 검서관檢書官을 지냈던 박제가朴齊家가 감독하여 건립한 것이다. 처음에 검서관이 근무할 검서청檢書廳이 없어 이문원 동편 방에서 근무했는데, 1783년 여름에 이문원의 왼편 행랑을 수리하여 검서청을 지었다. 그러다가 1795년 2월 12일에 이문원에 들른 정조가 검서청이 좁으니 옆에 다시 지으라고 명하여 완성된 건물이 소유재다. 「동궐도」에는 대유재와 소유재의 건물명이 서로 바뀌어 표기되어 있다.

홍문관 오른쪽에 금천을 사이에 두고 처마가 잇닿아 있는 건물은 규장각 서리들이 근무하는 사호헌司戶軒이다. 사호헌의 정청은 서가에 책이 가득했고 사방 벽에는 좌목座目이 적힌 현판들이 걸려 있었다. 정조는 승정원 육방六房에 소속되어 있는 서리 각 1명을 겸리兼吏로 임명하여 전교를 규장각에 보고하고 일을 처리하게 했다. 더욱이 사호헌에는 '각 관청의 서리는 감히 당에 오를 수 없다'는 정조의 전교傳敎를 새긴 「각사서리 불감승당各司書吏 不敢升堂」

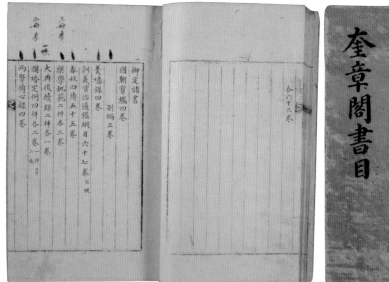

『규장각서목』가운데『이문원서목』부분, 규장각한국학연구원.

「사호헌」현판, 나무, 37.8×82.0cm, 국립고궁박물관.

현판이 있어 여타의 관청 서리와는 그 위상이 남달랐다. 사호헌에서 윤6월 3일에 영리들을 특별히 초대했는데 이미 오래전에 경상감영에서 사호헌에 오르는 것이 얼마나 어려운가를 들어 익히 알고 있었던 영리들로서는 그 감격을 이루 말할 수 없었다.

[표 1] 규장각의 건물 구성과 서책 업무

건물명	건물 위치	직관 및 업무
이문원	소유재 오른쪽	제학 2원·직제학 2원·직각 1원·대교 1원 어제편차編次·편서編書·교서校書
대유재(어재실)·동이루(서고)	이문원 북쪽	초계문신抄啓文臣 편서編書·교서校書
소유재(어재실)·검서청	이문원 왼쪽	검서관 4원 교서校書·사서寫書·차비관差備官
영첨청	소유재 남쪽	영첨 2원 어제의 필사·교열·봉안, 차비관
사호헌(서리청)	홍문관 오른쪽	겸리 6명 전교를 규장각에 보고하고 처리

정조가 편찬한 어정서, 『오경백편』을 선사하다

서리가 각기 앞에서 한 장의 종이를 주며 무릎을 꿇고 받게 하였다. 이어서 무명白木파 척색삼베三升布 두 필씩 어깨에 걸쳐주고 다시 붓·먹·후추를 봉한 것을 주었다. 임금께서 하교하시기를, '너희의 공로를 경상감영에서 넉넉히 시상하라고 분부하였지만 먼저 시상하는 것이다'라고 말씀하셨다. 얼굴을 들고 바로 서라고 하교하시어 허리는 비록 폈으나 눈은 감히 천안天顔을 우러러볼 수 없었다. 지척의 임금님 목소리에 정녕 땀이 흘러 등을 적셨다. 물러나와 받은 종이를 펼치니 세 번

『오경백편』, 정조 편찬, 1798, 규장각한국학연구원.

접은 종이에 '『어정오경백선御定五經百選』을 선사한 영리 성명모모姓
某名某 삼승포 2필, 무명 2필, 후추 5승, 붓 30자루, 먹 10개. 1797년
6월 21일'이라 쓰고 어보御寶를 찍었다.

경상감영의 영리들이 규장각에 올라와 선사한 『오경백편』은 어
떤 책인가? 이것은 정조가 오경에서 100편의 글을 직접 선정한 어
정서御定書로서, 신하들에게 편찬을 명한 명찬서命撰書와는 서책의
격이 달랐다. 정조는 1794년에 『오경백편』을 편찬하기 시작해 그
이듬해에 정본을 완성했다. 『오경백편』은 오경을 각기 한 권으로
편집하여 권1은 『주역周易』, 권2는 『서경書經』, 권3은 『시경詩經』,
권4는 『춘추春秋』, 권5는 『예기禮記』로 구성했다.

「영첨청」현판, 나무, 32.7×73.5cm, 국립고궁박물관.

정조는 오경 중에서 평소 실마리를 찾아가며 외우던 부분을 뽑아 책의 부피를 줄이고 글자 모양을 크게 썼는데, 이는 노년에 반복해가며 외우고 이를 일상의 공부로 삼는 데 편리하도록 하기 위해서였다. 정조의 나이 47세이던 1799년 7월 10일자 『정조실록』의 기사에도 "나의 시력이 점점 예전 같지 않아 경전의 문자는 안경이 아니면 알아보기가 어렵다"고 토로하였다.

1797년 6월 28일에 규장각으로 들어간 영리들에게 대교待敎 심상규沈象奎가 지필묵紙筆墨을 주면서 각기 1장씩 써오되 마치 한 사람이 찍은 듯이 써오라고 했다. 영리들은 6월 29일 종일토록 글씨를 연습해 윤6월 1일 대유재에 나아가 심상규에게 써온 것을 제출했는데 필법이 크게 차이가 없다고 평하였다.

『오경백편』의 정본 선사는 길일인 윤6월 2일부터 영첨청에서 시작했다. 영리들은 한 장씩 쓰고 종이 위쪽에 성명을 써서 대내에 들이면 정조가 서체에 대한 평을 써서 내렸다. 이날 정조는 필력이 몹시 가늘어 정본으로 할 수 없다고 평하였다. 정조는 경상감영의 영리들을 규장각으로 불러 올린 것은 그 필체가 '돈실敦實'함을 취하려는 것인데 지금 쓴 필체는 오히려 '예쁜 모양娟'에 가깝다고 의견을 제시했다. 이에 곧 정조는 영리들에게 '육후체肉厚體'를 따르도록 엄히 신칙하였다.

다음 날인 윤6월 3일 영리들은 한 장의 종이에 각자 2~3줄씩 쓰고, 성명을 기록해 대내에 들이고 정조가 서평을 써서 내렸다. 정조는 이날의 글씨가 어제에 비해서는 조금 낫다고 평하였다. 윤6월 4일에는 각자 정본 3~4장씩 써서 대내에 들였고, 정조는 『시전』을 쓴 것이 가장 좋고 그다음은 『예기』이며 『주역』이 가장 못하다고 평하였다.

이후로 이틀마다 영리들이 쓴 정본을 합하여 성명을 적어 대내에 들이면 정조는 이를 검토한 뒤 겉장에 '계하啓下'를 써서 결재했다. 영리들이 『오경백편』의 선사를 마치면 대유재에서 정언正言 신현申絢, 홍석주洪奭周, 김희주金熙周, 이영발李英發, 홍낙준洪樂浚이 교정했다. 이들은 1794년에 선발된 초계문신으로 규장각에서 서책을 편찬할 때 각신을 도와 교정했다.

영리들의 선사 작업은 이러한 과정으로 진행되어 윤6월 21일에 완성된 선사본을 정조에게 올렸고, 영리들은 정조 앞으로 나아가 선사에 대한 노고로 삼승포 2필, 무명 2필, 후추 5승, 붓 30자루, 먹 10개를 하사받았다. 사호헌의 서리들은 정조가 영리들에게 내려준 하사품이 적힌 표지標紙를 배접하여 오래도록 소장한다면 자손들에게도 영광이라며 무척이나 부러워했다. 영리들은 윤6월 22일부터는 선사본 가운데 가는 획과 글자 모양이 틀린 것을 다시 쓰고 본문 위쪽에 두주頭註를 써넣었다.

윤6월 26일에 영리들을 내려 보내라는 정조의 하교가 있어 윤 6월 27일 이른 아침에 영리들은 돌아간다고 인사드리고자 대유재로 들어갔다. 그런데 심상규가 선사본의 필체가 조금씩 달라 이것으로는 간행할 수 없으니 다시 정성을 다해 필체를 바꾸어 한 본을 쓰라고 했다. 윤6월 28일부터 2차로 『오경백편』을 선사하기 시작해 7월 17일 서역書役을 마쳤다. 7월 20일에 심상규는 1차 선사본에서 『주역』과 『시전』을, 2차 선사본에서는 『춘추』 『예기』 『서전』을 뽑아 목판으로 간인할 정본을 만들었다.

업무 보고서 고목告目을 경상감영에 보내다

규장각으로 출장온 영리들은 자신들의 상관인 경상감사에게 '고목告目'으로 업무의 중요 사항을 보고했다. 고목은 관청의 하급 관리가 상급 관원에게 업무를 보고하거나 문안드릴 때 작성하는 문서였다. 영리들은 6월 15일에 경상감영을 출발한 뒤 68일의 규장각 출장 기간 동안 「영문고목營門告目」을 경상감영에 일곱 번이나 올렸다. 6월 22일 영문에 올린 첫 번째 고목은 서울로 향하는 경상도의 마지막 관문인 조령鳥嶺(문경새재)을 넘었다고 보고했다.

영리들은 규장각 출장 기간 동안 호조의 요미料米와 병조의 가포가價布를 일급日給으로 받았다. 규장각에서 호조와 병조에 '감결甘結'을 내려 6월 27일부터 영리들이 경상감영으로 내려갈 때까지 일급을 넉넉하게 지급하라고 지시했다. 감결은 상급 관청에서 하급 관청에 물품의 공급이나 인원의 차출 등을 지시할 때 발급하는 문서였다. 6월 27일자 「영문고목」에는 규장각에서 호조와 병조에 내린 감결을 베껴 보냈는데 그 내용은 다음과 같다.

경상감영에서 올라온 어정책자 선사 5인에게
호조의 요미와 병조의 가포를 넉넉히 지급한 사례에 따라
일자를 계산하여 마련하여 나누어주라는 하교이므로
오늘부터 버려갈 때까지 마련하여 나누어주되
만일 더디게 이행하지 않으면 죄를 달게 받을 것

營上來 御定冊子 繕寫五人
戶料兵布從優例
計日磨鍊分給事 下教教是如乎
自今日至下去時 磨鍊分給爲乎矣
萬一遲緩甘罪不辭

영리들의 임금은 보지기祗直 이성운李性云과 계수주인界首主人이 호조와 병조에서 한 달 치 요미 3석령石零과 가포 30냥兩을 받아왔다. 즉 영리 1명이 받은 일급은 요미 1전錢과 가포 2전으로 모두 3전이었다. 이 일급 3전은 도감都監에 동원되어 일하는 장인匠人의 평균 일급인 1전 4푼에 비해 두 배가 넘는 것이었다. 영리들은 호조에서 받아온 요미 3석령을 모두 계수주인에게 주었고, 병조에서 받아온 가포 30냥 가운데 17꿰미 또한 계수주인에게 주어 한 달 동안 음식을 제공하는 데 쓰도록 했다. 나머지 13꿰미는 공동 기금으로 두고 세탁비나 비상금으로 사용했다.

필가, 조선시대, 경기도박물관

영리들이 경상감영에서 출발할 때 가져온 계필 10자루는 『오경백편』을 선사하기에는 턱없이 부족했다. 윤6월 10일 글씨 연습이 한창일 때 계필이 이미 달렸다. 감영을 출발할 때 경상감사가 계필이 필요하다고 보고하면 올려 보내겠다고 했기에 먼저 고목으로 경상감영에 보고했다. 규장각에서는 1795년에 경상감사였던 승지承旨 이태영李泰永 댁에 연락해 계필 15자루를 가져왔지만 오래 묵힌 것이라 좀먹고 상해서 쓸 만한 것이 한 자루도 없었다.

고목을 보낸 지 13일 뒤 윤6월 23일이 되어서야 감영에서 올려 보낸 계필 30자루를 받아볼 수 있었다. 영리들은 이미 선사를 마친 뒤에 계필을 받자 매우 안타까워하면서도 두주와 고쳐 쓸 곳이 남아 있어 그나마 다행스러워했다. 그러나 나흘 뒤인 윤6월 27일에 대교 심상규가 간행하기에는 필체가 조금씩 다르니 고생스럽지만 새로 『오경백편』을 선사해야겠다고 하여 다시 신본新本을 선사하게 되었다. 결국 감영에서 뒤늦게 올라온 계필은 영리들이 두 번째로 『오경백편』을 선사할 때 유용하게 쓰였다.

영리들은 처음에는 영첨청에서 선사를 시작했는데, 윤6월 13일에 시원한 장소로 작업 공간을 제공하라는 정조의 하교에 따라 소유재의 소루小樓로 옮겼다. 소유재는 검서관들이 근무하는 검서청으로 영리들이 작업할 때 편하도록 가리개를 설치해주었다.

윤6월 14일부터는 매일 저녁 규장각에서 영리들에게 새참을 제공했는데 이것 역시 정조의 하교였다. 영리들은 규장각을 비롯해 승정원과 비변사에서 술과 안주를 열 번 이상 대접받기도 했다. 술과 안주 외에 대접받은 특별한 음식으로는 삶은 닭烹鷄과 정조가 하사한 사찬賜饌이 있었다. 이 특식들은 영리들이 두 번째로 『오경백선』의 선사를 시작한 윤6월 28일 이후에 제공되었다. 규장각에서 윤6월 29일 오후에 다섯 마리의 닭을 삶아주어 영리들은 각자 한 마리씩 먹었다. 7월 4일 점심에 두 번째로 삶은 닭을 대접받자 영리들은 감동하면서도 송구스러워했다. 검서관들도 그것을 보고 "매일 이와 같은가" 하고 물으며 서로 돌아보고 경탄하였다.

7월 15일 오후에 영리들이 막 퇴근하려는데 무예별감武藝別監이 정조가 각신에서부터 영리에 이르기까지 규장각 구성원 모두에게 내린 '선사지찬宣賜之饌'을 가져왔다. 영리들은 대흑반大黑盤에 담긴 각색의 떡各色餠, 각색의 과일各色果, 닭·삼·전복·양고기·대합으로 만든 탕鷄蔘鰒胖蛤湯, 붉은색과 흰색으로 어우러진 수단水團을 하사받았다. 영리들은 하사한 음식에 감사하는 예를 아방亞房이 알려준 대로 따라 양손을 바닥에 대고 잠시 구부렸다가 일어나 꿇어앉아, 단정한 자세로 먹었다. 영리들은 배불리 먹고 남은 음식들은 싸가지고 가라는 하교에 따라 안동 경주인京主人 집에 보내주었다. 그러면서도 임금이 주신 진수성찬을 길이 멀어 부모님과 향당의 종족들에게 드리지 못하는 것을 매우 안타까워했다.

[표 2] 「영문고목營門告目」의 일자와 보고 사항

일자	보고 사항
6월 22일	조령鳥嶺을 넘음
6월 27일	규장각에 공사公事를 올림 호조의 요미와 병조의 가포로 일급 정함
윤6월 5일	금호문 밖에 숙소 정함 윤6월 2일부터 영첨청에서 글씨 연습
윤6월 10일	윤6월 6일부터 『오경백편』의 정본 선사 시작, 선사에 쓸 계필이 부족함
윤6월 23일	윤6월 21일 정조의 상전賞典 윤6월 22일 계필 30자루 도착
윤6월 27일	『오경백편』 한 본을 더 선사해야 함
7월 18일	7월 15일 정조가 음식을 내려줌 7월 21일경 선사를 마칠 예정임

경상감영으로 돌아와 초고속으로 승진하다

시골 사람으로 서울 구경하기란 어려운 일

서울에 왔더라도 규장각에 들어가기란 더욱 어려운 일

규장각에 들어왔더라도 임금님 뵙기란 어렵고도 어려운 일

나는 영남 사람, 1797년 여름 동료 다섯은 『오경백편』을 선사하라는

부름을 받들어 서울에 왔네

규장각 소유재에서 선사한 지 수개월 만에 일을 마치었네

오 척의 금문에서 임금님 목소리를 받들고 후추·비단·음식을 하사받

으니 참으로 천고에 없던 특별한 은혜라네

사호현의 고상함이여, 온 나라에서 우러러보네

以遠人而得見京師 爲難

到京師而得入內閣 爲尤難

入內閣而得入殿庭 爲難之難矣

余嶺人也 歲丁巳夏僚友五人 以經選書寫承召入

役于內閣小酉齋 不數月而功乃告訖

尺五金門 敬承玉音 內府椒帛 天廚賜饌 誠千古所無之殊眷

而惟玆司戶高軒 卽京外尊瞻之地也

　　윤6월 26일 규장각에서 『오경백편』의 선사를 마친 영리들에게 술과 안주를 풍성하게 대접했고, 사호헌에서도 영리들을 서리청으로 초대해 송별연을 베풀어주었다. 술자리가 끝나갈 무렵 소매에서 시가 적힌 두루마리를 꺼냈는데 12편의 다양한 시로 구성되어 있었다. 영리들은 시의 운율에 익숙하지 않아 즉석에서 화답和答할 수 없는 자신들을 한탄했다.

　　두 번째 선사를 마친 영리들은 7월 20일 사호헌에 돌아간다고 인사드리고 지난번 전별시에 대한 화답시를 전했다. 그러자 한 서리가 종이를 내밀면서 화답시를 다시 정서해 한 본을 서리청에 두고 오래도록 전하고 싶다며, 돌아갈 채비로 경황없다고 거절하지 말기를 간곡히 청했다. 영리들은 진심어린 부탁에 이를 기꺼이 받아들였다.

　　선사를 마친 영리들은 7월 22일 규장각을 출발해 8월 1일 감영에 도착했다. 정조가 직접 편찬한 어정서를 선사했다는 특별한 사례로 영리들은 후한 상을 받고 영방에서 초고속으로 승진했다. 사실 영리들은 규장각으로 올라가 『오경백편』을 선사하기 전에 1795년 경상감영에서 『오경백편』 3건을 선사한 적이 있다. 당시 선사영리들을 시상하라는 정조의 명을 따라 경상감영에서는 백미

白米 한 가마니와 면포綿布 두 필씩을 주었다. 이번에는 경상감영에서 1795년에 내린 것보다 많은 백미 두 가마니와 면포 세 필씩을 시상하였다.

경상감영에서 영리들의 차서는 계서영리부터 시작하여 이방영리에 이르는 9단계로, 이방영리가 되려면 40년에서 49년은 기다려야 했다. 그런데 선사영리들은 1795년과 1797년의 두 차례 『오경백편』 선사로 인해 각각 2등급을 뛰어넘어 승진했다. 그 결과 2년 만에 계서영리였던 권일빈·권명상은 예방영리가 되었고, 승발영리였던 권계만·김동락은 형방영리가 되었다. 규장각 출장에서 새롭게 합류한 권계황은 한 차례 승진으로 계서영리에서 승발영리가 되었다. 영방에서의 이러한 초고속 승진은 유례를 찾아볼 수 없는 '어정서 선사'가 주는 특례였다.

[표 3] 영방의 차서와 선사 영리의 승진

	근무 연수	영리 차서	1795년 차서	1796년 승진	1797년 승진
①	8~9년	계서영리䁖書營吏	㉠권일빈權日彬·권명상權命祥	㉢권계황權啓晃	
②	4~5년	통인영리通引營吏			
③	4~5년	승발영리承發營吏	㉡권계만權啓萬·김동락金東珞	㉠권일빈·권명상	㉢권계황
④	4~5년	공방영리工房營吏			
⑤	4~5년	예방영리禮房營吏		㉡권계만·김동락	㉠권일빈·권명상
⑥	4~5년	병방영리兵房營吏			
⑦	4~5년	형방영리刑房營吏			㉡권계만·김동락
⑧	4~5년	호방영리戶房營吏			
⑨	4~5년	이방영리吏房營吏			
	계서영리에서 이방영리까지 걸리는 기간은 약 40~49년				

정조의 '『오경백편』 선사' 프로젝트에 참여한 권계만(1767~1849)
은 『내각선사일록內閣繕寫日錄』을 기록했다. 이 일기는 규장각에서
『오경백편』을 선사했던 1797년을 중심으로 규장각 출장의 배경과
감회, 선사에 대한 시상 등을 담고 있다. 서울대학교 규장각한국
학연구원에 현전하는 『내각선사일록』은 권계만이 해서체의 작은
글씨로 정갈하게 쓴 1책 44장의 일기다.

이 일기는 18세기 경상감영의 영리가 정조가 명한 『오경백편』의
선사 프로젝트를 기록했다는 점에서 조선시대의 다른 일기와는 구

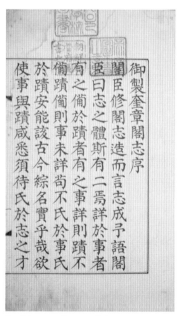

『규장각지』, 규장각한국학연구원.

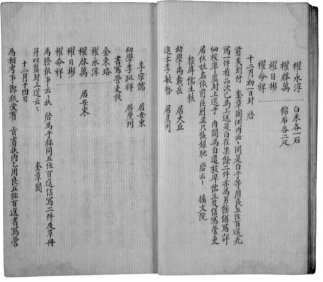

『내각선사일록』, 권계만, 규장각한국학연구원.

별되는 특징과 가치를 지니고 있다. 이 일기의 가장 큰 가치는 어정
서인 『오경백편』을 목판으로 찍어낼 때 필요한 정서본이 어떻게
만들어졌는가에 대해 당사자가 그 실상을 기록했다는 점에 있다.

　'『오경백편』 선사'라는 프로젝트를 추진하기 위해 규장각은 경
상감영과 관關·장계狀啓·유지有旨·첩정牒呈 등의 공문서를 통해 업
무를 처리했다. 권계만은 영리의 시각으로 공문서를 해당 일자에
일일이 기록해놓아 규장각과 경상감영의 문서 행정을 파악할 수
있으며 이로 인해 당시 규장각 운영의 실상과 위상을 알 수 있다.

　이 일기의 또 다른 매력은 창덕궁 궐내각사에 위치한 규장각, 즉
이문원의 구조와 풍경을 눈앞에서 보듯이 묘사하고 있다는 점이
다. 권계만의 눈에 비친 이문원의 모습은 『규장각지奎章閣志』나

「동궐도東闕圖」 등 다른 기록에는 없는 생생한 정보를 담고 있다. 특히 이문원의 후원에서 기르던 두 마리 학에 대한 흥미로운 언급은 『내각항식內閣恒式』(규장각한국학연구원 소장)에 '학요채전鶴料債錢' 항목에서 확인할 수 있어 일기의 정확성을 신뢰하게 한다.

『내각선사일록』은 「오경백선선사시일록五經百選繕寫時日錄」을 가운데 두고 앞에 2편의 서문과 뒤에 이만수李晩秀의 「오경백편답성문五經百篇答聖問」을 실었으며 5편의 발문으로 구성되어 있다. 이 일기를 쓴 권계만은 『오경백편』을 선사한 김동락, 권영순, 권일빈, 권명상과 함께 1824년에 간행된 『안동향손사적통록安東鄉孫事蹟通錄』의 '선사繕寫' 항목에 수록되어 안동의 자랑이 되었다.

9장

무관이 남긴
68년의 생애사

◉

노상추 일기

문숙자

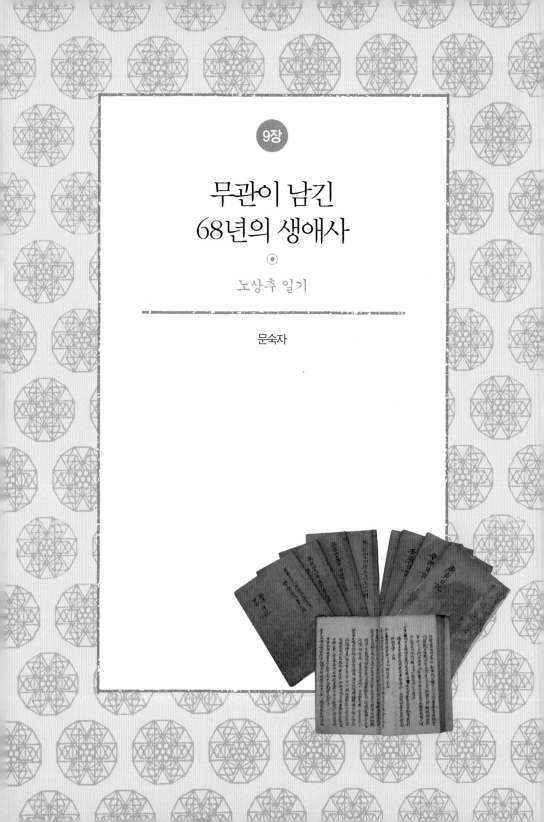

68년간의 일기에 담긴 것은

　경상도 선산 지역에 세거했던 안강 노씨安康盧氏 집안의 노상추盧
尙樞(1746~1829)가 남긴 일기는 조선시대 일기로서 알려진 어떤 일
기보다도 쓰인 기간이 길다. 그는 나이 17세 되던 1763년부터 84세
로 사망한 1829년까지 68년간 일기를 썼다. 비록 몇 권이 없어져
지금은 53년 치만 남아 있지만 그렇다고 그 방대함이 줄어드는 것
은 아니다. 조선시대에 『묵재일기』『미암일기』『쇄미록』 등 양반
가문의 생활일기가 많이 알려져 있지만 노상추의 일기만큼 오랜
시간 묵묵히 자신의 일상을 기록한 것은 찾아보기 힘들다. 그가
84세라는 당시로서는 비교적 장수를 누렸다고 할 만한 삶을 살았
기 때문이기도 하지만, 자신의 기록이 후손들에게 귀감이 되었으
면 하는 기대를 갖고 일상을 꾸준히 기록한 것이 중요한 이유다.

　금년은 내 회혼년이다. 부부가 해로하지는 못했으나 지난 일들은 생
　각하면 할수록 날로 새롭다. 내가 아버지의 명을 받들어 일기를 쓰기

『노상추일기』, 노상추, 조선 후기, 국사편찬위원회.

시작한 것 역시 회갑이 되었다. 아버지는 영조 기미년에 일기를 시작하셨으니 당시 19세였고, 임오년 봄에 그치셨다. 나는 임오년 봄에 시작하였으니 17세였다. 아버지는 임오년 정월에 신형先兄이 요절하자 세상 돌아가는 사정에 흥미를 잃고 일기 쓰기를 그만둔 것이다.(1822년 1월 4일)

혼인한 지 60년 되던 해에 그가 쓴 일기의 일부다. 그는 혼인하던 해인 17세 때 아버지의 명을 받아 일기를 쓰기 시작했다고 한다. 조선시대에 혼인이란 비로소 어른이 된다는 뜻이었기에 그의 일기는 성인 혹은 성년 일기인 셈이다. 게다가 그의 일기는 아버지를 이어 집필을 맡은 2대째 혹은 그 이상 지속된 일기의 일부이기

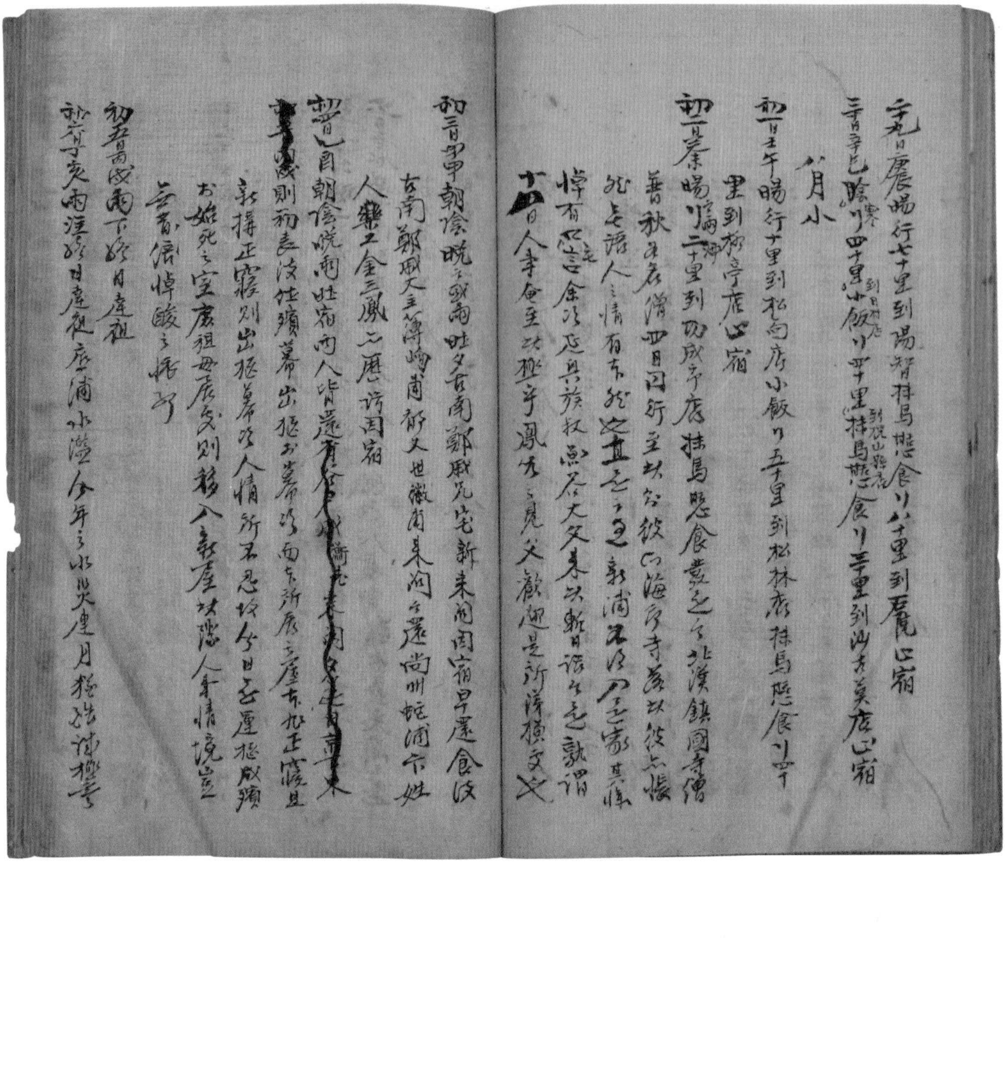

『노상추일기』본문.

도 하다. 아버지는 노상추의 백형인 장남이 사망하자 세상일에 흥미를 잃고 일기를 그만 쓰기로 하고 이를 노상추에게 맡겼다. 그런 의미에서 그의 일기는 장남을 대신해서 쓴, 집안 형제들의 대표자로서 쓴 일기이기도 했던 것이다.

17세부터 쓰기 시작해 만년까지 이어졌으므로 거기에는 굴곡진 인생사 모두가 담겨 있다. 그는 30대까지 고향 집에서 집안을 돌보고 농사일을 감독하며, 또 과거시험을 준비하면서 시간을 보냈다. 40대 이후는 관직생활을 하느라 한양에서 혹은 다른 지방을 다니며 타향살이를 했다. 60대 후반에 고향으로 다시 내려와 만년을 가족과 함께 보내면서 문중 일과 손자들을 훈육하는 데 시간을 쏟았다. 따라서 일기의 공간적 배경은 경상도 상주·선산 일대를 거쳐 한양과 갑산, 삭주, 홍주 등으로 옮겨갔다가 고향으로 되돌아오고 있다.

새벽에 가묘에서 차례를 지냈다. 아버지께서는 수월산으로 가셔서 성묘한 후 월파를 들러 저녁 무렵에 돌아오셨다. 낮에 월파 종족이 와서 가묘를 배알하고 돌아갔다……. (1763년 1월 1일)

이날 조참은 묘정卯正 삼각三刻에 인정전에 전좌하여 신시에 파했다. 백관 및 시위와 선장차비부터 금군에 이르기까지 각각 품은 생각을 올렸다. 나는 두 건의 일을 써서 올렸다. 하나는 산전山田과 화전火田에 모래가 흘러버리는 병폐이며, 두 번째는 군정의 폐단이 오로지 호적이 불명확한 데 있으며 부민富民들이 군역을 피하려고 도모하는 폐단에서 비롯된다는 것이다.(1786년 1월 22일)

「천산부」, 규장각 한국학연구원

고향에서의 일기와 관직살이할 때의 일기는 이처럼 과연 같은 사람이 쓴 것일까 의심될 정도로 매우 다르다. 앞의 내용은 18세 되던 해 정월 초하루의 일기이고, 뒤의 것은 노상추가 무신 겸 선전관으로 근무할 당시의 일기다. 아버지의 행선지, 집에 찾아온 손님, 집안 행사나 농사의 진행 상황 등을 늘어놓던 고향의 일기와, 국왕의 행차, 조참 내용, 조보를 통해 알게 된 정부의 주요 사안들을 나열한 일기는 노상추의 일상이 얼마나 변했는지를 보여준다.

그는 84세의 나이로 두 달여의 투병 끝에 사망했는데 죽음에 임박해서는 자신을 문병하기 위해 찾아온 이들의 이름을 나열하는 것이 전부였다. 그때 그는 일기에 이렇게 적었다.

어제 저녁 이후 병이 정신을 수습할 수 없는 지경이 되어 단지 시병侍病하는 자질子侄들이 전하는 말만 듣고 기록한다.(1829년 9월 6일)

즉 자신은 의식이 온전치 않은 상황에서 간병하는 아들과 조카들이 전하는 말만 듣고 문병 온 사람들을 기록해둔 것이다. 이렇게 그는 평생을 일기로 남겨야 한다는 절박한 사명을 띤 사람처럼 살았다.

그러므로 그의 일기는 무엇보다 그의 전 생애를 훑어보고 이해하기 위한 매개체로 접근해야 한다. 그것이 노상추가 일기를 쓴 이유나 방식에 들어맞기 때문이다. 일기 가운데 무과 응시 과정, 혹은 오위장으로서의 직무 상황, 변방의 관료생활 등 특정 주제에 대해서는 그의 생애를 음미한 뒤 하나하나 구체적으로 살펴봐도 늦지 않다. 왜냐하면 노상추의 일기는 조선왕조실록이나 문집처럼 정제된 자료만으로는 있는 그대로 복원할 수 없었던 한 개인의 생애를 되살려내주기 때문이다. 아무리 양반 신분이라 해도 기록이 남아 있지 않으면 우리에게는 이름 없는 한 개인일 뿐이다. 노상추 역시 마찬가지다. 『정조실록』에서 몇 차례 이름이 언급되고, 관직 임명장이 여러 장 남아 있으며 호적을 통해 가족관계를 일부 파악할 수 있을 뿐 일기가 없다면 그의 생애 흔적을 좇아 생생히 그려내는 일은 엄두도 낼 수 없다. 따라서 노상추라는 한 개인의 생애를 복원함으로써 그를 역사의 전면으로 끌어들이는 과정은 그가 남긴 일기만이 가능하게 하며, 이렇게 활용하는 것이 자신의 생애를 철저히 기록하고자 했던 저자의 뜻을 살리는 방법이기도 한 것이다.

4대에 걸친 가족, 그들의 생과 사

노상추 일기는 쓰인 기간이 긴 만큼 그의 부모, 형제, 자식, 손자 등 4대에 걸친 사람들이 등장한다. 그렇지만 정작 일기를 통해 이들의 일상을 관찰하기 전에 가장 눈에 많이 띄는 것은 가족의 출생과 사망에 대한 기록이다. 여기에다 친지들의 출산 및 사망까지 충실하게 기록하고 있어 일기에서 거의 매월 누군가가 태어나고 또 누군가는 죽는 과정을 반복적으로 볼 수 있다. 한 예로 노상추 자녀들의 출생과 사망에 대한 부분을 들여다보자.

[표 1] 노상추의 자녀들

족보	호적	일기
① 익엽(1771~1851)	① 봉증(개명 익엽)	① ??(1764~1766)
		② ??(1770~1771)
		③ 익엽(1771~?)
		④ ??(1781~?)
② 승엽(1796~1842)	② 경증(1788~?)	⑤ 경증(1788~?)
	③ ? (1796~?)	⑥ 승엽(1796~?)

　[표 1]은 노상추 집안의 족보와 호적, 그리고 노상추 일기를 통해 그의 자식들의 흔적을 쫓아가본 것이다. 노씨 집안의 족보에는 그의 아들로 익엽과 승엽 두 사람이 올라 있다. 반면 18세기에 작성하여 관에 신고했던 이 집안의 호구단자에는 봉증·경증 두 아들과, 출생한 지 얼마 되지 않아 아직 이름을 밝히지 않은 막내아들이 실려 있다. 봉증은 호적상에서 나중에 익엽으로 이름을 고친 사실을 밝히고 있고, 막내아들은 이름을 밝히지 않았지만 출생 연도로 볼 때 승엽을 가리키는 것임을 알 수 있다. 그런데 익엽과 승엽 사이에 있는 경증이라는 아들은 족보에는 나와 있지 않다. 정식 호적에 올랐는데 족보에 없다면 경증은 혼인하기 전에 세상을 떠났음이 틀림없다. 비슷한 예로 혼인 날짜까지 받아놓은 터에 세상을 떠난 것으로 일기에 기록되어 있는 노상추의 중형은 족보에서 그 기록을 찾아볼 수 없다. 경증과 같은 이유에서 그러할 것이다.

　표의 오른쪽 항목은 노상추가 자식들의 출생과 사망에 대해 일기에 기록한 것을 토대로 작성했다. 일기에는 호적에서도 발견할 수 없는 세 명의 아이가 더 나온다. 그들은 모두 어렸을 때 죽어서인시 이름을 밝히고 있지 않다. 일기에 가장 먼저 등장하는 노상

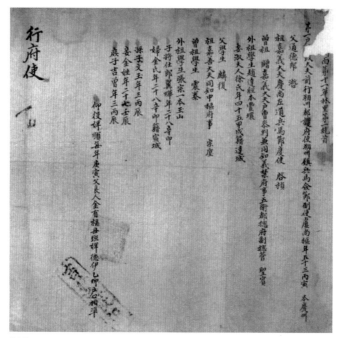

「준호구」, 개인.

추의 아들은 노상추에게는 많은 회한을 안겨준 자식이다. 그와
관련한 노상추의 일기는 이렇다.

이날 해시亥時에 아내가 아이를 낳았는데 아들이다.(1764년 10월 9일)

아버지가 죽잠에서 돌아왔는데 아내의 발열 증상 때문이다.(1764년
10월 13일)

이날부터 아내에게 오한과 발열이 오락가락하는 증상이 점차 심해지
니 걱정이다.(1764년 10월 14일)

이날 유시에 아내가 끝내 사망했다. 10년 동안 가화家禍가 혹독하였
으니 이것이 하늘의 뜻인가?(1764년 11월 28일)

1764년 10월 19일 아내가 아들을 낳았다. 노상추의 나이 열아홉에 얻은 아들이었다. 그런데 아들을 낳은 아내는 그날 이후 자리에서 일어나지 못한 모양이다. 죽잠에서 며칠 기거하던 아버지가 발열이 심한 며느리가 걱정되어 귀가할 정도였다. 가족들의 염려 속에 아내는 아들을 낳은 지 한 달 보름여 만에 세상을 떠났다. 아이를 낳다가 혹은 아이를 낳은 후유증으로 여성이 사망하던 것은 18세기에 흔히 있었던 일이다. 노상추는 그렇게 첫 번째 아내 손씨 부인을 잃었다. 그 후 그 아들에 대해서는 일기에 기록된 것이 없다. 다만 2년 뒤인 1766년 8월 3일 '유아가 이질로 아팠는데 끝내 구하지 못했다'는 사망 사실이 적혀 있을 뿐이다. 그때까지 아이의 이름도 짓지 않았던 것일까, 사망 순간까지 그 아들은 유아로만 기록되었다. '하늘이 어찌 이 아이한테만 이리 혹독한가'라는 노상추의 소회처럼 태어난 지 두 달 만에 어머니를 잃은 아들은 자신도 3년 만에 짧은 생을 마감했다.

그렇게 1770년에도 자식이 태어났으나 그 이듬해 사망하였고, 익엽이 태어난 이후에도 호적이나 족보에서 흔적을 찾을 수 없는 자식들이 태어났다가 사라졌다. 이들은 짧은 생을 살다가 세상을 떠났다는 이유로 족보나 호적 등에 기록되지 않은 노상추의 자녀들이다. 족보에는 혼인 전에 사망한 자식은 거의 올리지 않은 것으로 보인다. 호적 역시 혼인을 기준으로 하지는 않지만 영·유아들은 거의 올리지 않고 있다. 따라서 노씨 집안의 역사에서 이들의 존재를 입증해줄 수 있는 것은 노상추의 일기밖에 없는 것이다. 노상추의 일기만큼 그 가족들의 생과 사, 가족들의 존재 자체를 꼼꼼하게 신고 있는 기록이 있는가. 그의 일기는 '역사는 승자의 기록'이라는 일반적인 정의와 달리 모든 구성원을 남기려 했다는 점에서 더 인간적이다.

되풀이된 혼인과 사별
조선 남성에게 결혼이 지니는 의미

일기에 유난히 출생 사망 기록이 많다고 느껴질 만큼 노상추 일가는 많은 자녀를 낳았지만 유아기에 사망하거나 성인이 되지 못하고 세상을 떠난 이도 많다. 뿐만 아니라 출산후유증으로 여성들의 사망 역시 빈번히 일어났기에 그들에게 출산은 늘 위험부담을 안고 이루어지는 행위였다. 그렇지만 가족을 이어가야 하는 가장 입장에서는 자신의 아내와 자식을 잃을 위험을 안고서라도 감당해야 할 과제이기도 했다. 18세기 노씨 집안 남성들의 삶을 들여다보면 이처럼 사별의 아픔을 경험하는 가운데서도 가족을 유지하고 이어가려는 노력이 삶 속에 배어 있음을 느낄 수 있다.

먼저 주인공 노상추는 혼인한 지 1년여 만에 첫 아내 손씨와 사별했다. 아들을 낳고 시름시름 앓던 손씨 부인을 떠나보낸 것은 노상추의 나이 19세 때의 일이다. 3년상을 치른 후 하회의 유씨 집안에서 다시 아내를 맞이했지만 유씨 부인 역시 혼인한 지 6년여 만에 세상을 떠났다. 이번에는 3년상은커녕 1년도 기다리지 못하고, 아내가 떠난 바로 그해에 세 번째 아내 서씨를 맞이했다. 그때 그의 나이는 29세였다. 다행히 세 번째 아내와는 25년여의 세월을 부부로 생활하였다. 하지만 그 기간 동안 한양과 갑산 등지에서 관직생활을 했음을 감안하면 부부가 함께 지낸 시간은 결코 길지 않다. 그에게 있어서 부부란 사별 혹은 생이별로 늘 그리워하는 애틋한 관계였다.

혼인과 사별을 반복하는 것이 비단 노상추에게만 있었던 일은 아니다. 노씨 일가에게 혼인과 사별은 일상적인 것이었고, 사실 이것은 당시 양반사회의 현실이기도 했다. 그의 아버지가 세 번 혼인을 했고, 노상추 역시 그리하였으며, 동생 노상근盧尙根 역시 첫 번째 아내와 사별하고 재혼을 했다. 여성이 남성보다 요절하는 비율이 훨씬 높았기에 남성의 재혼은 불가피한 것이었는지 모른다.

[표 2]를 보면 그들의 재혼 연령이 적으면 40세, 많으면 50대 초반까지 이어지고 있음이 눈에 띈다. 노상근은 좀 이른 나이인데도 세 번째 혼인을 하지 않은 것이 의아하게 느껴질 정도다. 그러나 노철과 같이 나이 50세가 되어서도 세 번째 혼인을 감행한 것은 그때까지는 자녀를 낳을 수 있는 나이라는 판단에서 이뤄진 것은 아니었을까. 특히 그는 50세의 나이에 21세의 여성을 세 번째 혼인 상대로 삼았다. 자신의 나이가 많음으로 인해 더더욱 생산력이 왕성한 나이의 여성을 선택한 것은 아닐까.

[표 2] 노상추 부자의 혼인 및 재혼 연령

이름	초혼	재혼	삼혼	비혼 기간
노철(부친)			50~51세	52~58세(7년)
노상추	17세	23세	29세	54~84세(31년)
노상근(동생)	19세	25세		39~57세(19년)

그러나 나이 50이 넘으면 재혼이 남성에게도 그다지 의미가 없

었다. 노상추는 세 번째 아내를 잃은 뒤에는 죽을 때까지 혼인하지 않았는데 무려 31년이나 배우자 없이 지낸 셈이다. 노상근의 19년 비혼非婚 기간 역시 결코 짧지 않다. 그러나 그 기간 동안 이들은 첩을 두고 한집에 기거했으며, 첩으로부터 자식을 낳고 그들의 봉양을 받으면서 불편하지 않게 지냈다. 노상추는 늘 아들을 많이 낳아 가계를 별 탈 없이 이어가야 한다는 과제를 안고 살았다. 이 일을 이루고 난 뒤, 또는 나이가 들대로 들어 이제 더 이상 아들을 낳는 것이 어려워지면 꼭 결혼해야 할 필요성은 느끼지 못했던 것이다. 이미 첩을 들였으면 그 첩과 살면 그만이고, 또 필요하면 첩을 들여 새로운 가족공동체를 꾸릴 수 있었던 것이다.

노씨 집안의 남성들에게 혼인은 애정으로 맺어진 남녀관계의 의미를 넘는 것이다. 세 번째 혼례를 치르고 돌아온 그는 "새 얼굴이 아직 낯설고 정도 통하지 않으니, 자세히 관찰해보아야 어떤 사람인지 알 수 있겠다"라고 썼다. 그들은 전혀 본 적도 없는 상대와 가문에서 맺어준 대로 결합했다. 혼인이란 가족을 재생산하고 이어가기 위한, 가계와 가계의 결합이었다. 그런 까닭에 해로하지 못하고 먼저 떠난 아내를 그리워하면서도 가족의 재생산을 위한 두 번째, 세 번째 혼인을 감행한 것이다.

붓을 던지고 나간 무관의 길

노상추는 둘째 아들 경중이 태어나기 전 꿈에서 서씨 부인과 만나 새로 태어날 아이의 이름을 지어주었다. 29세에 맞아들인 서씨

노진교 홍패.

부인과는 본격적인 과거시험 준비와, 무과 합격 후의 관직생활 등 계속적인 타향생활로 거의 떨어져 지냈다. 노씨 집안은 문과와 무과급제자를 모두 배출했는데, 특히 노상추 이후로는 장남 익엽翼燁, 장손 명찬明瓚, 증손 진교鎭嶠까지 4대 연속 무과급제자를 배출했다. 노상추 이래 그들이 염원한 것은 관료로서 국왕을 가까이 모시고 무관으로서의 역량을 발휘하는 것이었다. 그러한 사회적 지향은 개인적인 것이 아니라 노상추에게서 비롯되어 자손들에 계승된 가계의 지향이기도 했다.

노상추는 23세 되던 어느 날 일기에 문득 "붓을 던지기로 뜻을 정하고投筆 비로소 무예를 시작한다"고 적고 있다. '붓을 던진다'는 표현은 문관의 꿈을 버리고 무관의 길을 가기로 했다는 것으로 읽힌다. 뿐만 아니라 자신의 맏아들 익엽이 24세의 나이로 진로를 정했을 때에도 '붓을 던질 계획을 하고 있으니 마음이 매우 안쓰럽다'고 기록하였다. 한집안에서 할아버지를 이어 노상추와 그의 동생 상근, 그리고 아들 익엽까지 세 사람이 무과에 급제했는데, 이들은 이렇게 붓을 던진 뒤 무예로 진로를 바꾼 공통된 이력의 소유자들이다. 결국 '투필投筆'이라 표현한 것은 그들의 꿈이 무과보다는 문과에 있었음을 드러내는 것이다. 하지만 문신 관료가 되기 위해 구체적인 노력을 했다기보다는 양반으로서의 이상인 문관을 꿈꾸다가 다소 현실적인 진로로 방향을 선회한 것으로 보인다.

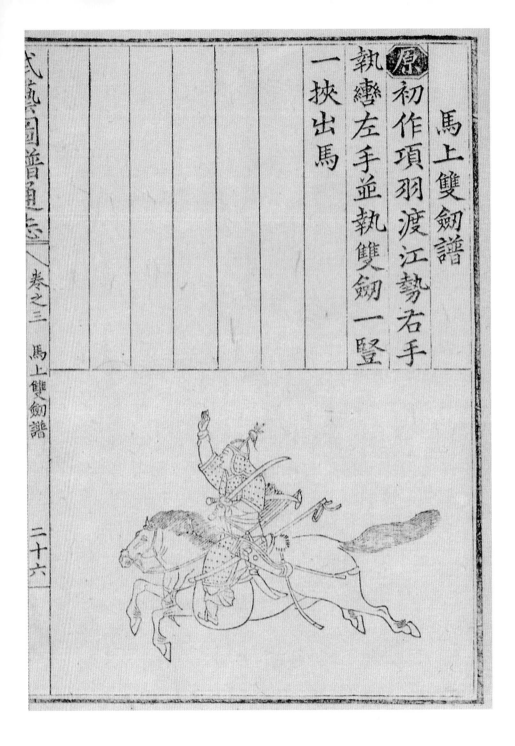

『무예도보통지』, 정조명편, 박유성 외 그림, 31.0×18.9cm, 1790, 규장각한국학연구원. 창파 검, 표창鏢槍에서부터 권법, 곤봉, 격구에 이르기까지 전투 기술들이 상세히 적혀 있다. 노상추는 문과를 포기하고 과거시험 무과에 지원했다.

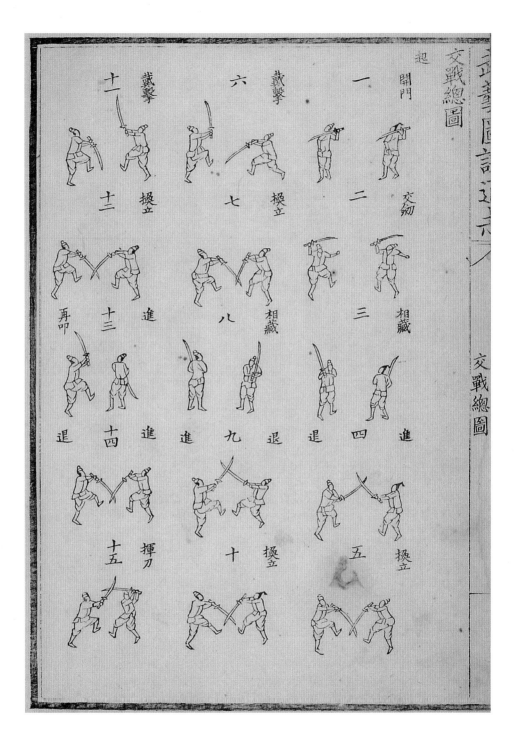

「교전총도交戰總圖」, 『무예도보통지』.

「명종잠림서총대시문무도」, 종이에 채색, 35.0×48.5cm, 19세기, 국립문화재연구소. 조선시대 무과시험의 한 장면을 보여준다.

그 후 3년을 준비한 끝에 노상추는 1771년(영조 47)부터 과거에 응시했는데, 그의 응시 이력은 다음과 같다.

[표 3] 노상추의 무과 응시 이력

시기	무과 종류	결과	전거(일기 기록)
1771년 2월	정시	초시 낙방	1771. 2. 9
1771년 10월	정시	초시 낙방	1771. 10. 11
1776년 3월	정시	시험 취소	1776. 3. 1
1777년 8월	식년시	초시 합격	1777. 8. 2
1777년 9월	식년시	복시 낙방	1777. 9. 19
1778년 7월	알성시	초시 낙방	1778. 7. 4
1778년 8월	정시	초시 낙방	1778. 8. 3
1779년 9월	식년시	초시 합격	1779. 9. 22
1780년 2월	식년시	복시 합격	1780. 2. 25
1780년 3월	식년시	전시	1780. 3. 16~17

그는 친구들과 함께 길을 떠나 한양까지 시험 보러 갔다가 낙방해 되돌아오기를 수차례 되풀이했다. 이렇게 친구들과 한양까지 과거 보러 가는 행렬을 그들은 '관광'이라 불렀다. 조령을 넘어 한양에 입성하기까지 지방 문물과 경관을 두루 관찰했으므로 매우 적절한 표현인 듯하다. 1776년(영조 52) 치러질 예정이었던 정시庭試가 영조의 사망으로 실시되지 못했듯이 과거시험이 취소될 때도 있었다. 1779년(정조 3) 서른네 살의 나이로 식년시에 도전해 고향에서 사목射木, 방포放砲 등을 시험친 후 대구에서 선무도시選武都試를, 그리고 넉 달 뒤 한양에서 정과庭科를 치른 끝에 드디어 무과에 급제했다. 스물세 살에 무예를 진로로 정하고 준비를 시작해 서른

무관복武官服, 유교문화박물관.

다섯 살 봄에 드디어 무과에 급제한 것이다.

그러나 관직을 얻기까지는 또 몇 년의 시간을 기다려야 했다. 서른다섯에 과거에 합격한 그에게 무겸武兼이라는 자리가 주어진 것은 마흔 살이 되어서였다. 노상추는 이를 하늘이 준 행운이라며 좋아했다. 이후 그는 외직으로의 전출, 내직으로의 복귀, 승진 등을 되풀이하며 무관 관료생활을 이어나갔다. 갑산 진동鎭東 변장邊將, 삭주부사 등 외직에 나갔을 때는 한양이나 고향으로부터의 거리와 정보의 부재 등으로 끊임없이 외로움을 토로했고, 외직에 가게 된 사실 자체가 자신이 세력勢이 없는 영남 출신이기 때문이라고 생각했다. 하지만 "이것이 곧 벼슬살이이니 신하된 자로서 충성을 다할 뿐이지 관직의 우열을 가리는 것은 옳지 않다"고 자신을 설득하는 것을 보면 관직에 임했던 노상추의 마음가짐을 알수 있다. 그는 관직생활 내내 이렇게 영남 사람으로서의 세력 없음을 한탄하나 자기 자신과 타협하고 스스로를 설득하면서 직무에 최선을 다하는 모습을 보였다.

「북일영도北一營圖」, 김홍도, 종이에 엷은 색, 32.3×43.7cm, 조선 후기, 고려대박물관. 북일영은 훈련도감訓鍊都監의 분영分營으로 궁궐의 호위를 맡았던 부대의 하나다. 노상추 역시 무관으로서 도성 수비와 임금의 호위 등을 맡았다.

나의 생애, 나의 가족

노상추는 무과 급제를 통해 관료로서 사회에 공헌하기를 간절히 원했다. 그가 바라던 이상을 비로소 실현하게 된 것이 40세 되던 해부터인데, 그때부터 그의 인생 무대는 고향을 떠나 한양이 되었다. 한양에서의 관직생활, 국왕의 행차를 따르고 도성을 수비하면서 그는 타향살이 가운데서도 임금과 함께함을 뿌듯해했다. 갑산·삭주 등 지방에 재임할 때에도 임금이 계신 궁궐을 향해 그리움을 쏟아내면서, 임금과 아버지를 향한 의義가 서로 다른 것이

아님을 절실하게 느꼈다.

실제 노상추 자신이 관직 이력을 돌아보면서 소회를 말한 것을 보면 그의 인생관이 잘 드러난다. 그의 인생관은 한마디로 무부武夫가 비천한 무리가 아님을 몸소 내보이는 삶을 실천하는 것이었다.

옛적의 명유名儒들은 무부武夫를 비류鄙類라 칭했는데, 이는 구하여 나아갈 때 염치가 없고, 구차하게 얻어도 부끄러워할 줄 모르며, 주색만 좋아하고 명교名敎를 알지 못하기 때문이다. (…) 하지만 사유四維를 마음속에 스스로 새겨 자신의 길을 향해 바르게 나아간다면 어찌 우리 무인들을 폄훼할 수 있겠는가.(1808년 10월 18일)

노상추의 삶은 무관의 전통을 이어받아 이를 천직으로 여기며 한양에서는 임금의 안위를 위해, 그리고 지방에서는 백성들의 편안한 삶을 위해 헌신한 것이었다. 특히 그는 무인이 폄훼받는 세태에 대한 비판의식을 더 엄격한 사유四維의 실천으로 승화시킴으로써 세속적이기보다는 도덕적인 삶을 추구해왔다. 그의 일기는 무관 관료들이 성리학적 정치철학으로 무장한 정치인은 아니지만, 어떤 정치인보다 국왕을 가까이하고 또 백성들과 가까이 있었던 존재였음을 보여준다. 그들이 국왕과 백성들을 위한 무관 본연의 임무에 충실함으로써 양반 관료 체제의 한 축을 견고히 맡아나갈 수 있었던 것이다.

그의 충실한 삶은 세거지에서 노씨 집안이 삭주부사였던 그의 이력을 따서 노삭주가盧朔州家로 불리며 명실상부한 명망가로서 자리매김하는 데 밑거름이 되었다. 하지만 그와 그의 선조들이 힘써왔던 가계의 운영과 이를 이어나가려는 노력이 자손들에게 전해지지 않았으면 그러한 명성이 지속되기는 어려웠을 것이다. 그에게는 자신을 이어 붓을 던지고 무과에 매진한 장남 익엽이 있었다. 그는 무과에 급제하고 관료로서 아버지의 명성을 이은 것은 물론이고, 혼인한 지 10년 만에 장손 명찬을 낳더니, 명찬 이후에도 네 명의 아들과 한 명의 딸을 더 낳아 가계를 번성하게 하는 데 기여했다. 태어나 족보에 오르지 못하고 사망한 아들이 네 명이나 되는 데다 딸과 서출까지 합하면 무수한 자식을 잃은 노상추였다. 그래서 일기 곳곳에 대를 이을 걱정을 하고, 아들이 적다며 늘 불안해했다. 그런 그의 갈증을 장남 익엽은 잘 해소해주었다.

노상추가 천총으로 한양에서 지내던 어느 날 익엽이 직소로 찾아왔다. 이때 관직생활로 인해 이미 고향을 떠난 지 오래된, 50대 중반을 넘긴 노상추는 익엽에게 다음과 같이 말한다.

위선爲先의 책임은 가장에게 달려 있다. 그러니 네가 잘 처리하지 못하면 만사가 허물어지고 말 것이니라.

이미 장남 익엽에게 집안의 대소사를 맡기고 물러나 앉은 듯, 염려와 당부를 쏟아낸 것이다. 그때 아들에게 구체적으로 주문한 것은 조부 죽월공竹月公에 대한 위선사업이었다. 죽월헌 중건과 죽월공 묘갈 건립, 죽월헌 중건계 발족 등이 그 내용이다. 이는 자신의 인생에 있어서 늘 길잡이가 되어준 조부에 대한 사후 봉양의 표시일 뿐 아니라 노씨 가문을 보익補益하는 일이라 생각했다. 또 익

서산와 전경. 서산와는 노상추의 호다.

엽이 이런 일을 감당해줄 만큼 장자로서 잘 성장했다고 여겼다.

익엽은 노상추가 주문한 역할을 잘 이뤄냈다. 60대 후반 이후
노상추는 고향으로 돌아갔고, 그 무렵 익엽은 무과에 급제한 후
한양과 지방을 오가며 관직생활을 했다. 노상추의 가계 경영에의
복귀로 위선사업은 잘 마무리되었다. 이렇게 노씨 가족은 가계를
운영하면서 다음 대에 가계를 물려주는 인적 계승은 물론, 사회적
지향까지 물려주는 관념적 계승을 지속해나갔다. 노상추가 남긴
68년간의 일기는 한 가족의 여러 대에 걸친 일상을 여과 없이 보여
줌으로써 그들의 삶을 역사의 전면으로 드러내는 길잡이 역할을
해주었다.

10장

미천한 보통 사람이 남긴
일기와 경제생활

◉

『하재일기』를 통해 본 공인貢人의 일상

조영준

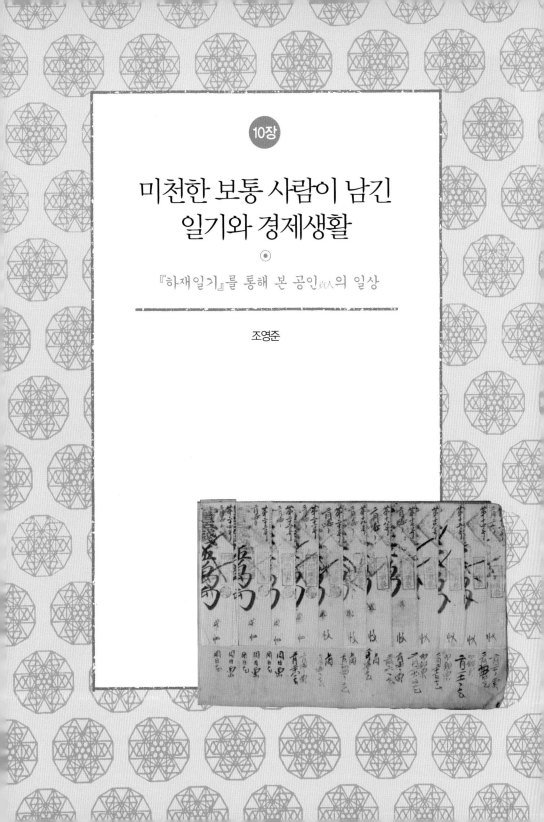

상놈이 쓴 일기

　지난 반세기 동안 한국사 연구가 깊고 넓어지면서 다양한 일기
가 학계에 소개되어왔다. 조선시대 사람들이 작성한 일기를 들여
다보는 일이 이제는 대중에게도 그리 새롭지 않은 일이 되었을 정
도다. 일기는 그것이 공적인 것인지 사적인 것인지에 관계없이 한
시대를 살았던 인물의 꾸밈없는 삶을 구체적으로 보여준다는 점
에서, 편집과 정제의 결과인 연대기보다 훨씬 높은 현실 설명력을
지니는 귀중한 자료다.

　하지만 조선시대 사람들이 남긴 일기를 소개하는 허다한 읽을
거리를 접하는 독자 입장에서 한 가지 놓치지 말아야 할 점은, 대
부분의 일기가 특정 계층에 의해 작성되었다는 사실이다. 점점 많
은 양의 일기 자료가 보급되고 있지만, 조선시대 사람들의 모습을
전체적으로 그려낼 정도는 아니다. 국왕, 왕족, 관료, 학자, 그리
고 그들의 부인 등 남녀를 불문하고 일기를 쓴 인물이 양반이 아닌
경우가 거의 없기 때문이다.

조선 사회에 양반만 있었던 것이 아닌데도 양반 아닌 사람들이 남긴 일기를 찾아보기란 어렵다. 평민이나 노비의 일기가 현재 전하지 않는 이유에 대해서는 몇 가지 추정이 가능한데, 쉽게 떠 올릴 수 있는 것은 두 가지다. 첫째, 문맹이라면 일기를 쓸 수 없었을 것이다. 그런데 조선시대의 각종 매매문기賣買文記를 비롯한 고문서에서 거래의 주체로 노비가 많이 등장한다는 사실은, 하층민은 곧 문맹이라는 명제를 곧이곧대로 받아들일 수만은 없게 한다. 둘째, 일기를 작성했다고 하더라도 가계家系가 단절되었다면 현재까지 전해질 수 없었을 것이다. 18~19세기를 지나면서 신분이 미천하고 경제적으로 빈곤한 계층에서는 가계를 잇기 어려웠기 때문에 가전家傳 문헌이 보존될 확률은 극히 낮았다.

어쨌든 이렇게 양반의 일기가 압도적 다수를 점하고 있는 터에 양반이 아닌 '상놈常漢'의 일기를 소개할 수 있다는 사실은, 독자로 하여금 당대인의 생활상에 보다 가까이 다가갈 수 있게 한다는 점에서 필자의 가슴까지 설레게 한다. 규장각에 소장되어 있는 『하재일기荷齋日記』가 바로 한 평민이 남긴 일기이기 때문이다. 비록 시기적으로는 19세기 말에서 20세기 초의 기록이지만, 조선 후기의 ´전통적인 경제체제에 편입되어 있었던 인물이 주인공이라는 점에서, 예전부터 내려오던 유제遺制를 확인함과 동시에 근대 전환기의 변화상을 엿볼 수 있게 한다.

대동법의 주역, 공인

『하재일기』는 1905년 3월부터 1908년 2월까지 약 3년의 누락 부분을 제외하고는 1891년 1월부터 1911년 6월까지 17년 동안 거의 매일 기록되었으며, 총 9책으로 묶여 있다. 어떤 계기로 일기를 쓰게 되었는지는 알 수 없지만, 일기 쓰기를 그만둔 것은 연로해졌기 때문인 것으로 보인다. 아홉 번째 책의 표지에 "신해辛亥 윤6월 29일 필畢"이라고 적혀 있으며, 그보다 조금 앞선 1911년 6월 17일이 작성자의 회갑回甲이었다.

『하재일기』를 쓴 인물이 누구인지 확인하는 데에는 생각보다 오랜 시간이 걸렸다. 1981년에 간행된 『규장각도서한국본종합목록奎章閣圖書韓國本綜合目錄』에서는 "지윤식池潤植"으로, 1994년에 발간된 『규장각한국본도서해제속집奎章閣韓國本圖書解題續集』에서는 "구한말 공인貢人이며 지씨池氏로 추정되는 사람"으로 소개된 바 있다. 결국 서울특별시사편찬위원회에서 국역國譯 작업을 추진하는 과정에서 2007년에야 비로소 '지규식池圭植'이라는 사람이 작성한 일기임이 확인되었다.

지규식의 직업은 궁중宮中에 그릇을 조달하는 공인貢人이었다. 그런 까닭에 『하재일기』는 물건을 납품하거나 매매하는 일과 관련된 내용이 중심을 이루고 있다. 어디까지나 개인의 일기라는 점에서 치정癡情을 비롯한 일상의 소소한 단편들이 고스란히 담겨 있는 것은 물론이지만, 『하재일기』를 읽어나가면서 지규식이 영위한 공사公私 간의 활동을 제대로 이해하기 위해서는 조선 후기 공인의 실체에 대한 이해가 있어야만 한다.

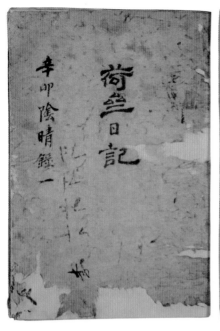
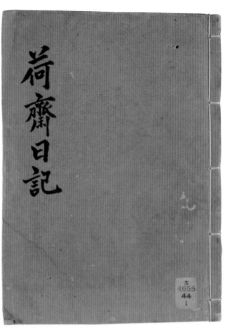

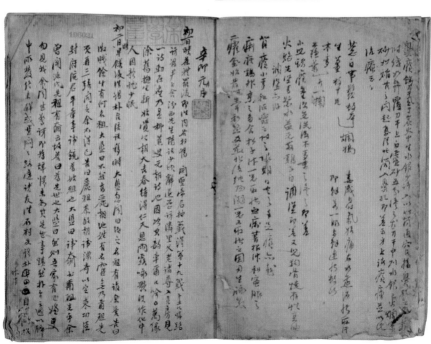

공인은 공물주인貢物主人의 줄임말이며, 주인主人의 하나다. 현대어에서 주인은 소유자 또는 임자라는 의미로 두루 쓰이지만, 역사용어로서의 주인은 경주인京主人이나 영주인營主人에서 보듯 일종의 대리인 또는 담당자를 이른다. 조선 후기에는 새롭게 생겨난 권리를 획득한 자들을 일컬어 주인이라 했으며, 공물주인을 비롯해 도장주인導掌主人, 여객주인旅客主人 등이 대표적이다. 공물주인을 공인이라 한 것처럼, 도장주인은 도장導掌, 여객주인은 객주客主 또는 여각旅閣이라는 약칭으로 불렸다. 또한 이들이 가진 권리를 각각 공인권貢人權, 도장권導掌權, 여객주인권旅客主人權이라 한다.

공인의 권리는 공물貢物을 납품하는 데 있었다. 보다 구체적으로 표현하자면, 대동법大同法이 시행된 후에는 각 지역에서 특산물을 현물로 상납하지 않고 그 가치에 상응하는 쌀로 납부했으며, 이렇게 중앙으로 집중된 쌀이 공물을 상납한 공인에게 공가貢價로 지급되었던 것이다. 즉, 조선 후기에는 공납貢納이라는 제도가 쌀이라는 상품화폐commodity money를 매개로 이루어졌으며, 그 실현의 핵심적인 주체가 공인이었다.

서울의 사옹원, 광주의 분원

공물을 원활하게 상납하기 위해 공인은 공계貢契 또는 도중都中이라는 조직을 갖추어 활동했다. 공인의 조직이 물품을 상납하는 방식으로는 무납貿納과 제납製納이라는 두 유형이 있었다. 무납이란 물품을 구매하여 상납하는 것을 말하고, 제납이란 물품

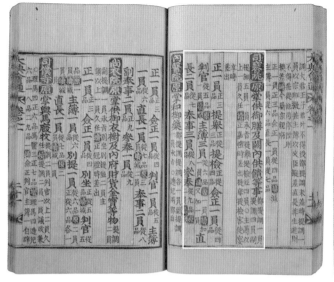

『대전회통』에 실린 사옹원에 대한 규정. 임금에게 올리는 음식御膳의 공상供上 및 궐내의 공궤供饋 등의 일을 맡는다고 되어 있다.

을 제작하여 상납하는 것을 말한다. 지규식은 그릇이라는 물품을 제작하여 상납하는 제납 공인이었고, 그 상납처는 사옹원司饔院이었다.

사옹원은 조선시대에 1467년부터 1895년까지 궁중, 즉 궐내의 음식을 관장한 기관으로서 주원廚院이라고도 했다. 1467년 이전에는 사옹방司饔房이라 하였고, 1895년 이후에는 전선사典膳司로 바뀌었다. 지규식이 일기를 작성한 시대의 법전인 『대전회통大典會通』에 따르면, 사옹원은 이조吏曹의 속아문屬衙門으로서 정3품 아문이었다.

사옹원에서는 음식을 진공進供하는 과정에서 다량의 그릇을 필요로 했으며, 온갖 기명器皿의 안정적인 공급원을 확보하기 위해

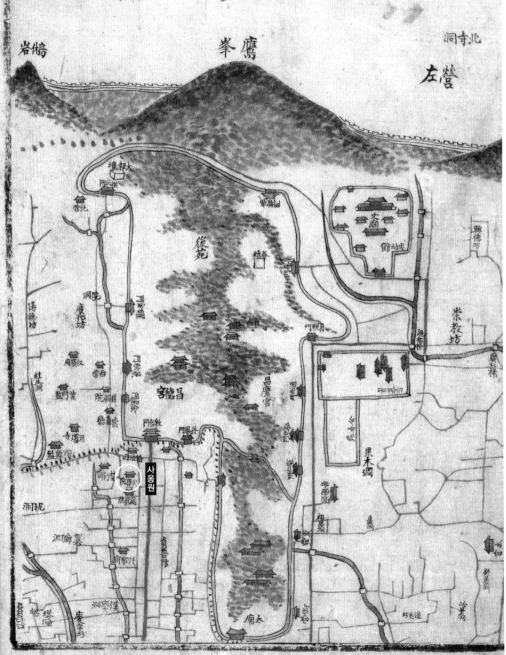

『청구요람』, 규장각 한국학연구원. 표시된 곳이 사옹원의 위치다.

경기 광주廣州에 분원分院을 설치해 운영했다. 흔히 '광주 분원' 또는 '광주 관요官窯'라고 하지만 정식 명칭은 '사옹원 분원'이다. 오늘날에는 행정구역상 광주에 속하지만 당시에는 양근楊根에 속했기에 '양근 분원'이라고도 했다. 남한강과 북한강이 만나는, 현재의 팔당호八堂湖 남쪽에 위치했는데, 구체적으로는 현재의 경안천慶安川 동쪽편이다.

지규식은 분원이 소재한 양근과 사옹원이 있었던 서울을 오가며 생업을 영위했다. 직선거리로 측정하더라도 약 30킬로미터에 달하는 곳이므로, 실제로는 육로 및 수로를 통해서 편도 100리가 넘는 길을 오가며 활동했을 것이다. 본가는 양근에 있었지만, 서울에 오랜 기간 체류하기도 했으므로, 양근과 서울 모두가 지규식의 주요 생활 공간이었다고 할 수 있다.

지규식이라는 사람

지규식은 충주忠州 지씨이며, 시조는 지경池鏡이다. 자신의 호인 하재荷齋를 따서 일기의 제목을 달았다. 회갑으로 미루어 1851년 6월 17일에 태어났음을 알 수 있으니, 일기를 작성한 20년은 41세부터 61세까지인 셈이다. 양자養子로 출계出系하였기 때문에 일기에서는 생가의 조부모에 대해 제사를 지낸 기록도 보인다. 선산과 처가는 모두 광주의 남한산성에 있었다. 지규식은 평민 신분이었지만 활쏘기 연습을 계속하며 무과武科에 응시하기도 했는데, 41세 되던 1891년의 2월과 5월에도 무과에 응시했다는 기록이

「대동여지도」, 규장각한국학연구원. 남한강과 북한강이 만나는 팔당호의 남쪽에서 유입되는 지류인 경안천 동쪽에 분원이 위치했다. 식민지 시기에는 경안천을 검량천金良川이라 불렀고 조선시대에는 소내牛川라 했다. 이 지도에는 '우천牛川'으로 되어 있지만 다른 지도에서는 '소천小川'으로 표기되기도 했다. 『하재일기』에서도 '우천'이 자주 등장한다.

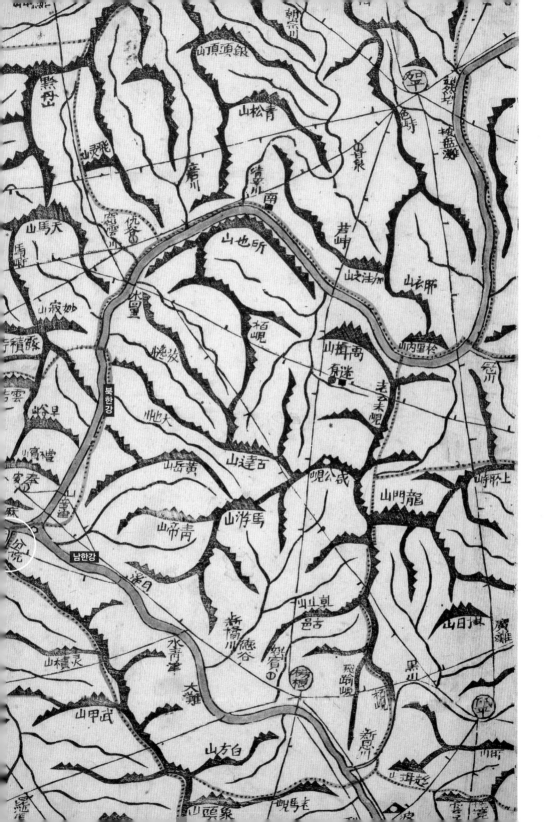

보이지만 결국 입격入格하지는 못했다. 그의 처남도 서리書吏였던 것으로 보아 처가 역시 신분이 높지는 않았던 것 같다.

지규식이 무과에 응시했다고는 하지만 신분 상승만을 위해 적극적으로 노력한 것은 아니었다. 오히려 명례궁明禮宮의 고지기庫直 자리를 도모하는 등 지대 추구자rent-seeker로의 변신을 꾀하고 있었다. 조선 후기 왕실에서는 공인을 통한 공물 상납 외에도 명례궁을 비롯한 사궁司宮을 통해 물자 조달이 이뤄지고 있었으며, 고지기는 그러한 조달 기관의 실무자였던 까닭에 비록 신분은 낮았지만 지대 추구 행위를 하기에 용이한 직책이었다.

> 어제 들으니 명례궁 고지기가 자퇴自退하였다고 하기에 그 자리를 도모하려고 탐문探問해보았더니, 이미 박朴이란 자가 대신 나갔다고 하였다. 나도 모르게 만시지탄晩時之歎하였으나 어찌하겠는가? (1891년 8월 30일)

공인으로서의 지규식의 위치는 일기를 작성한 20년 동안 조금씩 달라졌는데, 이는 분원 운영의 변화에 따른 것이었다. 사용원 분원은 감생청減省廳의 개혁으로 이미 1883년에 민영화되어 있었으며, 분원 공소貢所라 칭하는, 사실상 반민반관半民半官의 기관이었다. 공소는 1897년에 번자회사燔磁會社로 바뀌었는데, 사원社員 공동 운영 체제에서 개별 생산 체제로 변모해 결국은 시설임대업 성격을 띠게 된다. 1906년에 번사주식회사燔砂株式會社로 변경되었지만, 분원의 업業은 사그라지고 있었다.

분원 공소의 공인 조직은 공방貢房이라 하였으며, 공소 전체의

「漢城府」의 一部. 규장각한국학연구원. 조선 후기 漢城府를 그린 것으로 가운데 표시한 곳이 明禮坊은 현재의 명동 일대에 해당하고 있었다.

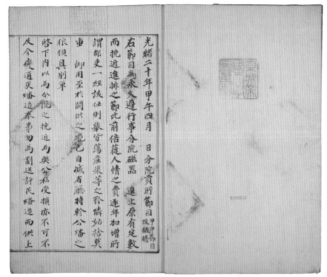

『분원자기공소절목分院磁器貢所節目』(규장각한국학연구원)은 분원이 민영화되어 공소貢所로 운영되던 당시의 규정이다.

업무를 총괄한 대행례大行禮, 문서를 정리하고 각종 회계를 관장한 상장上掌 및 하장下掌, 자기 생산에 필요한 물품을 검사한 변간역邊看役, 진상進上 물품을 운반한 수행隨行 등으로 구성되어 있었다. 『하재일기』에 따르면, 지규식은 공방의 하장으로서 『하장일기下掌日記』를 작성하고 있었다.

"칼자루를 쥔 자와 칼날을 쥔 자"의 갈등

『하재일기』를 통해 파악되는 지규식의 업무는 네 가지 정도이며, 궁궐에 그릇을 납품하고 공가를 받는 것, 각종 그릇을 시장에 내다 팔고 대금을 수납하는 것, 외점外店이나 사점私店의 그릇 판매를 단속하여 독점권을 유지하는 것, 도토陶土나 화목火木 등의 수급에 관련된 공문을 작성하는 것 등이다. 그중에서도 가장 기본적인 업무가 첫 번째로 거론한 제납 공인으로서의 권리이자 의무인 그릇의 납품과 공가의 수취였는데, 전殿·궁宮 등에서 요구하는 기명의 목록을 분원에 통보하여 제작하게 하고, 그릇이 완성되면 해당 기관에 납품하고 영수증에 해당되는 자문尺文을 받으며, 그 자문을 근거로 수가受價하는 것이었다.

하지만 발주하는 기관에서의 요구는 현실적인 여건을 감안하지 않은 것이어서, 때로는 협박에 가까울 때도 있었다. 지규식은 이러한 자신의 처지를 "칼자루를 쥔 자와 칼날을 쥔 자"의 차이柄刃不同라고 표현하기도 했다. 특히 수가 문제가 가장 큰 골칫거리였으며, 그 결과 공방은 적지 않은 재선債錢, 즉 빚을 지고 있었다. 이런 문제로 인하여 공방에서는 공당公堂 및 수하 관리들에게 수시로 뇌물을 바쳐야 했다.

쌍호雙湖의 오위장五衛將이 편지를 보냈는데 "반상기飯床器와 각종 기명을 청구한 대로 구하여 보내라. 만일 구하여 보내지 않으면 반드시 장차 해를 보게 될 것이다"라고 하였다. (1891년 2월 29일)

내가 종일토록 애걸하였으나 도무지 들어주지 않고 기어코 며칠 안으로 마련해 바치라고 하였으므로, 나는 몹시 분함을 견딜 수 없었다. 그러나 칼자루를 쥔 자와 칼날을 쥔 자의 형편이 같지 않으니 어찌하겠는가? 내일 다시 와서 귀정歸正짓겠다고 말하고 돌아왔다. 몹시 분통

「사긔만들고」, 김준근, 조선 말기, 한국기독교박물관. 전통 방식으로 사기砂器를 빚고 가마에서 굽는 모습이 보인다.

백자제기(위), 청화백자壽자문반합, 19세기, 서울역사박물관.

이 터져 자고 먹는 것이 편치 않으니 탄식할 만하고 탄식할 만하다. (1891년 11월 9일)

납품한 그릇의 면면을 보면, 음식상이나 제사상 등 여러 상차림에 들어가는 그릇을 비롯해 각종 용도의 항아리 등으로 다양해서, 궁중의 살림살이가 그대로 드러난다. 그릇의 단위로는 대체로 개个나 부部가 쓰였지만, 접시처럼 납작한 그릇의 묶음은 죽竹으로 표현되었다. 1죽은 10닢立에 해당된다.

쌍호雙湖의 허감역許監役 댁에서 부탁한 제기접시祭器接匙 1죽, 탕기湯器 5개, 보시기甫兒 5개, 종지宗子 5개, 제주병祭幷 1개, 향로와 향합爐合 1부를 사왔다. (1891년 2월 30일)

주헌柱憲의 편지를 보니 게항아리蟹缸의 일로 곤욕을 당했다고 하였다. (…) 게항아리가 전혀 없어서 경옥고항아리瓊玉膏缸 30개를 춘엽春葉을 시켜 가지고 가게 하였다. (1894년 10월 24일, 26일)

사적인 일상, 애인과 가족

『하재일기』에는 공인으로서의 업무만이 아닌 사적이고 평범한 일상도 꽤 자세히 기록되었다. 예컨대 지규식이 갖은 문화생활을 즐겼던 것도 눈여겨볼 만하다. 창부唱夫나 창동唱童의 판소리를 청하여 듣기도 하고, 『옥린몽玉麟夢』 등 소설을 즐겨 읽었으며, 무동

舞童, 굿중패賽僧徒, 산대패山臺牌 등의 놀이를 감상하는 즐거움도 누렸다.

사적인 기록 가운데 특히 여자와 관련된 내용은 그야말로 일기를 '엿보는' 느낌이 들게 한다. 일기의 기록만으로는 지규식의 가족 관계를 완벽히 복원해내기 어렵지만, 한씨 성의 아내가 있었고, 둘 사이에 태어난 아들이 최소한 다섯 명은 확인되며, 딸도 있었으리라 추정된다. 그런 가족 외에 장춘헌長春軒이라는 술집을 운영하는 '젊고 예쁜少艾' 애인 난경蘭卿과의 사이에 아들 하나를 두었고, 1893년에 딸이 태어났지만 곧 죽었다. 지규식은 난경 외에도 매향梅香이나 소선素仙 등의 여자와 가끔씩 어울렸다.

지규식이 난경에게 했던 선물을 보면 그의 지극정성을 실감할 수 있다. 5냥, 10냥, 20냥 등의 현금을 비롯해 항라亢羅, 모시白苧, 은귀걸이銀括耳子, 분粉, 참빗眞梳 등은 기본이었고, 아들 돌잔치 때에는 당오전當五錢, 당백전當百錢, 구엽전舊葉錢 등 현금과 부채扇, 붓, 먹, 활 등을 마련해주기도 했다. 또 난경이 아플 때에는 제중원濟衆院에서 콧병 약을 조제해주거나, 사물탕四物湯, 웅담熊膽, 인삼人蔘 등을 직접 달여 먹이기도 했다. 언젠가 난경이 쌀을 찧지 못하여 저녁을 걸렀다고 하자, 가게店를 찾다가 결국 자기 집에서 밥 한 그릇一盂飯을 가져다주기도 했다.

1898년 1월에 난경이 죽었는데, 20여 년간 한결같은 마음으로 난경을 대했음을 알 수 있다. 아내인 한씨에 대해서는 별다른 애틋한 이야기가 없지만, 난경과 있었던 일은 일기에 속속들이 기록했던 것으로 보인다. 하지만 난경이 죽은 지 1년 만인 1899년 3월부터 술집 벽운루碧雲樓의 여주인인 유부녀와 교제하기 시작했으며, 부채, 담뱃대煙竹, 양초洋燭 등을 선물하기도 했다.

가족이 겪은 시련도 그의 파란만장한 삶의 한켠을 차지했다. 첫째 아들 영인榮仁은 노름과 잡기에 빠져 가산을 탕진했을 뿐만 아니라, 서울에서 국향菊香을 데리고 와서 측실側室로 삼았다. 또 1902년 11월에는 이웃 사람의 처에게 1500냥을 빌렸다가 갚지 않아 체포되었으며, 지규식이 현금 700냥과 1300냥짜리 어음으로 빼내기도 했다. 1902년 4월에는 둘째 며느리가 병으로 죽었고, 셋째 아들 영례榮禮 또한 죽었다. 셋째 며느리는 쌍둥이를 임신해 1903년 7월에 출산했는데, 두 아기 중 첫째만 살고 둘째는 죽었으며, 결국 유복자를 데리고 시가에서 청상과부로 살게 되었다. 넷째 아들 영지榮智는 1903년 4월에 돈 300냥을 가지고 충청도 직산稷山으로 도망갔다가 둘째 아들 영의榮義에게 이끌려 돌아왔으며, 막내인 다섯째 아들은 1900년에 죽었다.

1897년 5월 장모가 사망했을 때의 기록에 따르면, 처가와는 거리를 두었던 것으로 보인다. 장모가 사망했다는 부음을 받은 그날 제주祭酒와 제잔祭盞을 각각 1개씩 하인 편에 보냈고, 그다음 날에는 아들 두 명을 처가로 보내 돈 100냥을 부쳤으며, 아내에게 편지를 보냈다. 지규식 자신은 직접 처가를 찾아가지는 않은 듯하고, 다음 해 장모 소상小祥 때에도 아내를 통해 돈만 20냥 부조했을 뿐 그 자신은 진참進參하지 않았다.

가족 및 이웃이나 동료의 사건·사고 역시 일기에 기록되곤 했는데, 자살을 비롯해 성폭력이나 간통 및 소송 등 100여 년 전의 사회상은 오늘날 못지않았다. 예컨대 자살하는 이들은 주로 음독을 했는데, 이는 흔한 일이었다. 1904년 3월에 시집간 딸이 음독자살했고, 같은 해 5월에는 직장 동료의 부인이, 8월에는 금시현琴詩絃의 딸이 음독자살했으며, 9월에는 동네 하인이 양잿물 마시고 자살했다. 1905년 1월에도 무수동無愁洞 이씨의 후처 및 이윤경李允京의 며느리가 독약을 마시고 죽었다.

서울의 경제와 금융

『하재일기』에는 당대 서울의 경제생활이 그대로 투영되어 있다. 당시의 상품 및 금융 거래에 대해서 이렇게 자세한 정보를 전달하는 기록은 찾아보기 어려우므로 1891년의 기록을 위주로 몇 가지 소개한다. 첫째, 상품 거래의 대금 지급은 즉불로 하기도 했지만 그렇지 않을 때도 많았다. "기상器商들에게 외상값으로 받아들인 몫을 회계한 수입이 모두 9047냥 8전인데"(11월 24일), "담뱃대 2냥 3전은 외상으로 가져오고"(11월 28일), "조근수趙近守 가게에 외상값 62냥 3전 5푼을 갚고"(12월 30일) 등의 기록에서처럼 외상外上 거래도 더러 보이고, "치범治凡이 소가죽牛皮 값으로 500냥을 선불하였다"(1월 22일), "활을 장식하려고 휴대하고 이교二橋 한우석韓又石 궁방弓房으로 가서 맡겨놓고, 공전工錢 3냥을 선불하고 올라왔다"(6월 2일), "혜암鞋菴에서 난인蘭人 신값으로 27냥을 선불하고"(10월 10일)와 같이 선불로 지급한 사례도 많았다.

둘째, 금융 방식으로는 월수月收 거래가 많았으며, 해당 기록을 꼼꼼히 정리하고 있었던 듯하다. 1891년을 기준으로 각 월수전月收錢의 규모는 100~500냥 수준이었다. 대부 거래의 이자邊利 증식에는 일정한 관례가 있었던 것으로 보이며, 이자에 이자를 더하여 갚으라고 하는 것은 관례에서 벗어난 것으로 인식되었다. 이자 지급은 만기에 원금과 일괄하여 이루어진 것이 아니라, 월 단위로 지불한 것이 대부분이었다. 이자율은 대개 월 2푼, 2푼 5리, 3푼, 즉 월 2~3퍼센트가 일반적이었고, 월 5푼이면 높은 것으로 파악되었다. 채무를 변제할 능력이 떨어지는 자들에게는 이자율을 낮춰 주기도 했다.

셋째, 다양한 어음 거래가 활발하게 이루어졌는데, 이는 명기된 기한 내에 양도가 가능했기 때문으로 추정된다. 전통적인 어음은 '어음扵音' '어험魚驗' '음표音票' 등으로 표현되었는데, 『하재일기』에서는 주로 '음音'이라고 하였다. 어음은 물품 구매 대금의 지급 수단으로도 쓰였고, 채무의 변제에도 사용되었다. 어음의 지급은 일회성 거래로 완료되는 것이 아니라 환급換給 또는 이급移給되는 등 임시성을 띨 때가 많았다. 어음의 액면가가 큰 경우에는 분할하기도 했고, 어음을 전당典當하여 자금을 차입한 경우도 보인다. 또한 어음의 기한을 연장하는 사례도 확인된다.

넷째, 임치任置 또는 환전換錢을 증빙하는 문서인 표標가 두루 활용되었다. 표는 '표票' '표지標紙' '수표手標' 등으로도 불렸다. 표와 어음을 통합하여 새로운 표로 작성한 사례도 보인다.

다섯째, 금융의 일종으로서 계稧, 계전稧錢, 출통出筒이 이루어지고 있었다. 이처럼 여러 상품 및 금융 거래의 관행이 혼합되어 기록된 사례를 하나 소개하면 아래와 같다.

종로鍾樓에 가서 민상순閔尙淳에게 90냥을 빌려서 80냥은 지난 섣달

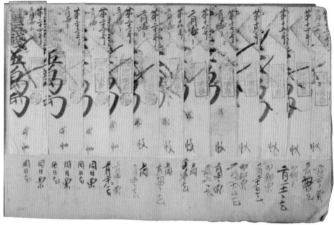

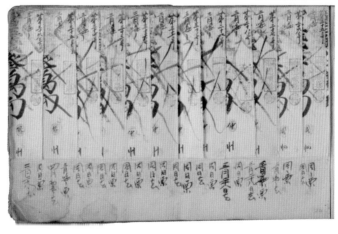

규장각한국학연구원에 소장되어 있는 어음魚音을 모아놓은 책이다. 겉표지에 "을사乙巳 2월 초5일"이라 한 것으로 보아 1905년 이후의 것으로 추정된다.

파 올 정월 구가驅價로 창순昌順을 시켜 공당公堂 댁에 드리고 표標를 받아오게 하고, 10냥은 파동琶洞 주인에게 주었다. 정권正權이 전동磚洞 조상사趙上舍에게서 돈 700냥을 찾아왔다. 그래서 300냥을 빌려서, 170냥으로 도중都中에서 사용할 백목白木 10필을 사오고, 100냥은 김주현金主玄에게 바꾸어주고 30냥은 가지고 왔다. 어제 최광익崔光翼이 출통出桶한 곗돈契錢에서 조춘근趙春根이 1500냥을 사들이기로 확실히 약정하고, 나에게 보증인으로 이름을 달아놓으면 공방貢房 돈을 모두 갚겠다고 요구하므로, 할 수 없이 기전器廛 보책保冊에 표를 붙이고 1500냥을 추심推尋하여 400냥은 김주현에게 바꾸어주고 1100냥은 원회元會 조로 박순백朴順伯에게 떼어주어 어물전魚物廛 김의선金宜先에게 길거吉居하였다. 함주부咸主簿에게 있는 표가 서로 틀리는 것을 조사하여 바로잡은 뒤에 원주原州 사람이 1200냥을 추심해갔다. (1891년 1월 13일)

이외에도 상무사商務社, 외획外劃, 가계加計 등 근대 이행기 경제사에서 비중 있게 다루어지는 상업 및 금융 관련 주제에 심도 있게 접근하는 데 『하재일기』는 훌륭한 자료가 될 수 있다.

선물? 뇌물? 인정가물人情價物!

몇몇 양반의 일기를 읽어본 경험이 있는 독자라면, 양반이 아닌 사람이 남긴 기록에서 나타나는 특이성 또는 차이점을 『하재일기』 곳곳에서 발견할 수 있을 것이다. 이 글에서는 『하재일기』가 담고 있는 내용의 극히 일부만을 압축적으로 소개했지만, 이미 완역이 되어 있기에 누구나 손쉽게 『하재일기』의 하루하루에 접근할 수 있다. 어쩌면 『하재일기』의 일상세계에 직접 빠져보고자 하는 독자를 위해 남겨두게 된 것이 다행일지도 모르겠다. 단 한 명이라도 있을 그러한 독자를 위해, 지규식과 그의 활동에서 감안해야 하는 가장 중요한 두 가지 사항을 정리하면 다음과 같다.

첫째, 지규식은 순수한 상인이 아니라 공인이었다. 그러므로 지규식은 당대의 상업 현실에 의해 제약을 받음과 동시에, 재정 제도 및 갑오개혁(1894) 이후의 사회 변동에 의해서도 영향을 받고 있었다. 둘째, 지규식은 공인 중에서도 무납하는 공인이 아니라 제납하는 공인이었다. 상인으로서의 측면보다는 수공업자로서의 측면이 더 강했고, 또한 개별 공인이 아니라 분원에서의 실무자 성격이 강했다. 그러므로 그의 활동은 개인의 것인 동시에 공동체의 대리자로서의 행위가 결부된 것이었다.

이러한 지식을 기초로 한다면, 그가 일상적으로 행했던 '선물膳物' 행위를 표면적으로 이해해서는 곤란할 것이다. 애인이었던 난경에게 바친 것은 그야말로 선물이었겠지만, 사옹원의 공당에게 바친 것은 순수한 '선물'은 아니었을 것이다. 하지만 윗사람에게 바쳤다고 해서 이를 정기적인 혹은 부정기적인 '뇌물'로 파악한다면, 그 역시 난센스다. 왜냐하면 조선 사회의 전통적인 경제 구조에 대한 이해라는 거시적 관점에서 그의 행위를 유형화할 필요가 있기 때문이다.

당시에는 관료들에게 물품이나 금전을 상납하는 것이 관행화되어 있었으며, 이를 흔히 인정人情 또는 정채情債라고 했다. 『하재일기』에도 등장하는 인정은 우리가 한국인으로서 자랑스러워하는 "사람과 사람 사이의 끈끈한 정情"이라는 의미의 용어와 완전히 똑같은 단어다. 전근대 사회의 인정은 근대적 의미의 뇌물이라기보다는 일종의 수수료 성격이 강하다. 즉, 부세의 수취나 공납처럼 제도화된 조달 과정에서 소요된 일종의 부대비용 또는 부가세로 이해해야 하는 것이다. 그러므로 사회의 삐걱거림을 완화한 일종의 윤활유 같은 것이었다고 볼 수도 있다. 물론 제도가 실제로 운영되는 과정에서는 중간 수취 세력의 자의적인 횡포가 일어나기도 했고, 그 결과 19세기의 위기와 민란이라는 비극적인 경험도 있었음은 부정할 수 없다.

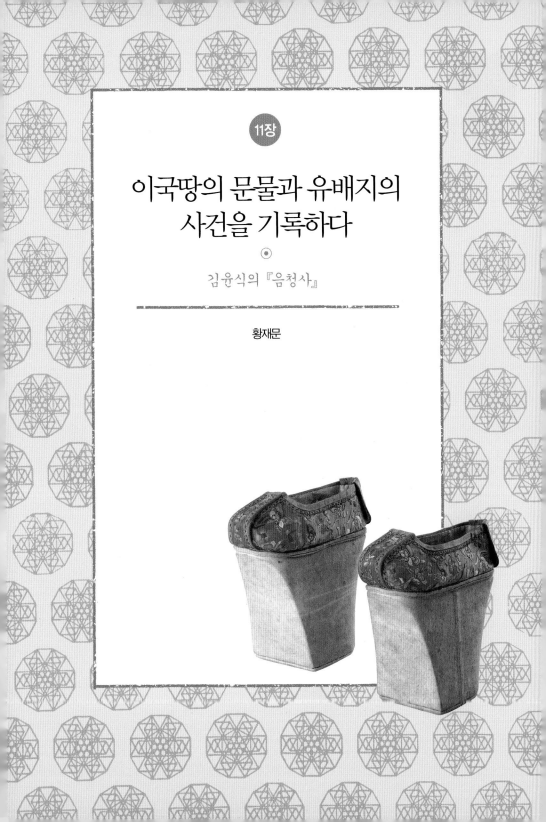

11장

이국땅의 문물과 유배지의 사건을 기록하다

김윤식의 『음청사』

황재문

음청사陰晴史, 흐리고 맑은 일의 역사

일기에는 큰 의미가 있는 사건만 기록하지는 않는다. 비록 사소한 일이라도 기록으로 남겨둘 만하다고 여기면 일기는 담을 수 있다. 근대 이전의 일기에서 역사 서술과 유사한 태도를 발견할 수 있다는 점을 고려하면, 기록에 남겨둘 만한 일이란 곧 역사가 되는 셈이기도 하다. 김윤식金允植(1835~1922)의 일기인 『음청사陰晴史』의 뜻을 글자 그대로 풀이하면 '흐리고 맑은 일의 역사'가 되는데, 이는 일기의 속성을 잘 표현한 말로 볼 수 있다.

일기에는 서문을 붙이지 않는 것이 관례이지만, 김윤식은 유배기간의 일기 첫머리에 자신이 일기를 써온 내력을 간략히 밝히고 있다.

음청사는 을축년(1865) 섣달 그믐날 출사出仕하던 날로부터 쓰기 시작하였다. 임오년(1882)에 조선에 돌아온 후로는 공무가 바빠 한가롭게 붓을 잡고 있을 겨를이 없었다. 그러다가 정해년(1887)에 죄를 얻어

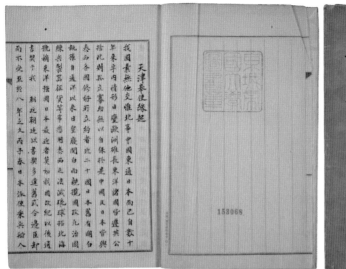

『천진담초』, 규장각한국학연구원. 『음청사』 중에서 담초를 가려내 안동식이 동일자에 편찬·완성했다.

면천 땅에 유배되니, 자못 한가한 틈이 생겼다. 이로부터 정배 때의 이 정里程과 날씨, 왕래한 일들을 기록하여 '면양행견일기沔陽行遣日記'라 하였다.

1865년부터 쓰기 시작했다고 하였으니, 김윤식은 나이 30대 초 반부터 일기를 쓴 셈이다. 또 그것이 벼슬길에 오른 시점이니, 당 초에 이 일기는 일종의 사환일기仕宦日記로서 계획되었으리라고 짐 작할 수 있다. 그렇지만 현재 1881년 8월까지의 일기는 남아 있지 않으며, 유배 등으로 인해 관직과는 관련성이 없는 사건을 많이 기록하고 있어 사환일기의 성격을 넘어선다고 할 수 있다.

오늘날 전하는 김윤식의 일기인 『음청사』 가운데 1881년 9월에서 1883년 8월까지의 것을 '음청사', 1887년부터 1921년까지의 것을 '속續음청사', 그리고 1883년에서 1887년까지의 것을 '추보追補 음청사'라고 부르기도 한다. '추보'란 뒤에 앞선 시기의 일을 기록 한다는 말이다. 이를 모두 합친 일기는 50년 치가 넘는 분량이며, 김윤식이 외교 및 정치사에서 중요한 역할을 한 인물인 만큼 여기에는 당대의 사회와 정치 이면을 보여주는 다양한 자료가 담겨 있다. 짧은 글에서 이 모두를 다룰 수는 없으므로, 여기서는 영선사 활동과 제주 유배생활을 중심으로 그의 일기를 살펴볼 것이다.

진개화眞開化 김윤식, 소문과 일기

김윤식은 숙부 김익정金益鼎 슬하에서 성장했는데 김익정의 부인, 즉 김윤식의 숙모는 연암 박지원의 손녀였다. 또 유신환兪莘煥과 박규수朴珪壽 문하에서 학문을 익혔는데, 박규수는 바로 박지원의 손자였다. 박규수는 박지원의 학통을 이은 인물이었으며, 그의 집에는 김옥균, 박영효, 유길준 등 훗날 개화당을 이끈 인물들이 드나들고 있었다. 이를 배경으로 하여 김윤식은 많은 사람의 기대를 받았고, 유력 인사들과의 교유관계를 이어갈 수 있었다. 그리하여 김윤식은 벼슬길에 오른 뒤 두 차례의 유배 기간을 포함해 수십 년 동안 우리의 정치 및 외교에서 중요한 역할을 해왔다.

그렇지만 당대에 김윤식은 행적 자체로도 관심을 모았던 듯하다. 황현의 『매천야록』에는 그에 대한 소문이 언급되어 있다.

김윤식은 가묘에 서고^{筮告}하여 기제사와 절사를 폐지하고, 봄과 가을의 마지막 달에 시제^{時祭}를 하되 4대를 함께 하겠다고 하였다. 또 뭇사람에게 통고하고, 혼자된 외손녀를 개가시켰다. 또 아들 김유증이 아들을 두지 못하고 죽었는데, 적파의 손자 항렬을 버려두고 서종질의 아들을 후사로 세웠다. 시속의 사람들은 그를 '진개화^{眞開化}'라 불렀다.(황현, 『매천야록』)

여기서 '진개화', 즉 '진짜 개화'는 긍정적인 표현이나 칭송의 말은 아닐 것이다. 황현은 김윤식이 집안의 제사를 간략하게 조정하고, 외손녀의 개가를 허용하고, 적자와 서자의 구별을 없애는 일을 했다고 기록했다. 오늘날의 눈으로 보면 당연한 일로 여겨질 수 있겠지만, 당시에는 사회적으로 평판을 높이 얻었던 인물이 쉽게 할 수 있는 일은 아니었을 것이다.

특히 여성 문제에 대해서는 평소에도 개화적인 입장에 섰던 듯하다. 『음청사』에서도 이런 점을 짐작할 수 있는 부분이 있다.

『황성신문』을 보니, 민치헌이 상소하여 부녀의 개가改嫁 제도 정하기를 청했고 정부에 내려서 의논하게 하였다고 한다. 만약 이 제도가 시행되면 화합할 수 있을 것이다.(『음청사』 1901년 1월 2일)

9월 14일. 음력 8월 1일. 맑고 더움. 정숙貞淑 형제와 필동실筆洞室을 전동 숙명학교에 입학시켰다. 정숙은 정수貞壽로 개명하고 필동실은 순일純一로 개명하였다.(『음청사』 1909년 9월 14일)

「조일통상조약체결 기념연회도」, 종이에 채색, 35.5×53.9cm, 1883, 한국가톨릭박물관. 1883년 조일통상조약을 체결하고 관계자들의 연회 장면을 그린 것이다. 김옥균, 홍영식 등의 모습이 그려져 있는데, 김윤식을 이들 인물과 고유관계를 맺었다.

「황현 초상」, 채용신, 94.0×60.5cm, 보물 제1494호, 전남 구례 광의면 매천사.
김윤식에 대한 소문들을 『매천야록』에 담았다.

1897년에 촬영된 고종과 대신들. 왼쪽에서 세 번째 인물이 김윤식이다.

1901년이면 김윤식이 유배되어 있던 시점이다. 뒤에서 살펴보 겠지만 김윤식은 유배생활 중에도 책과 신문을 읽었고 때로는 글 을 썼다. 그는 신문에서 읽은 부녀자 개가제도 시행 청원의 기사 에 대해 관심과 기대를 보였는데, 이는 『매천야록』에 실린 소문이 근거가 있는 것이었음을 입증하는 셈이다. 두 번째 일기에 언급된 정숙 형제는 손녀인 정수와 계수이며 필동실은 세상을 떠난 장남 의 소실이다. 이름을 바꾸게 하고 숙명학교에 입학시킨 이유가 무 엇인지는 구체적으로 드러나지 않지만, '진개화'로 불릴 만한 행 동임은 분명하다.

진개화로서의 면모가 긍정적인 것이었는지 부정적인 것이었는 지, 나아가 김윤식이라는 인물을 어떻게 평가할 것인지에 대해서 는 논란의 여지가 있다. 그렇지만 적어도 이러한 행위를 통해, 김윤식이 관습이나 체면에 구애받지 않았고 때로는 파격적인 행동을 하는 데 주저하지 않았던 인물임은 알 수 있다.

불가불가不可不可, 사설과 일기의 거리

김윤식은 긍정적인 평을 얻은 인물이라고 보긴 어렵다. 지조와 절개를 존숭하는 이들에게 빈축을 받기도 했고, 죽어서도 민족 분열에 책임이 있다는 식의 날선 비판을 비껴가지 못했다. 요컨대 친일 행적이 있다는 것인데, 그 태도가 모호해 오히려 더 비난받을 만하다는 것이다.

이러한 문제점을 대변하는 말로 흔히 언급되는 것이 '불가불가 不可不可'다. 1910년 8월 19일 어전회의 때 한일 '합병'의 건에 대해 의견을 물었는데, 김윤식이 자신의 의견을 이처럼 표현했다는 것이다. 이 말은 "불가! 불가!"로 읽어 강한 부정의 뜻이 될 수도 있고, "불가불 가"로 읽어 어쩔 수 없이 찬성한다는 약한 긍정의 뜻이 될 수도 있다. 과연 이런 일이 있었을까? 또 만약 있었다면 김윤식의 발언이 어느 정도의 영향력을 발휘할 수 있었을까? "불가불가"의 상황에 대해 기술한 당대의 자료는 확인되지 않는데, 김윤식의 일기에는 상황이 조금 다르게 묘사되어 있다.

8월 22일. 월요일. 맑음. 어제 버린 비가 많이 부족하여 겨우 거친 밭두둑만 적셨을 따름이다. 중추원에 나갔다가, 쪽질 김유홍金裕弘의 전동 磚洞 새집을 방문하였다. 다시 운현으로 갔다. 오늘은 흥왕完興君(이재

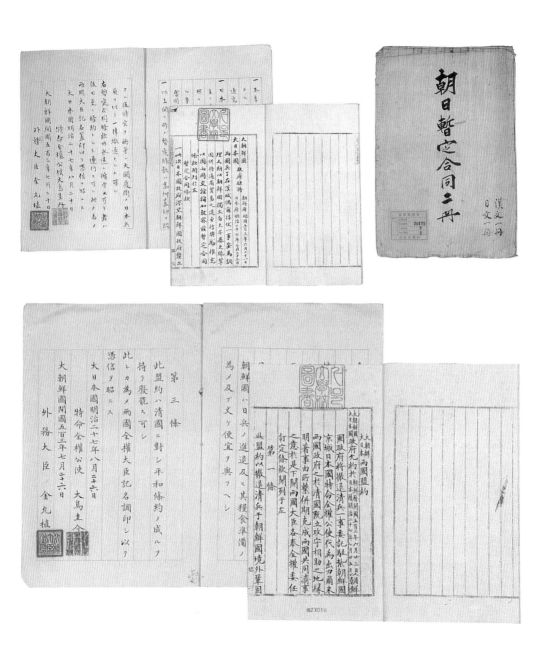

『조일잠정합동조관』(위), 종이에 필사, 29.6×18.0cnm 1894, 규장각한국학연구원. 『대조선대일본양국맹약』, 종이에 필사, 29.7×18.3cm, 1894, 규장각한국학연구원. 위의 자료는 외무대신 김윤식과 일본 특명전권공사 오토리 게이스케 사이에 체결된 전문 7개 조약이고, 아래의 자료는 전문 3개조의 공수동맹조약이다. 일본의 청국에 대한 전쟁 수행을 조선 측에서도 돕고 지지한다는 내용을 담고 있다.

면)의 생신이다. 빈객이 많이 와 있었다. 흥왕과 나에게 버전으로부터 소명召命이 있어서, 바삐 집에 돌아와서 옷을 갈아입고 창덕궁에 입궐하여 알현하였다. 여러 대신이 먼저 와 있었는데, 근일의 이러저러한 일로 하순下詢하셨다. 여러 신하가 실색하여 서로 돌아보았다. 완흥군은 '망극罔極'이라 하였고, 총리대신(이완용)은 '형세가 어찌할 수 없다 勢無奈何'라고 하였다. 나는 '불가不可'라고 답하였다. 다른 대신들은 모두 말이 없었다. 퇴궐하였는데 도로의 기색이 처참하였다. 일본 순사 두 사람이 와서 보호하겠다고 말하였다. 가라고 하였으나 가지 않고서 마침내 밤을 지냈다.(『음청사』 1910년 8월 22일)

날짜가 8월 22일로 되어 있긴 하지만 대신들에게 합병 건에 대해 하순한 일이 있음은 일기에서도 기록하고 있다. 이때 완흥군 이재면과 총리대신 이완용이 어쩔 도리가 없다는 뜻을 밝힌 반면, 김윤식 자신은 반대한다는 뜻의 발언을 했다고 적었다. 일기의 내용이 주관적일 수 있음을 인정한다 해도 어느 쪽이 사실인지는 단정하기 어렵다. 당시의 상황을 고려한다면 김윤식의 일기 쪽이 사실에 가까운 듯 여겨지기도 한다. 다만 그의 일기처럼 '불가불가' 발언이 사실과 다른 것이라고 해도, 그로 인해 일본과 관련된 김윤식의 행위 모두가 합리화될 수 있는 것은 결코 아니다.

영선사, 무엇을 그리고 어떻게 배울 것인가

일기인 『음청사』는 주관적인 기록의 성격을 띨 수밖에 없다. 그렇지만 김윤식이 객관적인 기록을 하려 했다는 의도를 부정하기는 어려우며, 특히 그가 겪은 특별한 경험들은『음청사』가 역사적 자료의 의미를 지니게 한다. 그 가운데 학도들을 이끌고 중국을 찾은 영선사領選使로서의 경험은 특히 주목할 만한 것이다.

영선사의 정치적 목적에 대해서는 다양한 층위의 자료에 대한 세밀한 분석이 요구되지만, 그 표면적인 목적으로서 학습의 문제는『음청사』에 직접 제시된 '영선행중절목領選行中節目'에서 짐작해볼 수 있다. 외국에 가서 선진 문물을 배운다는 것이 그 개요라고 할 수 있으므로, 이 절목에는 이국땅에서 학습하는 데 있어서의 주의 사항이 담겨 있다. 몇 부분을 살펴보자.

1. 일행은 본국에 있을 때는 벼슬이 각기 다르고 성품과 기질도 달랐다. 그렇지만 청국에 들어가서는 한집안 사람과 같은 마음으로 서로를 아껴야 한다. 망령되이 다투어서 다른 나라 사람들의 웃음거리가 되어서는 안 된다.

1. 학습은 종일 하지는 않을 것이다. 낮에는 제도를 자세히 살피며 배우고 밤에는 반복하여 깊이 생각해서 묘한 이치를 깨우쳐야 한다.

1. 나라의 비밀을 누설하는 자는 상벌上罰로 다스린다.

1. 지나친 음주, 도박, 여색을 범한 자는 모두 중벌中罰로 다스리되, 정도가 중한 경우에는 따로 논한다.

1. 외국인의 물건을 훔친 자는 상벌로 다스린다.

1. 일행의 물건을 훔친 자는 중벌로 다스린다.

1. 노둔하여 성취할 가망이 없는 자는 본국에 돌려보낸다.

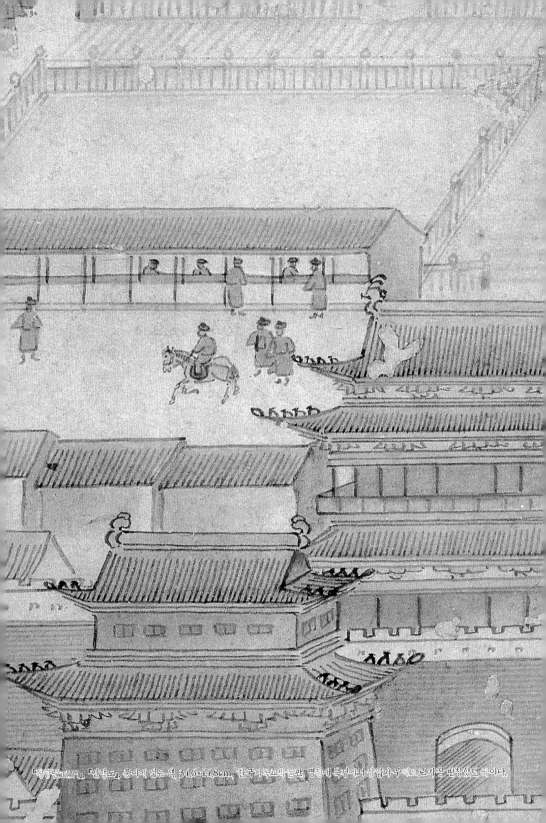

「청완관려래」 「연행도」 종이에 엷은 색, 34.6×44.8cm, 한국기독교박물관. 명청대 북경에서 상업과 무역으로 가장 번창했던 곳이다.

절목을 작성할 때 특별히 주의를 기울인 부분은 외국(인)과의 관계 문제였던 듯하다. 똑같은 절도죄를 지었더라도 외국인의 물건을 훔쳤다면 더 큰 벌을 내리겠다고 한 데서 이를 확인할 수 있다. 중국 땅에서 새로운 문물을 익히는 것이 영선사행의 목적이었지만, 절목에서는 다수의 학도學徒와 공장工匠으로 이루어진 집단의 규율을 정하는 것이 주된 목적이었을 것이다. 그래서인지 『음청사』에서는 절목에 이어서 상벌, 중벌, 하벌이 각기 어떤 정도의 벌인지를 기록했고, 이를 집행하기 위해서 학도와 공장 가운데 집법執法과 장벌掌罰을 선임한 일을 써두었다.

그렇다면 영선사를 따른 학도와 공장들은 어떤 채비를 갖추고 있었을까? 무기 제조법과 사용법을 배우겠다는 기대를 했던 만큼, 조선에서는 적절한 인원을 뽑고 이들이 많은 것을 배울 수 있도록 지원하는 데 준비가 필요했을 것이다. 그렇지만 조선에서 이처럼 분명한 계획과 준비는 갖추지 못했던 것으로 보인다. 중국으로 오는 도중 학도와 공장을 충원해야 했던 것은 시일이 급했기 때문이라고 하더라도, 누구에게 어떤 것을 배우게 할 것인지에 대해서조차 미리 논의된 바가 없었던 듯 보이는 것은 준비 부족으로 의심할 만하다. 실제 영선사 일행은 현지에 도착해서야 누가 무엇을 배울 것인지를 정해야 했다.

무엇을 배울 것인가에 대해서, 가르쳐야 하는 입장에 있는 청나라 관리들은 어떻게 생각했을까? 이들은 조선에서 원하는 무기 제조나 운영이 쉽게 달성하기 어려운 목표라고 인식했던 듯하다. 어떤 의미에서는 청나라 또한 이를 달성하지 못하고 있었기에, 이는 자연스러운 일이기도 했다. 실무를 담당한 관리 가운데는 충분

한 자금을 확보할 수 없는 조선의 처지에서도 활용할 만한 무기나 기술을 추천하는 사람도 있었는데, 이들은 그것을 누구에게 가르칠 것인가에 대해서는 별 관심을 보이지 않았다.

"외국어를 배우시오"

청나라 관리들이 추천한 분야가 없는 것은 아니었다. 그것은 바로 외국어 학습인데, 이는 청나라의 관리들이 가장 중요하다고 여긴 분야이기도 했다. 청나라에서는 자국에서 서양 기술을 익힌 뒤에 더 정밀한 것을 배울 만한 자질을 갖춘 사람을 뽑아 서양에 유학을 보냈는데, 이때 학생에게 요구되는 중요한 능력 가운데 하나가 외국어였다. 『음청사』에서는 김윤식이 청나라 수사학당水師學堂의 규정規程을 살펴보는 장면이 나오는데, 거기에 이러한 사정이 잘 드러난다.

그렇다면 외국어를 배울 만한 사람을 뽑는 기준은 무엇이었을까? 『음청사』에는 수사학당에서 조선의 학도 가운데 어학을 배울 사람을 선발하는 장면이 그려져 있다.

동국의 학도들이 모두 어학을 배우고자 하였다. 그래서 오 관찰吳觀察에게 의논하였더니, 나이가 많으면 어렵다고 하였다. 그렇지만 일단 배우기를 원하는 이들을 시험해보자고 하였다. 2점 무렵에 학도 7명을 인솔하여 수사국을 방문하였는데, 건물이 크고 문이 겹겹이 있었고 좌우에는 중서학당中西學堂이 있었다. 판장하는 이가 문밖에 나와

서 예를 갖추고 맞아들여 앉게 하고서, 두 사람을 청하여 들었다. 한 사람은 6품인 허조기許兆基이고 다른 한 사람은 7품인 조염曹廉이었는데, 모두 푸젠성福建省 사람으로 학당 출신이었으며 양문교습洋文敎習으로서 학생들을 가르치는 이들이었다. 차례로 학도들을 불러들여서 만나보았는데, 먼저 조한근과 허수춘을 불러서 서양어 발음을 듣고서 따라 발음하게 하였다. 철본舌本이 맑은지의 여부를 시험한 것이었다. 다음으로는 『좌전』을 주고서 한문을 읽도록 하였고, 그다음으로는 논론論을 지을 수 있는지를 물었다. 여기에 부합하면 뽑고 그렇지 않으면 제외하였는데, 조한근·고영철·김광련을 뽑았고 나머지는 돌려보냈다. (『음청사』 1881년 12월 10일)

일종의 면접을 본 셈인데, 서양의 언어를 배우지 않았던 이들이 대상인 만큼 간접적인 방법으로 가능성을 시험하고자 한 듯하다. 서양 언어 발음을 제대로 따라할 수 있는지를 살폈고, 이와 함께 한문 독해력과 작문 능력을 시험했다. 한문 실력을 따진 이유는 분명하지 않지만, 아마도 전통적인 지식과 근대적인 지식이 공존했던 당시의 상황을 반영한 방식일 것이다.

외국어 학습은 이홍장李鴻章을 비롯한 청나라의 고위 관료들도 강조하는 문제였다. 이홍장은 김윤식에게 관화官

이홍장. 그는 김윤식에게 중국어 등 외국어를 배울 것을 강조했고, 영선사 일행 중 외국어를 배울 인물을 뽑는 데 구체적인 지침을 줬다.

話, 즉 중국어를 배울 것을 권했고, 조선에 일본어를 이해하는 사람이 있는지에 관심을 보였다. 또 서양인들과 어울릴 수 있는 자죽림紫竹林에 가볼 것을 권유하기도 했다. 이홍장 또한 외국어를 배우는 학도는 젊은 사람을 택할 것을 권했는데, 20세 이내가 좋고 많아도 30세가 넘지 않도록 해야 한다고 구체적으로 제시하기도 했다.

김윤식은 당시 40대 중반의 나이였다. 그래서인지 서양 언어에 대해 관심은 보이면서도 그것을 배우지는 않았던 듯하다. 그렇지만 중국어를 배울까 생각해봤으리라는 점은 『음청사』의 다음 부분들을 통해 짐작할 수 있다.

> 통사 정인흥에게 『홍루몽』 1천을 사오도록 하였다. 관화官話를 살펴보고 싶었기 때문이다. 그런데 수진본袖珍本이 매우 가는 글씨로 되어있어서 읽을 수가 없었다.(『음청사』 1881년 12월 22일)

> 문지헌이 찾아왔다. 윤억정과 함께 천자문을 중국음으로 어떻게 읽는지를 물었다.(『음청사』 1882년 1월 5일)

청나라의 풍속과 새로운 문물

김윤식은 영선사로 활동하면서 천진 주변의 여러 지역을 돌아볼 수 있었다. 그 과정에서 조선과 청나라의 풍속 사이에 비슷하거나 다른 점이 있는지를 관찰하였고, 새로운 정책에 대한 청나라

내부의 반응도 살펴볼 수 있었다. 또 때로는 서양에서 들어온 문물을 직접 접하는 기회를 갖기도 했다.

『음청사』에 실린 일화들을 살펴보면 당시 청나라 안에 '개화'에 대해 부정적인 시각을 지녔거나 제대로 이해하지 못하는 사람도 적지 않았음을 확인할 수 있다. 개항 및 교역으로 인한 상업 환경의 변화를 이해하지 못하고 한탄하기만 하는 국경지역의 상인들을 만난 일이 있었고, 개화 정책을 비판하는 글을 접한 일도 나타나기 때문이다.

풍속의 측면에서는 혼인 풍속이나 세시 풍속에 관심을 보인 흔적을 발견할 수 있다. 또 밥그릇 크기의 차이와 같은 식생활의 차이를 보여주는 일화도 제시하고 있다. 그중 김윤식이 청나라의 풍속과 현실에서 가장 큰 관심을 보인 것은 전족과 아편이었다. 김윤식은 전족을 '폐속弊俗'으로 비판했는데, 그것이 이치에 어긋난다는 점을 밝혀서 「궁혜설弓鞋說」을 짓기도 했다. 아편의 폐해에 대해서는 곽문규郭文奎를 비롯한 몇 명의 중국인과 만난 일화들에서 언급했는데, 병색이 완연하면서도 아편을 끊지 못하는 중국인들에 대한 묘사를 넘어서서 아편이 유행하게 된 원인에까지 그 생각을 진전시키고 있다. 김윤식은 서양인들이 청나라에 아편을 유통시킨 과정, 청나라 조정에서 아편 금지 정책을 포기하게 된 과정을 이야기했으며, 또 의주 일대의 조선 사람들 가운데 아편을 피우는 이가 적지 않다는 소문에 대해 근심하기도 했다.

이처럼 청나라에서 적지 않은 문제를 발견했지만, 김윤식은 그곳에서 새로운 기술과 문물을 접할 수 있었으며 이에 더 큰 감명을 받았던 듯하다. 그 한 가지 예로 사진술을 들 수 있다. 청나라 관

아편을 피우는 청나라 사람들.

리 반준덕潘駿德은 사진술을 소개하면서 화학에서부터 나온 기술이지만 화학을 잘 몰라도 이 기술을 익힐 수 있다고 했는데, 당시 김윤식은 공연히 번거롭게 하고 싶지는 않다고 했다. 그렇지만 이로부터 8개월 뒤에 김윤식은 사진관에 들어가서 자기 모습을 찍었다. 그 장면은 다음과 같이 묘사되어 있다.

사진관照像局에 가서 내 모습을 찍었다. 의자에 앉게 했는데, 뒤쪽에는 머리를 바르게 고정시키는 기구가 있고, 오른쪽에는 꽃병과 다기를 올려놓은 네모난 탁자가 있었다. 손에 책 한 권을 쥐도록 했는데, 사진에 아취가 있도록 하기 위해서인 듯했다.

머리를 기구 사이에 두고 의자에 단정하게 앉았
다. 3보쯤 되는 곳에 사진 찍는 도구를
두었는데, 사진 찍는 이가 방
에 들어왔다. 그는 약물(질산
은 용액)을 유리조각에 발랐
다가 꺼내서 사진 찍는 기구
뒤쪽에 꽂더니, 얼굴
을 푸른 천으로 덮
었다. 사진 찍는 이
가 천 밑에서 살펴
보더니, 버게 정면

벨로즈 카메라, 21.0×23.2×25.0cm, 1920년대, 서울역사박물관.

의 유리원판을 보라고 했다. 잠시 뒤에 뒤편의 유리조각을 꺼냈다.
사진 찍는 이의 부인이 방 안에서 지켜보다가 "이번에 대인께서 눈을
깜빡이셨으니 사진이 잘 나오지 않을 것 같습니다. 다시 찍었으면 합
니다"라고 하였다. 허락하였더니, 주인이 다시 전처럼 유리조각을 가
져다가 사진을 찍고 "좋습니다"라고 하였다. 꺼내서 보여주는데, 의관
을 차린 백발 노인의 모습이었다. 진실로 기이한 일이었다.
버가 다 찍고 나서 김주부가 또 사진을 찍었는데, 각기 양전 2원을 치
렀다. (『음청사』 1882년 10월 23일)

청나라, 일본 그리고 조선의 긴장관계

영선사가 청나라를 찾게 된 계기 가운데 하나로 일본의 세력 확

장을 든다면 아마도 잘못된 말은 아닐 것이다. 따라서 현실화되는 일본의 위협, 그리고 그 바탕에 놓인 일본의 개화 정책은 영선사 김윤식이나 그를 맞이하는 청나라 관리들에게 관심의 대상이 될 만한 이야깃거리일 수 있었다.

대체로 본다면 김윤식이나 청나라 관리들은 일본인의 속성이나 당시 일본의 상황에 대해 공통되게 부정적인 입장을 지녔다고 할 수 있다. 담초談草, 즉 필담을 옮겨놓은 데서 "일본인은 성질이 교활하다" "일본인은 성질이 아녀자와 같다" "일본인들이 이간질하기 위해서 이와 같은 계교를 꾸며냈다" 등과 같은 발언을 찾아볼 수 있기 때문이다. 그렇지만 이러한 언급은 주로 감정적인 것일 뿐이며, 일본의 현실에 대한 성찰이나 분석에 바탕을 둔 것이라고 하기는 어렵다. 요컨대 선입견인 것이다.

좀더 살펴보면 청나라에서 일본이 미국 등과 맺은 '조약'에 대해 평가하는 대목을 찾아볼 수 있다. 청나라 관리들은 일본과 맺은 조약이 군함으로 인해 맺어진 불리한 것이었음을 지적하고, 조선에서는 이와는 다른 방식으로 조약을 맺을 것을 권했다. 반면 김윤식은 일본의 '개화'에 대해 간략하게 평하기도 했는데, 신체를 서양인의 것과 같이 못함을 한탄할 정도로 온통 서양인의 법도를 따르려는 것은 지나친 일이라고 했다. 특히 한문을 없애려는 태도는 진시황의 정책, 즉 분서갱유에 비견할 만한 일이라고 비난하기도 했다. 다만 이러한 부정적인 시선의 이면에는 일본에 대한 기대, 즉 근래 100여 년 동안처럼 문풍文風을 숭상하는 태도로 돌아갈 수도 있으리라는 희망이 있었던 듯하다.

한편 김윤식이 천진에 머물고 있던 기간은 청나라에서 일본에 대해 적대적인 분위기가 형성되었던 시점이다. 두 나라 사이의 갈등에는 여러 요인이 있었지만, 특히 1879년에 일본이 류큐琉球를 강제 병합한 사건은 군사적인 충돌 가능성까지 언급될 정도로 심각한 것이었다. 김윤식은 그러한 분위기를 대변하는 신문 기사를 읽고, 그 내막에 대해 청나라 관리에게 물은 적이 있다. 1882년 2월 11일의 일이었다. 청나라가 일본을 공격할 것이라는 기사를 대서특필한 것은 일본인들로 하여금 두려움을 갖도록 하기 위함인지 물었더니, 청나라 관리는 신문이라는 것은 과장을 잘하고 거짓된 것이 많은 법이라고 답했다. 즉 일본 정벌 운운하는 것은 잘못된 정보일 뿐이라는 것이다.

그렇지만 김윤식은 이것이 청나라 관리의 말처럼 단순한 일은 아니라고 여겼다. 김윤식은 대화에서 자신의 속마음을 드러내지는 않았지만, 『음청사』에서는 자신의 생각과 우려를 내비쳤다. 청나라는 당장은 군주가 어리고 무기가 부족해 참을 수밖에 없는 처지이지만, 언젠가는 일본과 자웅을 겨루고자 할 것이라고 예상했다. 만약 그런 일이 일어난다면, 조선은 지극히 난처한 입장에 처하리라고 판단했다. 또 같은 맥락에서 김윤식은 자신을 비롯한 조선의 관리들이 현재 처신하기 쉽지 않은 상황에 있음을 깨달았다. 이홍장을 비롯한 청나라 관리들은 조선의 영선사 일행에게 호의를 베풀면서 동시에 조선이 일본에 사절단을 파견하고 학생을 보내는 등의 정책을 펴는 것을 격려하지만, 한편으로는 그것이 본마음은 아닐 것이라고 짐작되었기 때문이다. 즉 그 바탕에는 일종의 견제 심리가 있을 것이며, 따라서 조선의 정책에 대해 불만을 품거나 옳지 않다고 여기는 마음도 적지 않으리라는 것이었다. 이래저

김윤식은 청나라에서 일제와 청나라와의 긴장관계를 느꼈다. 아니나 다를까, 이후 청일전쟁이 일어나 일본군이 대승을 거둔다. 위쪽 사진은 1930년대 북경에서 항일 군중대회에 참가한 중국 여학생들이고, 밑의 사진은 항일시위 사진이다.

래 불편한 마음을 가질 수밖에 없었던 것이 당시 조선의 관리 김윤식이 처한 상황이었다.

유배지 제주에서의 기록, 역사가 되다

김윤식은 청나라에서 돌아온 뒤 주요 관직을 맡았으며, 특히 외교 분야에서 중요한 역할을 했다. 그렇지만 관리로서 활동한 시간보다 긴 기간을 유배지에서 보내야 했다. 1887년부터 1893년까지 면천에서 5년 6개월의 시간을 보내야 했으며, 다시 1897년부터 1907년까지 제주도와 지도智島에서 유배생활을 했던 것이다. 그는 이 기간에도 일기를 써나갔기에 『음청사』에는 당시 고위 관료가 경험한 유배생활의 모습이나 그 기간 동안 겪은 사건들이 상세히 기록되어 있다.

여기서 살펴보려는 김윤식의 제주도 유배 기록은 1897년 12월 21일의 조칙으로부터 시작된다. 이듬해 1월 6일 해룡함海龍艦에 승선했고, 11일에 산지포山地浦, 즉 지금의 제주항에 도착했다. 나철羅喆과 하인 한 사람이 그 길을 동행했다. 나철은 이후에도 김윤식의 유배생활을 돌봐주었으니, 두 사람의 인연이 깊었다고 할 만하다. 유배지로 향하는 배의 종류가 과거와는 달라졌고, 그에 따라 유배지로 가는 일정도 전에 비해 평온한 것이었다고 할 수 있다.

제주에서의 생활은 초기에는 "죄수다운" 것이었다. 제주목사가 옥문을 굳게 닫고 객이 드나들지 못하도록 명령했기 때문이다. 그

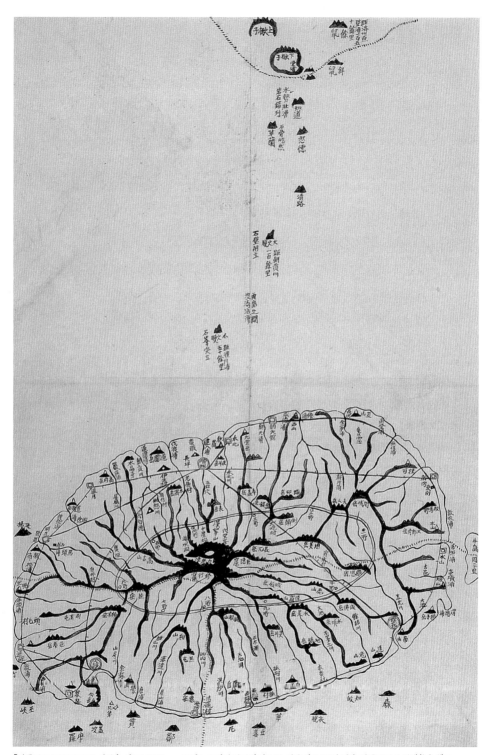

「제주지도」(대동여지도), 김정호, 60.0×39.5cm, 1861, 규장각한국학연구원. 김윤식은 10여 년간 제주에서 유배생활을 했다.

렇지만 이처럼 엄격한 '감금'이 오래 지속되지는 못했다. 제주의 인물들이 음식을 준비해서 감옥을 방문했고, 얼마 뒤에는 제주군수가 직접 찾아와서 감옥에서 나갈 것을 간청했기 때문이다. 이는 정치적 상황이 변했기 때문인데, 2월 20일 무렵에 김윤식은 넓은 집으로 이주하게 되었다. 김윤식은 새 집이 유배객의 신분으로는 지나친 것 같다고 일기에 기록했다.

김윤식은 이후 자신의 거처에서 여러 유배객을 모아 시회를 열었는데 이를 귤원시회橘園詩會라고 했다. 20여 회에 걸친 시회는 제주의 문화적 상황에서는 성황이라고 할 만한 것이었다. 또 때로는 유배객들과 함께 유람이나 답사를 다니기도 했다. 충암 김정이 유배생활하던 터를 찾아본 일을 기록한 1898년 7월 7일의 일기를 보면, 유배객 일행은 별다른 제약 없이 자유롭게 행동하고 있음을 확인할 수 있다. 이밖에 삼천제, 관덕정, 오현단, 사라봉, 영구, 용연, 삼성혈과 같은 곳을 찾아본 기록도 확인되는데, 그 광경이나 분위기는 크게 다르지 않다. 이러한 상황이었기에 『음청사』에서 유배생활 중 읽은 책이나 신문 등에 대해 글을 쓴 것은 특별한 일이 아니었다고 할 만하다. 물론 제주도가 바다로 격리된 곳임을 감안해 활동에 제약을 가하지 않은 점이 있겠지만, 그런 점을 고려하더라도 이 시점의 유배생활은 상당히 자유로웠던 듯하다.

황현의 『매천야록』에서는 이 시기의 김윤식에 대해 언급하면서 "김윤식은 첩을 사서 아들 둘을 낳았으며, 그는 자기 몸보신을 풍족히 하여 나이가 칠순이 되도록 정력이 강하여 젊은이와 같았다. 사람들은 그가 장차 다시 권력을 잡을 징조라고 생각하였다"라고

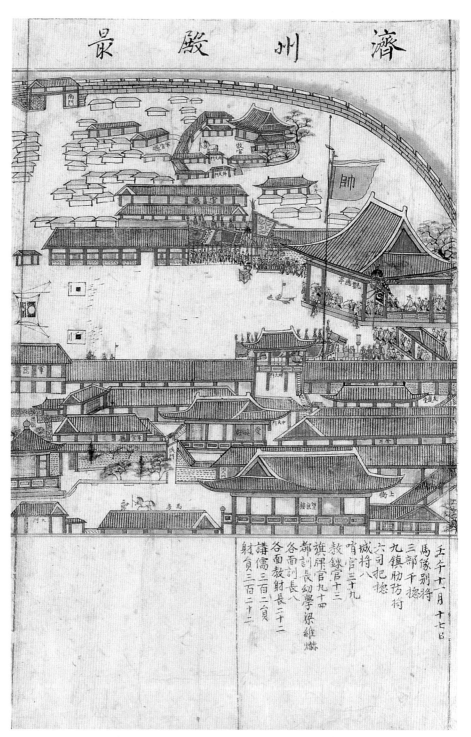

「제주사회濟州射會」, 『탐라순력도』, 김남길, 1702, 국립제주박물관. 판덕정에서 활쏘기 하는 장면이다. 김윤식 역시 이곳 판덕정
등 제주 여러 곳을 찾아 유람이나 답사를 다니기도 했다.

하였다. 『음청사』에서는 1898년 여름에 의실義室이라는 여자를 얻어서 밥 짓고 빨래하는 일을 맡겼고 1899년 6월에 아들 영구를 낳았다고 했으니, 황현이 전한 소문은 사실인 셈이다. 그것이 권력을 다시 잡을 징조였는지는 알 수 없지만, 김윤식이 환갑이 지난 나이에 유배지에서 아들을 얻고 다시 칠순을 넘겨서 서울로 돌아올 수 있을 만큼 건강을 유지했다는 점은 사실이었던 것이다.

물론 김윤식이 경험한 제주생활을 당대 유배생활의 전형적인 모습으로 일반화할 수는 없을 것이다. 그렇지만 그가 이처럼 비교적 자유로운 유배생활을 보낼 수 있었던 것은 사실이며, 그로 인해 당시 제주에서 벌어졌던 중요한 사건들이 오늘날까지 비교적 상세한 기록으로 남을 수 있었다.

방성칠 그리고 이재수

1898년 '방성칠의 난'과 1901년 '이재수의 난'은 당시의 대표적인 민란이었다. 정부의 강압적인 세금 징수, 천주교 세력의 팽창과 그에 따른 폐해, 제주도의 유배객 및 외부 세력의 개입 등으로 일어난 사건의 와중에서 죄 없는 제주 백성들이 목숨을 잃어야 했다는 점에서 부당하면서도 비극적인 사건이었다.

김윤식은 당시 제주도에 머물고 있던 유배객 가운데 정치적 비중이 가장 큰 인물이었고, 그런 까닭에 당시의 상황에 대해서 자세한 정보를 얻을 수 있었다. 김윤식은 프랑스로 대표되는 천주교 세력에 대해 부정적인 시선을 지니고 있었지만, 그럼에도 불구하고 비교적 객관적인 입장을 견지하며 당시의 상황을 일기에 담아 냈다. 이는 일기가 역사 기록의 연장선에 놓인 글쓰기로 인식되었기 때문일 것이다.

방성칠과 이재수에 대해 기술한 대목을 살펴보자.

(가) 장두인 방갑은 동복 사람으로 몇 년 전에 섬에 들어왔으며, 신체가 장대하고 담력이 있으며 술수를 좋아하여 20년간 산에서 제사를 올렸다 한다. 사람들이 모두 '이인'이라고 칭한다. 세 고을에 통문을 보냈고, 모두 육지 사람인 화전민 수백 명을 뽑아서 친군을 삼아 매우 삼엄하게 자신을 보호한다. 세 고을의 백성을 묶되 감히 대오를 이탈하는 이가 없으며 호령이 자못 엄하다. 대개 지난달에 소장을 낼 때에 목사가 하나하나 들었는데, 마땅히 버어주어야 할 돈을 금년의 호포로 상제하려고 하였으니, 백성들이 믿지 못하는 것이다.(『음청사』 1898년 3월 1일)

(나) 동진과 서진이 성을 나서서 두 고을을 돌았다. 서진의 이제수李濟秀는 전립을 쓰고 공작 깃을 꽂았으며, 채찍을 들고 안경을 쓴 채로 가죽 안장을 놓은 말에 올라서 서양 우산을 들었다. 전후에서 옹위하며 나아가는데, 모두 성중에서 얻은 것이었다. 마을 사람들이 모두 이제수는 인물이 영웅답고 대사를 결단할 만한 능력이 있다고 칭했으며, 한라산의 정기를 품부받아 보통의 사람과는 다르다고 여겼다.(『음청사』 1901년 5월 30일)

(가)는 방성칠의 모습을, (나)는 이재수의 모습을 서술한 대목이다. 이름이 흔히 알려진 것과는 달리 표기되었지만, 이들이 민란

의 장두, 즉 국가 입장에서는 죄인이었음을 고려하면 그렇게 된 사정을 이해할 수 있을 것이다. 육지 사람으로 '이인'의 모습을 과시한 방성칠과 제주 사람으로 한라산의 정기를 내려 받았다고 소문난 이재수는 모두 보통 사람과는 다른 모습으로 묘사되어 있다. 두 민란의 성격이 상당히 달랐고 이에 따라 이들을 바라보는 시선에도 차이가 있었겠지만, 김윤식이 이들에 대해 이해하려는 태도를 보이고 있음은 흥미롭다. 그 속에서 제주목사를 비롯한 관리들, 그리고 프랑스 신부를 비롯한 천주교도들의 속임수나 잘못을 서술하기도 했고, 양측의 다툼 속에 죄 없는 백성들이 죽어나가는 과정을 묘사하기도 했다.

방성칠의 난과 이재수의 난 이후 제주의 유배객들은 더 작은 섬인 지도로 옮겨진다. 김윤식 또한 예외일 수 없었다. 그렇지만 김윤식은 사건 이후의 상황에 대해 관심을 버리지 않았다. 1901년 9월 4일 일기에는 강석주라는 인물로부터 들은 후일담을 기록했는데, 그 개요는 이재수의 난이 끝난 뒤에 폐단이 고쳐지지 않았고 제주에서는 다시 관리 및 천주교인들의 복수가 벌어지고 있다는 것이었다.

소설과 영화, 그리고 음청사

이재수의 난은 당시 사회의 모순과 갈등이 중첩되어 빚어진 비극적인 사건이었지만, 『음청사』가 없었다면 그 전모는 세상에 알려지지 않았을 것이다. 천주교 측에서 남긴 몇 가지 기록이 있었지만, 이는 치우친 견해나 묘사를 담은 것일 수밖에 없었다. 그런 의미에서 본다면 『음청사』는 한 유배객의 일기 수준을 넘어서는 무게를 지닌다고 할 만하다.

또한 빼어난 역사소설인 현기영의 「변방에 우짖는 새」(1984), 이를 바탕으로 한 박광수 감독의 영화 「이재수의 난」(1999)이 나올 수 있었던 것도 『음청사』의 기록이 전해졌기 때문이다. 제주 출신의 작가 현기영은 "과연 천주교 측이 주장하듯이 박해인가, 아니면 마을 촌로들이 주장하듯이 의거인가? 교난敎難이냐, 교란敎亂이냐?"라는 문제를 해결하기 위해 적극적으로 『음청사』를 활용했다. 이에 소설의 서문에서는 다음과 같이 말했다.

> 한마디로 이 소설은 두 민란에 대한 고찰이다. 당시 제주도로 귀양가서 두 차례 민란을 겪었던 한말의 거물 정객 김윤식의 『속음청사』를 근본 사료로 하고, 천주교 측이 공개한 신부와 주교의 서한문, 황성신문, 그리고 민간에서 취재한 촌로의 증언을 참고하여 이 글이 씌어졌다.(현기영, 『변방에 우짖는 새』 서문)

소설을 '고찰'이나 '글'이라고 한 것은, 작품 창작에 임하는 작가 현기영의 자세를 드러내는 표현으로 읽어도 좋다. 상상력을 동원할 수밖에 없지만, 100여 년 전 자신의 고향에서 벌어진 비극적인 사건의 전모를 밝혀서 그려내고자 하는 작가의 의지가 이 발언 속에 담겨 있기 때문이다.

한편 영화 「이재수의 난」이 프랑스 국립영화센터로부터 제작비를 지원받은 한국·프랑스 합작영화라는 점도 주목할 만하다. 비록 상업적인 성공을 거두었다고 하긴 어렵지만, 프랑스가 부정적으로 묘사될 수밖에 없는 이재수의 난을 소재로 삼은 영화를 프랑스의 지원하에 제작한다는 것 자체가 지닌 무게가 적지 않기 때문이다. 그렇지만 음청사와 관련하여 말한다면, 가장 중요한 점은 일기-소설-영화로 이어지면서 과거와 현재가 소통하는 열쇠가 되었다는 점일 것이다.

12장

일제강점기
한 지식인의 내면일기

◉

윤치호의 일기

김상태

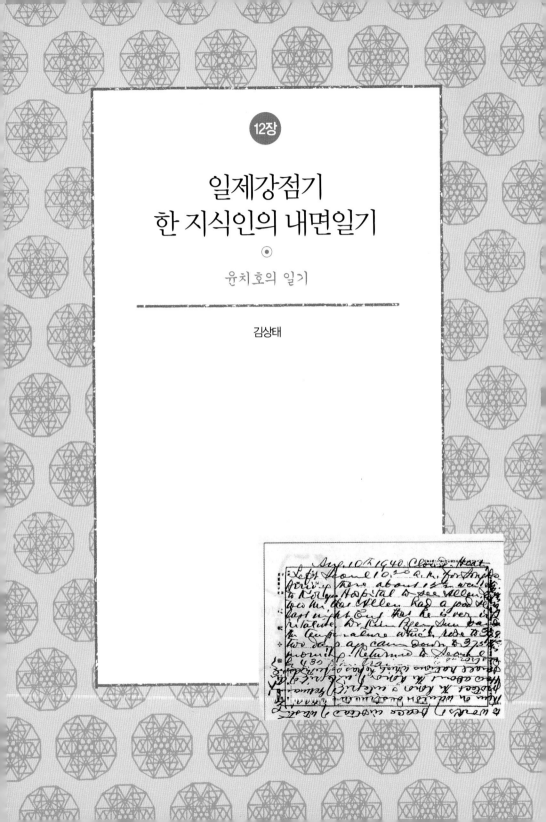

윤치호, 그는 누구인가

좌옹佐翁 윤치호尹致昊(1865~1945), 한국인 가운데 많은 사람이 그의 이름을 기억할 것이다. 지금 이 시간에도 중고등학교 국사 시간이나 언론매체 등을 통해 그가 거명되고 있는지도 모른다. 그것은 곧 한국 근대사에서 긍정적인 역할을 했느냐, 부정적인 역할을 했느냐 하는 가치판단과는 상관없이 그가 상당한 거물이었음을 시사하는 대목이다. 실제로 그의 경력은 대단히 화려하고 다채롭기 그지없다.

우선 윤치호의 학력이 예사롭지 않다. 그는 일찍부터 한학자 김정언, 개화 관료 어윤중 문하에서 수학했다. 무과에 장원급제한 뒤 무관으로 급성장한 부친 윤웅렬이 아들 치호가 문과에 급제해 문관으로 입신양명하는 것을 보고 싶어 열성적으로 아들의 '조기 교육'에 매진한 덕분이었다. 그뿐만이 아니다. 윤웅렬은 1880년 수신사 김홍집을 따라 일본에 건너가 메이지 유신 이후 부국강병에 박차를 가하고 있던 일본의 상황을 직접 목격하고 개화의 필요

윤웅렬 일가, 1904. 한복 차림으로 선 사람이 윤치호다.

어윤중, 1881. 윤치호는 일찍이 개화 관료 어윤중 밑에서 학문을 했다.

성을 절감한 뒤, 1881년 아들 치호를 조사시찰단(신사유람단)의 일원으로 일본에 파견되는 어윤중의 수행원으로 딸려 보내 일본에서 공부하도록 주선했다. 다시 말해서 윤치호는 '조기 유학'을 떠난 셈이다.

윤치호는 당시 후쿠자와 유키치와 쌍벽을 이루던 일본 최고의 개화사상가 나카무라 마사나오가 설립한 도진샤同人社에 입학했다. 이로써 '개화의 선각자' 유길준과 함께 조선 최초의 일본 유학생이 되었다. 게다가 영어 습득의 필요성을 절감한 김옥균의 권유에 따라 1883년 1월부터 요코하마 주재 네덜란드 영사관 서기관에게 영어를 배우기 시작했다. 이것이 계기가 되어 4개월 뒤 초대 주한 미국공사 푸트 장군의 통역관으로 발탁되어 국내 정치무대에 데뷔했다. 요컨대 그는 조선 최초로 영어를 구사하는 인물이 된 것이다. 그것도 공식적으로 조선과 미국의 외교관계에 깊숙이 간여하면서 말이다.

그러나 탄탄대로를 질주하던 윤치호

우리나라 초대 미국공사를 지낸 푸트, 1882. 윤치호는 그의 통역관으로 정치무대에 올랐다.

에게 급제동이 걸렸다. 1884년에 발생한 갑신정변은 그의 삶을 완전히 굴절시켰다. 그는 정변에 간여하지는 않았지만, 미국 공사의 통역관인 데다 김옥균 등과의 친분으로 인해 개화파로 지목되고 있었다. 게다가 윤웅렬이 혁명내각의 형조판서에 내정되었던 탓에 상황이 더욱 악화되었다. 그는 국내에서는 더 이상 '온전'할 수가 없었다.

결국 1885년 초 윤치호는 푸트 공사의 추천서를 손에 들고 상하이 주재 미국총영사 스탈 장군을 찾아갔다. 그리고 그의 소개로 미국남감리회 선교부가 운영하는 중서서원中西書院에 입학해 7학기 동안 영어, 수학 등 일반 중등과정에 해당되는 교육을 받았다. 특히 1887년 4월 3일 본넬 교수에게 세례를 받아 조선 최초의 미국남감리회 신자가 되었는데, 이는 훗날 그가 조선 감리교의 '대부'로 발돋움하는 데 중요한 디딤돌이 되었다.

1888년 윤치호는 마침내 미국 유학길에 올랐다. 중서서원 원장 알렌 박사의 소개장을 가지고 미국 테네시 주 내슈빌에 있는 미국남감리회 소속의 밴더빌트대학 신학과에 별과생으로 입학해 신학을 공부했다. 1891년에는 당시 미국 남부의 신흥 대학이었던 에모리대학에 입학해 인문 사회 분야의 학문을 두루 공부했다. 그는 서재필, 유길준 등과 함께 조선의 제1세대 미국 유학생의 반열에 오른 것이다.

결국 윤치호는 예나 지금이나 한국과는 불가분의 관계에 있는 일본, 중국, 미국 등 3개국에서 총 11년 동안 공부한 셈이다. 외국어, 특히 영어를 완벽하게 익히고 신학, 인문학 등의 학문을 두루 익힌 것은 커다란 수확이었다. 조선인 최초로 미국남감리회 신자가 된 것도 그에게는 크나큰 '은총'이었다. 그러나 가장 중요한 것은 일본과 미국에서 직접 생활하면서 견문을 넓히고 근대를 체험했다는 점이다. 그는 세계사의 흐름을, 다시 말해서 과학 기술의 발달과 자본주의의 성장을 바탕으로 한 제국주의 시대의 약육강식, 적자생존의 논리를 직접 체득할 수 있었던 것이다.

둘째, 윤치호는 한말 개화·자강운동의 핵심 인물이었다. 1895년 초 그는 꼭 10년 만에 귀국했다. 갑오개혁과 청일전쟁 등으로 인해 국내 정세가 크게 변화한 덕분이었다. 이제 그는 그동안 갈고닦

「독립협회 부칙」, 21.3×23.2cm, 1898, 한국기독교박물관. 윤치호는 한말 독립협회에서 주도적인 활동을 펼쳤다.

은 실력을 발휘할 기회를 잡은 것이다. 그는 관계로 진출해 학부협판 등의 관직을 지내는 한편, 1897년 하반기부터 독립협회에 가담해 서재필, 이상재 등과 함께 독립협회를 주도했다. 특히 1898년 8월부터는 회장을 맡아 독립협회의 최고 지도자로서 만민공동회를 이끌었다.

당시 윤치호는 문명개화를 지상 목표로 설정했는데, 그 구체적인 방법으로는 계몽적 군주와 관료가 우민인 민중을 계몽함으로써 가능하다는, 사실상의 '계몽적 전제 군주국가'의 수립을 구상하고 있었다. 즉 국왕의 존재를 인정하는 가운데 점진적인 방법으로 문명화를 이룩해야 한다고 믿었던 것이다.

그러나 독립협회가 강제 해산되면서 개혁에 대한 윤치호의 소망

모스크바에서 촬영한 조선의 러시아 사절단. 민영환 일행과 러시아 관원들의 모습인데, 앞줄 왼쪽에서 두 번째가 윤치호다.

은 물거품이 되고 말았다. 설상가상으로 1905년에는 을사조약이 체결되어 외교권이 박탈되기에 이르렀다. 윤치호는 이를 사실상의 국권 피탈로 파악하고 관직에서 물러나 '애국계몽운동', 곧 '자강운동'을 주도했다. 그는 1906년 당시 가장 대표적인 자강운동 단체였던 대한자강회의 회장을 맡았으며, 미국남감리회의 중등교육 기관인 한영서원을 설립하고 초대 원장에 취임했다. 1908~1909년에는 안창호와 행보를 같이하여 대성학교 교장과 청년학우회 회장을 맡았다. 한일합방 직후에는 총독부가 민족운동 세력을 일망타진하기 위해 조작한 '105인 사건'의 주모자로 지목되어 징역 6년을 선고받고, 1915년 특사로 출옥할 때까지 3년 동안 복역했다.

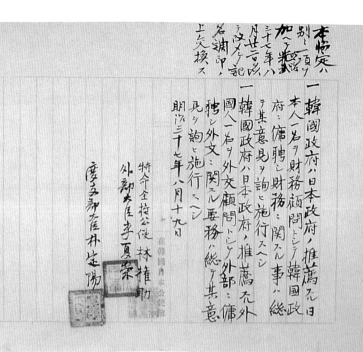

本協定ハ

一、韓國政府ハ日本政府ノ推薦スル日本人一名ヲ財務顧問トシテ韓國政府ニ傭聘シ財務ニ關スル事項ハ總テ其意見ヲ詢ヒ施行スヘシ

一、韓國政府ハ日本政府ノ推薦スル外國人一名ヲ外交顧問トシテ外部ニ傭聘シ外交ニ關スル要務ハ總テ其意見ヲ詢ヒ施行スヘシ

明治三十七年八月十九日

在韓國日本公使館
特命全權公使 林權助

外部大臣李夏榮

廣主部在朴定陽

別ニ一頁ヲ加ヘ光武八年八月二十二日ニ至リ其意見ヲ詢ヒ施行スヘシ又該別ニ一頁ヲ加ヘ右調印ノ上交換ス

一、韓國政府ハ日本政府ノ推薦スル日本人一名ヲ財務顧問トシテ韓國政府ニ傭聘シ財務ニ關スル事項ハ總テ其意見ヲ詢ヒ施行スヘシ

一、韓國政府ハ日本政府ノ推薦スル外國人一名ヲ外交顧問トシテ外部ニ傭聘シ外交ニ關スル要務ハ總テ其意見ヲ詢ヒ施行スヘシ

一、韓國政府ハ外國ト條約締結其他重要ナル外交案件即外國人ニ對スル特權讓與若ハ契約等ノ處理ニ關テハ豫メ日本政府ト協議スヘシ

明治三十七年八月二十二日

特命全權公使 林權助

光武八年八月二十二日

外部大臣署理 尹致昊

「제1차 한일협약」, 종이에 필사, 1904. 8. 22, 일본외교사료관. 1904년 8월 22일 윤치호와 일본특명전권공사 하야시 곤스케 사이에 체결한 '외국인 용빙備聘' 협정. 일본이 추천하는 재무·외무 고문을 고용하고 외국과의 조약 체결 등은 일본과 미리 협의한다는 내용이다.

셋째, 윤치호는 일제강점기 조선 감리교의 '대부'였다. 그는 1887년 중국 유학 당시 세례를 받아 조선 최초의 미국남감리회 신자가 되었으며, 후발 주자였던 남감리회가 조선에 뿌리를 내리는 데 막대한 영향을 끼쳤다. 1910년 기독교계의 각종 국제대회에 조선 대표로 참여해 국제 기독교 사회의 명사로 부상했고, 1930년 조선 남·북 감리교의 통합 과정에서 합동전권위원회 부위원장을 맡아 기독교 조선감리회 탄생에 중추적인 역할을 했다. 1930년대 윤치호·양주삼 '투톱'의 위력은 가히 난공불락이었다. 그는 또 미국감리회의 배재학당(배재고보)에 비견되는 미국남감리회의 한영서원(송도고보) 교장을 두 차례 역임했고, 이화여전 이사로서 1930년대 후반 이화여전의 학내 문제를 주도적으로 해결했으며, 1940년대 초에는 당시 기독교계 교육기관 중 최고 권위를 자랑했던 연희전문의 교장에 취임했다. 원로 목사나 선교사들조차 평신도인 그의 권위를 능가하지는 못했다.

윤치호는 또 일제강점기 기독교계의 사회운동단체인 YMCA의 상징적인 인물이었다. 그는 1916년 YMCA 총무, 1920년 서울 YMCA 회장, 1930년 YMCA연합회 위원장 등에 오르며 YMCA운동을 주도했다. 특히 1927년 이상재가 세상을 떠난 뒤 YMCA 안팎에서 그의 위상은 더욱 강화되었다. 1933~1935년 신흥우의 적극신앙단과 관련해 YMCA가 내분으로 치달았을 때 이를 주도적으로 수습한 사람도, 중일전쟁의 발발과 흥업구락부 사건으로 인한 벼랑 끝 상황에서 YMCA의 친일을 주도하며 사태를 수습한 인물도 바로 그였다. 요컨대 그는 일제강점기 조선 기독교계의 최고 거물이었다.

정동 감리교회, 1890. 1885년 4월 미국감리회 선교사 아펜젤러 목사와 스크랜턴 목사가 내한해 정동 감리교회를 세웠다.

넷째, 윤치호는 일제강점기 말 친일파의 대부로 활동했다. 그는 YMCA와 감리교를 중심으로 기독교계의 일본화 작업을 주도했을 뿐만 아니라 국민정신총동원 조선연맹, 국민총력 조선연맹, 조선지원병후원회, 조선임전보국단, 조선언론보국회, 대화동맹 등 대표적인 친일 단체의 중심인물로 참여했다. 원고 집필, 강연, 라디오 방송 등을 통해 일제에 적극 협력했으며, 1941년에는 총독부의 중추원 고문직 제의를 수락했다. 심지어 1945년 4월에는 일본 귀족원 칙선의원勅選議員에 임명되기까지 했다.

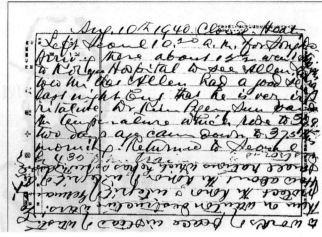

윤치호 일기 1940년 8월 11일자.

윤치호, 영어로 일기를 쓰다

조선 최초의 근대적 지식인, 개화·자강운동의 대명사, 일제강점기 조선 기독교의 원로, 일제강점기 말 진일파의 대부였던 윤치호에게는 남다른 점이 하나 더 있다. 더러 중단한 적이 있기는 하지만, 갑신정변이 발발하기 직전인 1883년부터 해방되기 직전인 1943년까지 장장 60년 동안 매일같이 일기를 쓴 것이다. 그것도 대부분을 영어로 말이다. 그는 일기에 자신의 일상생활과 공인으로서의 활동 상황은 물론, 국제정세와 국내 정국의 동향에 대한 견해와 전망 등을 꼼꼼히 기록해놓았다. 또 그가 직접 겪은 사건들의 미묘한 정황이나 여러 지인을 통해 알게 된 각종 정보와 루머를 상세히 기록했다. 그런 까닭에 신문, 잡지 등에 발표한 이성적이고 정제된 글에 비해 그의 속내를 더욱 진술하게 엿볼 수 있다는 장점이 있다. 또 유명 인사들의 자서전이나 회고록에서 적잖이 나타나는 것처럼, 과거에 대한 기억에 오류가 있거나 집필 당시의 관점에서 과거를 돌아보며 자신의 행위를 과장 또는 은폐했을 가능성도 거의 없다. 게다가 그의 일거수일투족이나 속내뿐만 아니라 그가 살고 있던 시대의 모습을 다각도로 확인할 수 있다.

윤치호 고희 때의 모습.

윤치호는 학벌과 명망과 재력을 두루 갖춘 귀족이었고 말년에 친일 행각을 벌이기도 했지만, 사실은 청교도적인 인간형에 가까운 사람이었다. 그는 이기적이고, 욕심 많고, 사치스럽고, 노동을 경시하는 인간에게는 상당한 적개심을 갖고 있었다. 아내, 동생, 자녀, 절친한 친구라도 예외는 없었다. 그는 근면, 정직, 성실, 신용, 금욕 등 근대 시민 윤리를 실천에 옮기려고 무던히 애를 썼다. 그가 몸이 아플 때도, 공적인 일이나 사적인 일로 여행을 다닐 때도 꼬박꼬박 일기를 쓴 것은 하루하루의 생활을 기록·정리하고 반성하려는 의미에서였다. 그가 장장 60년 동안 일기를 쓸 수 있었던 원동력이 바로 이 점에 있었다. 일기야말로 그의 분신이자, 그의 삶 자체였던 것이다.

한일합방 이후 『윤치호 일기』에는 어떤 내용들이 담겨 있을까?

우선 지식과 명망과 재력을 두루 갖춘 한 원로의 '식민지 살이'와 내면세계가 고스란히 담겨 있다. 그의 국내외 정세 인식, 일제의 조선 통치정책에 대한 판단, 제반 독립운동에 대한 생각, 조선의 역사·문화·전통·민족성에 대한 인식 등이 매우 진솔하게 기록되어 있다. 그런 까닭에 중일전쟁 발발 이전까지 확실한 친일파도 아니면서 독립운동 무용론無用論을 고수한 회색인으로서의 독특한 내면세계, 아니 어쩌면 일제강점기 조선인들의 한 경향을 대표하는 것일 수도 있는 보편적인 내면세계를 엿볼 수 있다. 또 그가 일제강점 말기에 친일파의 대부가 된 이유, 즉 그에게 부과된 외압과 그의 내면에서 자연스럽게 분출된 자발적 친일 논리를 확인할 수 있다.

3·1운동을 전후한 시기와 1920년대 내내 윤치호는 일제의 통치정책과 식민지 조선의 현실을 매우 비판적으로, 그리고 비교적 징확히 인식하고 있었다. 그는 일제가 힘을 앞세워 조선을 강제로 병합해놓고 조선인들에게 동화를 강요하고 있으며, 사회경제적으로 수탈과 차별을 실행하고 있다고 판단했다. 특히 토지강탈 정책과 조세 정책을 중심으로 한 일제의 경제 정책과, 모든 부문에서 관행처럼 이뤄지던 민족차별 정책에 대해 몹시 분개했다. 그는 '조선에 충만한 것은 천황의 은혜가 아니라 천황의 악의다'라고 단언할 정도였다.

윤치호는 또 일제가 자본과 기술을 투자해 조선을 개발, 곧 근대화시키는 것이 조선과 조선인들보다는 일제와 일본인들에게 더 득이 된다는 사실도 정확히 깨닫고 있었다. 그는 일본인들이 철도 및 도로의 확장, 관개사업 및 조림사업의 진전 등을 자랑삼아 자기들이 조선에 은혜를 베풀고 있다고 선전하는 것에 대해, '당장 그 모든 시설이 제거되면 일본인들이 조선인들에 비해 적어도 100배 이상의 손해를 볼 것'이라고 반박했다. 그는 일제의 통치에 의한 조선의 발전이란 것이 사실은 '일본의, 일본에 의한, 일본을 위한 발전'일 뿐이라고 인식하고 있었다. 이처럼 정서적으로나 이성적으로나 일제에 대한 그의 불만과 분노는 상당한 수준에 올라 있었다.

그러나 3·1운동 발발 직전 윤치호는 해외로 나가 구미 열강을 상대로 외교운동을 추진해달라는 최남선, 송진우, 신흥우 등의 요청을 거부했다. 그가 이런 자세를 취한 까닭은 무엇일까? 그것은 당시 국제정세에 대한 그의 인식 때문이었다. 당시 3·1운동을 추진한 민족대표 진영은 제1차 세계대전에서 미국·영국을 중심으로 한 서구 열강이 승리하고 윌슨 미국 대통령이 민족자결주의를 제창하자, 세계의 새로운 운영 원리를 '정의'와 '인도人道'로 파악하면서 파리강화회의와 미국에 큰 기대를 품었다. 그리하여 그들은 파리강화회의와 미국 정부에 대표를 파견해 독립청원서를 제출하는 것을 독립운동의 기본 방침으로 설정하고 있었다.

반면 윤치호의 생각은 달랐다. 그는 파리강화회의가 제1차 세계대전과 관련 있는 약소국들의 문제를 해결하려 할 뿐이고, 조선 문제는 언급조차 하지 않을 것이라고 정확히 예측했다. 또 일제에게 조선은 생사가 걸린 문제이기 때문에 전쟁에서 패하지 않는 한

경성역. 1925년 8월 새 경성역사가 준공됐다. 철도는 제국주의가 식민지를 침탈하는 데 가장 필요한 존재였고, 윤치호는 이를 잘 알고 있었다.

조선에 독립을 허용하지 않을 것이며, 미국이 조선에 독립을 가져 오기 위해 일제와 전쟁을 벌인다는 것은 상상도 할 수 없는 일이라 고 판단했다. 윤치호는 제1차 세계대전이 종결된 이후의 국제정세 를 정의와 인도에 의한 평화적 국면으로 파악한 것이 아니라, 열 강이 힘을 앞세워 국익을 도모하는 갈등과 대립의 국면, 즉 종전 과 마찬가지로 약육강식의 논리가 지배하는 단계로 인식함으로 써, 외교운동을 통해 독립을 얻는다는 구상을 실현 불가능하다고 판단했던 것이다.

　　윤치호의 이와 같은 인식은 외교운동을 추진하던 인사들의 '낭 만적'인 국제정세 인식에 비하면 훨씬 더 정확한 것이었다. 당시 유럽의 열강이나 미국은 조선의 독립을 거론할 상황이 아니었다. 미일 간에 갈등의 요소가 적지 않았지만, 두 나라는 당시 동아시아·태평양 지역에서 기본적으로 이해관계를 같이했던 것이다. 따라서 그가 당초 외교운동 차원으로 시작된 3·1운동에 반대한 것은 결코 잘못된 판단이 아니었다. 아울러 그가 계속되는 외교운동, 즉 1920년 8월 미국 의원시찰단 일행의 방문에 즈음한 동아일보계와 YMCA의 움직임, 1921년 워싱턴 군축회의 개최에 즈음한 국내외 민족운동 세력의 움직임, 1924년 미국의 새 이민법 문제로 미일관계가 악화되면서 나타난 외교운동 세력의 움직임, 1925년 이후 태평양문제연구회 조선지회를 중심으로 한 외교운동 세력의 움직임에 대해 소극적인 자세로 일관했던 것도 결코 잘못된 판단은 아니었다.

　문제는 윤치호가 조선인들에게는 독립국가를 유지해나갈 만한 실력이 없다고 판단해 외교운동만이 아니라 모든 유형의 독립운동을 반대했다는 점에 있다. 그는 3·1운동이 외교운동 차원을 뛰어넘어 주체적이고 거족적인 독립운동으로 진행되었음에도 불구하고 이에 동참하지 않았다. 또 1920년대 일련의 독립운동, 즉 간도지역의 무장투쟁이나 강우규, 양근환 등의 의열투쟁, 광주학생운동 등을 비판하면서 '독립운동 무용론' '독립운동 유해론有害論'을 고수했다. 그는 심지어 조선인들에게는 자치정부를 운영할 능력마저 없다고 확신했다. 그는 이런 맥락에서 조선인들이 정치적이고 직접적인 투쟁을 삼가고 교육과 경제 방면에서 실력을 길러내야 한다고 판단했다. 그는 조선인들이 지적·경제적 상황을 개선해 모든 점에서 일본인과 동등하다는 것을 증명하면, 일

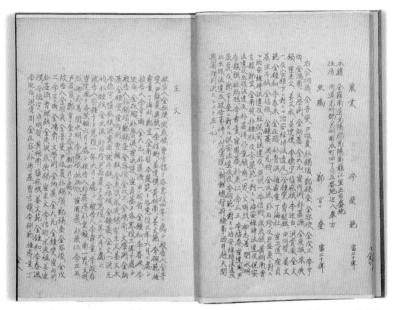

『광주학생사건공판문』, 광주지방법원 형사부, 27.5×20.9cm, 1930, 한국기독교박물관. 1929년 광주학생운동과 관련한 69명에 대한 공판문이다. 윤치호는 광주학생운동뿐 아니라 온갖 독립운동에 대해 무용론無用論을 펼쳤다.

제가 민족차별 정책에서 벗어나 조선인들에게도 동등한 대우와 기회를 부여할 것이라고 낙관했다. 그는 또 제1차 세계대전의 종결과 함께 독립한 체코슬로바키아를 예로 들면서, 조선인들이 교육과 경제 분야에서 실력을 기르면 언젠가 국제정세의 변동에 의해 독립을 얻을 수 있을 것이라고 전망했다. 즉 윤치호는 실력 양성을 통해 독립 능력을 기르는 것을 조선인들의 최우선 과제로 설정했던 것이다.

윤치호가 이런 생각을 갖게 된 밑바탕에는 조선시대의 역사와 전통을 부정적으로 인식하고 조선인들의 민족성이 열등하다고 믿는 시각이 깔려 있었다. 그는 조선시대의 문치주의로 인해 조선의 국력이 약화되었으며, '배관열拜官熱'이 신성한 노동을 경시하는 풍조를 조장해 조선 사회경제의 발전을 가로막았다고 판단했다. 그는 또 조선인들의 실패가 게으름, 불결함, 허위, 이기심, 공공정신과 단결력의 결여, 분파주의, 지역감정 등 조선인들의 저열한 민족성에서 비롯된 것이라고 믿어 의심치 않았다. 반면에 그는 앵글로색슨족의 발전은 성실과 정직이라는 덕목에서 비롯되었다고 평가하고, 그들이 세상에서 가장 분별 있는 민족이라며 찬사를 보냈다. 다시 말해 한 민족이나 국가의 성패가 민족성의 우열 여부에 달려 있다고 파악하고, 조선인들의 쇠퇴가 조선시대 이래 형성되어온 저열한 민족성에서 비롯된 것이라고 인식했다.

이에 따라 윤치호는 도덕적 독립이 전제되지 않는 한 정치적 독립은 쓸모없는 것이라고 보고, 조선인들에게 가장 시급한 것은 독립운동이 아니라 개개인의 인격 수양에 의한 민족성 개조, 즉 성실, 정직, 신용, 공공정신, 노동 존중 정신 등의 덕목을 함양해 민족성을 변화시키는 것이라고 믿어 의심치 않았다. 그는 심지어 조선인들이 일본인들의 우월한 민족성, 즉 청결, 근면, 능률, 단결력 등을 본받아야 한다고 생각했다. 결국 그의 생각에는 군사력과 경제력은 물론이고 민족성의 측면에서도 조선인들은 약자요, 일본인들은 강자였다. 따라서 약자가 할 수 있는 일은 현실에 순응하면서 강자를 모방하는 것, 다시 말해서 민족의 실력을 기르고 수준을 높이는 것밖에 없었다. '물 수 없다면 짖지도 마라!', 이것이 그의 좌우명이었다. 이러한 인식 아래 그가 독립운동에 참여하는 것은 있을 수도 없고, 있어서도 안 되는 일이었다. 따라서 그가 민족을 위해 정치적으로 할 수 있는 일은 일제에 개혁을 촉구하는 일밖에 없었다. 그가 3·1운동이 진행되고 있는 동안 총독부, 일본 정부, 조선군 등의 고위 관료들과 유력 민간인들을 만나 인위적 식민 정책의 중지, 조선인들의 교육 기회 확대, 언론·출판의 자유 허용, 평화적 시위 보장, 3·1운동 관련 수감자들의 석방 등 자기 나름의 개혁안을 제시했던 것이나, 사이토 총독이 부임한 직후 총독부가 개최한 중추원 '유력자 모임'에 참여해 개혁을 기대했던 것은 바로 이런 맥락에서였다.

1937년 7월, 마침내 일제는 중일전쟁을 도발했다. 이로써 영미와 첨예한 갈등관계에 접어든 일제는 1940년 독일·이탈리아와 삼국동맹을 체결하고, 이듬해에 태평양전쟁을 일으켜 제2차 세계대전에 가담했다. 일제는 전력의 극대화를 위해 자국은 물론 조선의 국가체제를 전시총동원체제로 전환시켰다. 특히 조선에서는 1936년 8월에 부임한 미나미 총독이 내선일체론을 제창하며 철저한 한민족 말살정책을 실시했다. 이런 상황에서 과연 윤치호는 국내외 정세를 어떻게 인식했으며, 조선인이 지향해야 할 바를 어떻게 설정했을까?

우선 윤치호는 일제가 중일전쟁과 태평양전쟁을 통해 군국주의 노선으로 치닫는 것에 비판적인 태도를 취했다. 그는 일본이 동양 평화를 위해 '중국 사태'로부터 벗어나기를 바랐다. 그는 또 일본이 미국이나 러시아와 전쟁을 일으키지나 않을까 우려하면서 일제가 현명한 선택을 하기를, 그리고 미국이 전쟁에 개입하지 않고 평화 중재자가 되어주기를 바랐다.

하지만 윤치호는 중일전쟁 발발 이후부터 이전과는 달리 적극적으로 친일활동에 나서기 시작했다. 그는 YMCA와 감리교를

◎ 昭和十六年臘月八日
世界維新布哇大海戰
大捷記念作歌

鮮滿
民謠 白頭山節
植田圀境子作

海
の
兵
も
の

命
を
か
け
し

師走八日の曉に

吹
く
は

御稜威の

神
風
か

「태평양전쟁」, 일본군의 하와이 진주만 기습작전 관련 엽서.

중심으로 기독교계의 '일본화' 작업을 주도했을 뿐만 아니라, 국민정신총동원 조선연맹, 조선지원병후원회, 조선임전보국단 등 대표적인 친일단체의 핵심 인물로 참여했다. 그는 각종 좌담회와 원탁회의에 참석하고, 원고 집필, 강연, 라디오 방송 등을 통해 '내선일체만이 살 길'이라고 외치며 일제에 적극 협력했다. 그는 1941년에 종전과는 달리 총독부의 제의를 받아들여 중추원 고문이 되었으며, 1945년 4월에는 일본 귀족원 칙선의원에 선임되기까지 했다. 이전 시기와 비교했을 때 이것은 분명히 엄청난 변화였다.

이 시기에 윤치호가 적극적으로 친일활동에 나선 이유는 대체 무엇일까? 그것은 1938년에 발생한 흥업구락부 사건 때문이었다. 사실 그는 1937년 중일전쟁 발발 이후 총독부와 선교사, 일제의 천황제 이데올로기와 기독교 신앙이 도저히 양립할 수 없는 단계에 이르렀다고 판단하고 있었다. 이러한 상황에서 흥업구락부 사건이 일어나 그의 가족과 측근, 기독교계의 주요 인물들이 거의 모두 체포되었다. 더구나 1935년 적극신앙단 사건 이후 정적이 되어버린 신흥우 전 YMCA 총무의 적극적인 친일 행보는 그에게 상당한 위기감을 불러일으켰다. 그는 동료들을 구하기 위해서, 또 자신에 대한 총독부의 의심을 해소하기 위해 총독부와 적극적으로 접촉하지 않을 수 없었다. 여차하면 모두가 다칠 수 있는 상황이었다. 더 이상 독립운동도 아니고 친일도 아닌 어중간한 회색지대에 안주할 수가 없었다.

윤치호는 이제 기독교계의 친일과 외국인 선교사 축출의 선봉에 서게 되었다. 그는 흥업구락부 사건 관계자들의 신원보증을 통해 이 사건을 종결시키는 대신, 미나미 총독을 직접 만나 사실상 기독교계의 '충성'을 서약하고 그 실천에 나섰다. 1939년 총독부 당국과 물밑교섭을 통해 앨리스 아펜젤러 이화여전 교장의 사퇴와 김활란 부교장의 교장 취임을 관철시켰다. 1941년에는 총독부의 제의를 받아들여 직접 연희전문 교장에 취임했다. 그것은 결국 일제가 그를 '고양이의 발톱'으로 삼아 기독교계를 장악하는 데 '멋지게' 성공했다는 것을 의미한다.

그렇다면 이 무렵 윤치호의 친일은 순전히 외압을 우려한 나머지 스스로 알아서 행한 수동적인 성격의 것으로 봐야 하는 것일까? 결론부터 말한다면 결코 그렇지만은 않았다. 그의 친일에는 분명히 능동적인 측면이 있었다. 쉽게 말해 그는 자신의 국내외 정세 인식에 의해 '자발적'으로 '소신껏' 친일을 했던 것이다. 그것은 흥업구락부 사건이 발생하기 전에 그가 이미 친일을 기정사실로 여기고 있었다는 점에서 여실히 증명된다.

그러면 중일전쟁 발발 이후 윤치호가 이와 같이 돌변한 이유는 무엇일까?

첫째, 중일전쟁 발발 이후 일제와 영국·미국 간의 외교관계가 악화되고 급기야 태평양전쟁이 발발하자, 윤치호는 당시의 국제정세를 황인종과 백인종, 특히 앵글로색슨족과의 대결 구도로 파악하고 일제가 승리해 앵글로색슨족의 자만심을 꺾어주기를 진심으로 원했기 때문이었다. 친미파인 것처럼 보였던 그의 가슴속에는 본래 앵글로색슨족의 우월주의와 인종차별에 대한 반감과 분노가 잠재되어 있었다. 그는 중국·미국 유학 시절에 직접 목격했던 백인들의 인종차별에 대한 기억을 평생 떨쳐버릴 수 없었다. 그는 또 조선 기독교계 최고의 실력자임에 틀림없었으나, 항상 조선 주재 선교사와 외국인들의 백인 우월주의로 인해 모멸감을 느껴야만 했다. 그는 교회와 학교 운영에서 나타난 선교사와 외국인들의 독재와 조선인에 대한 극심한 차별대우에 불만을 품지 않을 수 없었다. 요컨대 그는 이성적으로는 영국·미국의 힘과 민주주의에 찬사를 보내며 그들의 문명을 동경했으나, 감성적으로는 그들의 백인 우월주의와 인종차별에 대해 상당한 적개심을 지녀왔던 것이다. 이런 상황에서 중일전쟁과 태평양전쟁이 일어나자, 그는 이 전쟁들을 인종 간의 전쟁이라고 규정하고 황인종의 한 사람으로서 일제의 편에 섰던 것이다.

둘째, 윤치호는 사회주의와 그 모국인 러시아에 강한 적개심을 품고 있었기에 러일 간의 전쟁이 예견되는 상황에서 일제의 승리를 바랐기 때문이었다. 러시아에서 볼셰비키혁명이 성공한 이후 그의 사회주의에 대한 적개심은 대단했다. 그는 이미 1934년에 조선인들이 일제와 러시아 사이에서 선택을 해야만 하는데, 자신은 일본을 선호한다고 밝힌 바 있다. 그는 중일전쟁 발발 이후에도 조선인들이 내선일체의 길을 거부하면 대안은 사회주의밖에 없다면서, 사회주의는 결코 조선인이 나아갈 길이 아닐 뿐만 아니라 사회주의를 배격하고 박멸하는 것이야말로 조선인의 행복이라고 판단했다. 이에 따라 1938년 '장고봉 사건'과 관련해 러일 간에 전쟁이 임박했다는 소문이 나돌자 그는 일제의 승리를 진심으로 바랐다. 즉 그는 러일 간의 전쟁이 예견되는 가운데 러시아와 사회주의보다는 일제의 통치가 훨씬 낫다고 판단해 진심으로 일제에 협력했던 것이다.

셋째, 윤치호가 조선인의 민족성이 저열하고 독립 능력이 결여되어 있다는 지론을 고수하는 가운데, 이 시기에 일제가 제창한 내선일체론을 민족차별의 철폐, 곧 조선인의 지위 향상을 도모하는 정책이라고 긍정적으로 인식했기 때문이었다. 그는 중일전쟁의 진행 과정에서 일본인들의 야망과 실력을 확인하면서 일본인들에 대해 감탄하면 할수록 조선 사람들에게는 실망감을 느꼈다. 그는 심지어 일제가 독립을 허용해도 조선인들은 분파투쟁과 살육밖에 할 일이 없을 것이라고 생각할 정도로 조선인들의 독립국가 경영에 비관적인 견해를 나타냈다. 그는 조선인들이 능력과 능률 면에서 일본인들을 따라잡으려면 2세기는 걸릴 것이라고 단언했다. 이러한 상황에서 미나미 총독이 적극적으로 내선일체론을 제창하며 조선인들에게 병역의 의무를 부여하고 창씨개명을 추진하자, 윤치호는 이와 같은 움직임을 그가 그토록 분개했던 민족차별 정책의 철폐라고 긍정적으로 인식했다. 그는 1938년 조선인 육군 지원병 제도의 실시에 대해 '역사적'인 일이라고 평가했고, 1942년에 징병제 시행이 결정되자 환영과 감사의 뜻을 표했다. 그는 1943년 해군 지원병제도의 실시에 대해서도 기념비적인 결정이라며 찬사를 보냈다. 윤치호는 중일전쟁 발발 이후 일제가 조선인들에게 병역의 의무를 부여한 것이 전력의 극대화를 위한 인력 동원이라는 점을 깨닫지 못하고, 일제가 기존의 조선인 차별 정책으로부터 동등대우 정책으로 일종의 방향 전환을 꾀하고 있다는 그릇된 판단 아래 내선일체론에 적극 동조하게 되었던 것이다.

그런데 윤치호의 내선일체론에 조선인들의 민족적 정체성을 완전히 제거하자는 논리가 포함되어 있었던 것은 아니다. 조선 민족

1942년 5월 징병제 시행에 참사하는 신사삼배가 식 니 세·익쯔님도 딜 세이 딛 니뢨 요 베의 고습.

을 해체해서 조선인들을 완전히 일본인화하려던 일제의 내선일체론과는 다소 차이가 있었던 것이다. 윤치호는 일제강점기 내내 우리 민족의 민족성이 저열하다고 생각했을지언정 우리 민족의 독자성과 정체성을 부정한 적은 없다. 그는 조선인들이 기존의 민족적 전통과 정서를 유지한 채 일본이라는 '다민족 대국가'의 국민이 되기를 바랐던 것이다.

이에 따라 당시 일본의 한 지식인은 윤치호의 내선일체론에 대해 '민족주의 감정 그 자체 위에 구축되는 내선일체론으로 많은 조선인들이 마음속으로부터 깊이 공명하였다'라고 평가하고, 이를 조선어 전폐까지 주장하는 현영섭의 내선일체론과 분리해 파악했던 것이다.

1장 생의 끝자락에 선 아들의 모습을 담다

『政廳日記』,『麻科會通』,『蘇齋集』,『於于野談』,『東醫寶鑑』,『家大人侍湯時日記』,『濟衆新編』

김호,『허준의 동의보감 연구』, 일지사, 2000

한국정신문화연구원 장서각 편,『선비가의 墨香: 진양하씨 창주후손가』, 한국정신문화연구원, 2004

* 1장 원고의『가대인시탕시일기』의 번역과 내용은『선비가의 墨香: 진양하씨 창주후손가』124~126쪽을 참조하되 수정을 가했다.

2장 17세기 사림정치의 굴곡을 기록하다

박현순,「16~17세기 성균관의 유벌儒罰」,『역사와 현실』67, 한국역사연구회, 2008

――――,「17세기 지방유생들의 士林儒罰」,『한국문화』42, 서울대 규장각한국학연구원, 2008

설석규,『조선시대 유생상소와 공론정치』, 선인, 2002

이수건,『영남학파의 형성과 전개』, 일조각, 1995

――――,「조선후기 영남학파 연구」,『민족문화논총』21, 영남대학교 민족문화연구소, 2000

정만조,「선조초 진주 음부옥과 그 파문」,『한국학논총』22, 국민대학교 한국학연구소, 2000

퇴계연구소 편,『퇴계학맥의 지역적 전개』, 보고사, 2004

3장 황세자의 일거수일투족을 좇다

『昭顯東宮日記』,『昭顯分朝日記』,『瀋陽日記』,『昭顯乙酉東宮日記』,『侍講院志』,『朝鮮王朝實錄』,『承政院日記』,『列聖朝繼講冊子次第』,

『通鑑節要』,『小學集註』,『大學』,『敬齋箴』,『夙興夜寐箴』,『論語』,
『十九史略』,『孟子』,『西銘』,『孝經大義』,『中庸』,『朱子書節要』,『詩傳』,『書傳』,『近思錄』

김남기, 「『소현동궁일기』 해제」, 『역주소현동궁일기』, 민속원, 2008
──────, 「동궁일기를 통해 본 17세기 세자의 교육─『소현동궁일기』부터 『숙종춘방일기』까지를 중심으로」, 『한자한문교육』 22집, 한국한자한문교육학회, 2009

김남윤, 「『瀋陽日記』와 昭顯世子의 볼모살이」, 『규장각』 29, 서울대학교 규장각한국학연구원, 2006

김문식·김정호, 『조선의 왕세자 교육』, 김영사, 2003

김은정, 「書筵을 통해 본 王世子 敎育의 普遍性과 特殊性─17세기 동궁일기를 중심으로」, 『어문연구』 153호, 어문연구회, 2012

김종덕, 「소현세자 병증과 치료에 대한 연구」, 『규장각』 31, 서울대학교 규장각한국학연구원, 2007

신하령, 「『瀋陽日記』 譯註 작업 과정에 대한 검토」, 『규장각』 31, 서울대학교 규장각한국학연구원, 2007

육수화, 「朝鮮後期 王室敎育 硏究」, 한국학중앙연구원 한국학대학원 박사학위논문, 2007

4장   피란 중 써버려간 사대부 여성의 삶

全鎣大·朴敬伸, 『譯註 丙子日記』, 예전사, 1991
『인조실록』(http://sillok.history.go.kr)
『남씨대종보』, 『창녕조씨대종보』, 『국조인물고』
문희순, 「남평 조씨 3년 9개월의 家政과 인간경영: 『병자일기』를 중심으로」, 『한국언어문학』 75집, 2010
박경신, 「『병자일기』 연구」, 『국어국문학』 104권, 국어국문학회, 1990
박근필, 「『병자일기』 시기 남이웅가의 경제생활」, 『농업사연구』 3-1, 한국농업사학회, 2004

5장   "흥영이 없으면 나도 없다"

俞晚柱, 『欽英』, 24冊, 서울대 규장각 영인본, 1996
俞晚柱, 『通園稿』, 6冊, 서울대 규장각 소장본

俞漢寯, 『著庵集』, 여강출판사 영인본, 1987

俞致雄 編, 『杞溪文獻』, 여강출판사, 1986

강명관, 「朝鮮後期 京華世族과 古董書畵 趣味」, 『한국의 經學과 漢文學』, 태학사, 1996

──, 「한 지식인의 독서 체험과 조선후기 문학─『欽英』에 대하여」, 『大東漢文學』13집, 성균관대 대동문화연구원, 2000

김명호, 「朴趾源과 俞漢寯」, 『韓國學報』44, 일지사, 1986

김영진, 「俞晩柱의 한문단편과 記事文에 대한 일고찰」, 『大東漢文學』13집, 성균관대 대동문화연구원, 2000

김하라, 「俞晩柱의 『欽英』 연구」, 서울대 국문학과 박사학위 논문, 2011

박효은, 「김광국의 『석농화원』과 18세기 조선 화단」, 『遊戲三昧』, 학고재, 2003

이태호, 「石農 金光國 舊藏 유럽의 동판화를 통해 본 18세기 지식인들의 이국취미」, 『遊戲三昧』, 학고재, 1996

홍선표, 『朝鮮時代繪畵史論』, 문예출판사, 1999

황정연, 「『흠영欽英』을 통해 본 유만주兪晩柱의 서화 감상과 수집 활동」, 『미술사와시각문화』7, 2008

6장 16세기 초, 경상도 도사로 보낸 1년의 시간

황사우 원저, 황위주 탈초 역주, 『在嶺南日記』, 경북대 영남문화연구원, 2006

김정국 원저, 정호훈 저, 『경민편─교화와 형벌의 이중주로 보는 조선 사회』, 아카넷, 2012

방성혜, 『조선 종기와 사투를 벌이다』, 시대의창, 2012

안길정, 『관아를 통해서 본 조선시대 생활사(상·하)』, 사계절, 2000

7장 서학을 좇는 한 지식인의 기록

강신항 외, 『이재난고로 보는 조선 지식인의 생활사』, 한국학중앙연구원, 2007

이재연구소 편, 『頤齋 黃胤錫의 학문과 사상』, 景仁文化社, 2009

최삼룡·윤원호·최전승·김기현·하우봉, 『이재 황윤석─영·정 시대

의 호남실학』, 민음사, 1994

8장 글씨 잘 쓴 경상감영 영리들, 규장각 출장길에 오르다
　김문식, 『정조의 경학과 주자학』, 문헌과해석사, 2000
　백승종, 『정조와 불량선비 강이천−18세기 조선의 문화투쟁』, 푸른역
　　　사, 2012
　李勛相, 『朝鮮後期의 鄕吏』, 一潮閣, 1990
　장개충·김월성 옮김, 『정조, 이산의 오경백편』, 느낌이있는책, 2009
　조계영, 「규장각 소장 현판의 역사와 특징」, 『奎章閣』 39, 서울大學校
　　　奎章閣韓國學硏究院, 2011
　───, 「『오경백편』의 선사와 규장각의 문서 행정」, 『한국문화』 60, 서
　　　울대학교 규장각한국학연구원, 2012

9장 무관이 남긴 68년의 생애사
　『노상추일기』 1−4, 국사편찬위원회, 2005~2006
　김성우, 「19세기 초반 盧尙樞의 백운동 別業 조성과 경영」, 『역사와 현
　　　실』 78, 2010
　문숙자, 『68년의 나날들, 조선의 일상사−무관 노상추의 일기와 조선
　　　후기의 삶』, 너머북스, 2009
　───, 「조선후기 兩班의 일상과 家族內外의 남녀관계−盧尙樞의 〈日
　　　記(1763-1829)〉를 중심으로」, 『고문서연구』 28, 2006
　정해은, 「조선후기 무신의 중앙 관료생활 연구−〈노상추일기〉를 중심
　　　으로」, 『한국사연구』 143, 2008

10장 미천한 보통 사람이 남긴 일기와 경제생활
　서울特別市史編纂委員會, 『國譯 荷齋日記』 1~8, 2005~2009
　김종철, 「『하재일기荷齋日記』를 통해 본 19세기 말기 판소리 창자와 향
　　　유층의 동향」, 『판소리학회지』 32, 2011
　박희진, 「19세기 司饔院 分院의 운영과 그 몰락」, 『조선후기 재정과 시
　　　장』, 서울대학교출판문화원, 2010
　박은숙, 「개항 후 分院 운영권의 민간 이양과 운영실태: 荷齋日記를 중
　　　심으로」, 『韓國史硏究』 142, 2008

――――, 「分院 貢人 池圭植의 공·사적 인간관계 분석」, 『한국인물사
연구』 11, 2009

――――, 「대한제국기 燔磁會社의 설립과 운영-1897~1899년 社員 공
동운영체제를 중심으로」, 『韓國史硏究』 149, 2010

방병선, 「『하재일기』를 통해 본 조선 말기 분원」, 『강좌 미술사』 34,
2010

이영훈·조영준, 「18-19세기 農家의 家系繼承의 추이-경상도 丹城縣
法勿也面 戶籍에서」, 『경제사학』 39, 2005

조영준, 「조선후기 왕실재정의 구조와 규모: 1860년대 1司4宮의 재정
수입을 중심으로」, 『조선후기 재정과 시장』, 서울대학교출판문화
원, 2010

차은정, 「한말 貢人의 선물 교환과 사회관계: 「荷齋日記」를 중심으
로」, 『한국문화』 52, 2010

11장 이국땅의 문물과 유배지의 사건을 기록하다

김윤식, 『음청사』, 국사편찬위원회, 1958

――――, 『속음청사』, 국사편찬위원회, 1971

황현 저, 임형택 외 교주, 『매천야록』, 문학과지성사, 2005

김성배, 『유교적 사유와 근대 국제정치의 상상력』, 창비, 2009

현기영, 『변방에 우짖는 새』, 창작과비평사, 1983

12장 일제강점기 한 지식인의 내면일기

윤치호, 『윤치호일기』 1~11(1916~1943), 국사편찬위원회, 1973~1989

조선총독부 경무국, 1938, 『조선치안상황』

조선총독부 고등법원 검사국 사상부, 『사상휘보』, 1934~1940

김영희, 『좌옹 윤치호선생 약전』, 한성도서주식회사, 1934

박찬승, 『한국근대정치사상사연구』, 역사비평사, 1992

양현혜, 『윤치호와 김교신』, 한울, 1994

유영렬, 『개화기의 윤치호 연구』, 한길사, 1985

임종국, 『실록 친일파』, 돌베개, 1991

신백우, 『한국기독교청년회운동사』, 정음사, 1978

지은이

구만옥 _____ 경희대 사학과 교수. 저서 『朝鮮後期 科學思想史 硏究 I-朱子學的 宇宙論의 變動』, 공저 『韓國實學思想硏究 4-科學技術篇』 『韓國儒學思想大系-科學技術思想編』외 다수.

김남기 _____ 안동대 한문학과 교수. 역서 『역주소현동궁일기』 『역주심양일기』, 논문 「三淵 金昌翕의 詩文學 硏究」 「동궁일기를 통해 본 17세기 세자의 교육」외 다수.

김상태 _____ 서울대학교병원 교수. 저서 『제중원 이야기』, 공저 『한국의학인물사』 『사진과 함께 보는 한국 근현대 의료문화사』 『예술 속의 의학』외 다수.

김 호 _____ 경인교대 사회교육과 교수. 저서 『허준의 동의보감 연구』 『조선과학인물열전』, 논문 「조선시대의 '學': 자연과 인간의 총섭總攝」외 다수.

문숙자 _____ 한국학중앙연구원 연구교수. 저서 『조선시대 재산상속과 가족』 『68년의 나날들, 조선의 일상사: 무관 노상추의 일기와 조선후기의 삶』, 논문 「17~18세기초 해남윤씨가의 노비 매입 양상: 노비 매입 목적과 流入 노비의 성격에 대한 추론」외 다수.

박현순 _____ 규장각한국학연구원 HK교수. 공저 『서양인이 만든 근대전기 한국이미지 2 : 코리안의 일상』 『고문서에게 물은 조선 시대 사람들의 삶』, 논문 「16~17세기 예안현 사족사회 연구」외 다수.

410

이숙인 _____ 서울대 규장각한국학연구원 책임연구원. 저서『동아시아 고대의 여성사상』, 역서『여사서』『열녀전』, 논문「儒仙들의 풍류와 소통: 『需雲雜方』을 통해 본 16세기 한 사족의 문화정치학」외 다수.

정호훈 _____ 서울대 규장각한국학연구원 HK교수. 저서『조선후기 정치사상 연구』『경민편—교화와 형벌의 이중주로 보는 조선 사회』, 공역『朱書百選』『朱子封事』, 논문「16·7세기《소학집주》의 성립과 간행」외 다수.

조계영 _____ 서울대 규장각한국학연구원 HK연구교수. 공저『조선 사람의 세계여행』, 공역『망우동지·주자동지』, 논문「조선후기 선원각의 왕실 기록물 보존체계」외 다수.

조영준 _____ 서울대 규장각한국학연구원 HK연구교수. 공저『조선후기 재정과 시장』, 논문「조선시대 문헌의 신장 정보와 척도 문제」『부역실총』의 잡세 통계에 대한 비판적 고찰」외 다수.

황재문 _____ 서울대 규장각한국학연구원 HK교수. 저서『안중근평전』, 논문「'환구음초'의 성격과 표현방식」「전통적 지식인의 망국 인식」외 다수.

황정연 _____ 문화재청 국립문화재연구소 학예연구사. 저서『조선시대 서화수장 연구』, 공저『조선왕실의 미술문화』『조선 궁궐의 그림』, 논문「흠영』을 통해 본 유만주의 서화 감상과 수집 활동」외 다수.

일기로 본 조선

ⓒ 규장각한국학연구원 2013

초판인쇄	2013년 1월 24일
초판발행	2013년 1월 31일

엮은이	규장각한국학연구원
펴낸이	강성민
기획	조계영 정긍식 권기석
편집	이은혜 박민수 김신식
마케팅	최현수
온라인 마케팅	김희숙 김상만 이원주 한수진
독자 모니터링	황치영

펴낸곳	(주)글항아리	출판등록 2009년 1월 19일 제406-2009-000002호

주소	413-756 경기도 파주시 교하읍 문발동 513-8
전자우편	bookpot@hanmail.net
전화번호	031-955-8891(마케팅) 031-955-2670(편집부)
팩스	031-955-2557

ISBN	978-89-6735-039-0 03900

이 도서의 국립중앙도서관 출판시도서목록(CIP)은 e-CIP 홈페이지(http://www.nl.go.kr/ecip)에서 이용하실 수 있습니다.(CIP제어번호:2013000193)

* 도판 자료 게재를 허락해주신 분들께 감사드립니다. 이 책에 실린 도판 중 저작권 협의를 거치지 못한 것이 있습니다. 연락이 닿는 대로 게재 허락 절차를 밟고 사용료를 지불하겠습니다.

尊章言畫不必驟見夢見三四度而後見之始佳爭謂更不得見之亦正佳○橡園曰

寒林萬壑朝天圖臨摹虎頭萬華烟雨圖彷彿郭河陽萬丈空流圖形荊階又常同其

妄輕寒放舟錫山作萬壑爭流圖又見癡翁寫九峰雷霽作萬峰飛雷圖又有萬卷詩

樓益萬林秋色岳萬松疊翠圖萬橋香圖總名曰十萬圖各有寒林自致盖為陶九

成作者今藏陽黃陳定生家侯方域作富林丁萬岳起○畫家自張平山為外道然其

李耳○董華亭曰畫之道所謂守宙在乎手者眼前無非生機故其人濁上多壽王作

作韓熙載夜讌圖差通幅密有夜氣細秀無點塵俗乃知世人妄議仲特壽仇英好奇趙

刻童細巧為造物忌者乃損壽益先生機也黃子久況石田文徵仲皆壽未見真

吳興止六十餘仇與趙雖品極不同皆習者之流非以畫為奇以畫為樂者也寧有樂者

盡自黃公謹始開此門庭

二十二日乙巳時或陰晴朝見

誤序宋德相誤銘○蘇長公議揚雄好為艱深之辭以文淺易之見極中其病而重入

成者空誦其以太玄擬易法言擬論語為僧往之罪此不足以服其心也夫聖人必言偶

者一規錯後世何好為繁簡割罄有多歧則鍾事必漸增者耳如尊經欵本之三百後人之文因

岢人侃視若夫雄有秋且以託始咸烈為直接辭之媚侥者又何以辭予故

朱巖陽凌而綱始為何限著全概杳秋襲略無生頵開後世橫託立準艤朝雄則可罪之以

且不足以服其心也希以視上夢襲略無生頵開後世橫託立準艤朝雄則可罪之以

時人吳從先自別艷清四紀○聞元娟誌文黃景源

羽異日元愧作黄壤間也三上翼徳將軍夭罪夭罪此帖有米南宫書吳中翰彬收得

之蕉弱候太史請拳剡正陽門闌帝廟中翰秘不承人乃令鄧刺史文明以書臨之剡

諸石知米南宫嘗日何處傳此文也却恐是贋日此子必歛我名按右軍初學衛書將謂不及此北游見李斯曹喈書又于從兄洽處見張昶華岳碑歛曰〇衛夫人見王右軍年十二書涕泣

鵠書又之洛下見蔡邕石經三體書又于從兄洽處見張昶華岳碑歛曰巫谿水外

竇水宕處貴我古人成一藝亦必鋤下行數千里目中見元限古人手跡乃順成名今

日執筆便欲凌跨古人豈不自媿〇元微之徐却巫山不是雲之句亦本右軍詩〇米

元章帖日草不可妄學黄庭堅而魯直集中有答僧書云米元章喪公自鑒其如何不

必同蘇翰林元論也乃知二公素不相可以此見却揣籛

二十一日甲辰晴暑〇金日碑母妃詔嘗畫甘泉宫婦人嘗形僅見此東漢嘗高庬校書

東觀後還內黄令之宦坽〇殿嘗敕長樂之宫本嘗東門東觀畫庬以勸學者東觀文士

之宦坽〇甘泉之殿蕭賛斬長樂之宫本嘗東門東觀畫庬以勸學者東觀文士

儀後視今日石陳徐陵謝勅送作上東門觀画庬高庬校書

古嘗眈不可見其名日載勅中尚有敢見者如曹不興元女援黄帝兵符嘗宋炳狮子

轄象嘗張衡雞漢射猴嘗楊天子宴瑶池嘗周昤楊妃嘗雪衣女記嘿陸嘗燕子

文黃之夕夜市嘗王士元綠珠墜樓嘗任才仲四更山吅乃劉嘗劉

宗道焢盆後見嘗李伯時嫁小喬嘗無名氏佳人寒食嘗趙子昻管夫人煮茶嘗周通